Cengiz & Locke

Zoran Drvenkar

Cengiz & Locke

CARLSEN

für all die helden
für all die memmen
für all die macker
für all die yugos

1 2 3 4 04 03 02

Umschlaggestaltung: Doris K. Künster
Lektorat: Ulrike Schuldes
Typografie: Karen Kollmetz
Satz: Dörlemann Satz, Lemförde
Druck- und Bindung: Pustet, Regensburg
ISBN 3-551-58074-X
Printed in Germany

Prolog

LETZTER FREITAG

Alle Charaktere und Ereignisse in diesem Roman sind der wilden Phantasie des Autors entsprungen. Ähnlichkeiten mit existierenden oder verstorbenen Personen sind rein zufällig. Nur Berlin ist Berlin ist Berlin.

JASMIN

ES IST FREITAGNACHT, Die Straßen riechen nach Sommer, Staub und Abgasen und er lehnt gegen die Außenwand des *Partisan* und sieht dich nicht an. Überrascht? Warum sollte er dich auch ansehen, er quatscht viel lieber mit deinem Bruder und seinen Kumpels, er schnippt lieber lässig Asche von seiner Zigarette und lacht so laut, dass du es hören könntest, wärst du zwei Straßen weit entfernt.

Ich könnte rübergehen und ihn fragen, ob er …

Mehr fällt dir nicht ein. Ideenlos.

Jedes Mal, wenn sich die Eingangstür der Disko öffnet, erklingt der Beat aus dem Inneren und du möchtest diese Ungewissheit hinter dir lassen und hineingehen. Tust du aber nicht, kannst du einfach nicht tun.

Nein.

– Wollen wir wieder reingehen?

Ihr Mädchen seid zu dritt und die Jungs da drüben sind zu acht und alle tun, als wären die anderen nicht anwesend. Pärchen sitzen auf dem Bordstein, Kids jagen sich auf der Straße und einige haben sich neben dem Eingang der Disko postiert, als würden sie checken, wer kommt und geht. Auch auf der anderen Straßenseite stehen sie herum, doch da geht man nur hin, wenn man was kaufen will. Dope, Speed und so. Das zieht manchmal, aber nicht heute, heute hast du andere Sachen im Kopf. Jungs. Und einer davon hätte ruhig zu Hause bleiben können. Dein Bruder. Seinen Kumpels hat er erzählt, er wäre dein Babysitter. Dafür könntest du ihm die Augen auskratzen. Du bist vierzehn, du bist kein Baby mehr.

Wenn Krca bloß rüberschauen würde ...

Taja zieht ihren Mini etwas runter. Zu heiß gewaschen, hat sie erklärt, aber ihr wisst, dass das eine Ausrede ist. Taja mag es kurz, auch wenn es peinlich wird, aber zugeben läuft nicht. Ihre Mutter nennt sie *kurva*, deine Mutter nennt dich *zigana* – beide beschwert ihr euch nicht. Ob Nutte oder Zigeunerin, der Tag soll mal kommen, an dem ihr wert darauf legt, wie euch eure Mütter nennen. Die sollen mal in den Spiegel schauen. Zum Totlachen. An guten Tagen seid ihr die Engel, an schlechten der letzte Dreck.

– Diese Scheißstempel!

Vesna sieht auf ihr Handgelenk, die Hälfte ihres Stempels ist vom Schweiß verwischt. Das Haar hängt ihr in künstlichen Locken ins Gesicht und um ihre Augen ist so viel Make-up, dass sie wie gemalt aussieht.

– Wenn der Penner mich nicht reinlässt, sagt sie, Dann verpass ich ihm eine oder was?

Ihr lacht, seht auf eure eigenen Stempel. Gott sei Dank noch da.

– Der steht auf dich, der lässt dich auch ohne rein, beruhigt sie Taja.

– *Der?!* Spinnst du völlig? Nie!

– Doch, doch, der steht auf dich, sagst auch du und schielst zu Krca rüber, Ich wette, der macht Augen wie Räder, wenn er dich sieht. So.

Du zeigst ihr, wie.

– Blödsinn, sagt Vesna.

– Gehen wir rein? fragt Taja.
Und Krca guckt noch immer nicht.
– Will noch eine rauchen, sagst du und fummelst eine Zigarette aus der Schachtel. Benson & Hedges, verpackt in Gold.
– Wenn's sein muss, sagt Taja und kickt gegen den Bordstein. Auch Vesna nimmt sich eine, du gibst ihnen Feuer und ihr quatscht über die Klasse und den einen Jungen aus der 9d, der von der Schule flog, weil er einem anderen Jungen den Arm gebrochen hat.
– War keine Absicht, stellst du fest.
– Woher willst du das wissen?
– Habe ich gehört.
– Quatsch.
– Die haben rumgesponnen, haben ihn hinter der Tür eingeklemmt. Da hat er versucht wieder rauszukommen und mit beiden Armen gedrückt. So. War aber zu schwach, typisch Streber, und da hat er sich den Arm gebrochen, verstehst du, vom Druck.
– Saublöde Geschichte, sagt Vesna.
– Kennst du 'ne bessere?
– Da kannst du aber deinen ...
Den Rest hörst du nicht, weil es eben passiert ist. Kurz nur. Kurz, aber wahr. Er hat dich angesehen. Und gelächelt.
Er weiß, dass ich hier stehe ...
Du willst zurücklächeln, doch da sind deine Freundinnen, und wenn die sehen, dass du blöde in die Gegend grinst, dann lassen sie dich den ganzen Abend nicht mehr in Ruhe und fragen, seit wann du auf Krca stehst und ob du spinnst, der wäre doch viel zu alt für dich, der denkt doch nur ans Ficken und so. Als würdet ihr an was anderes denken.

Deswegen verkneifst du dir ein Lächeln, obwohl in deinem Inneren ein paar Feuerwerke losgehen.
Krca ist sechzehn, ich vierzehn, das macht zusammen---
– Will tanzen, jammert Vesna und zupft wieder an ihrem Rock.
– Lass mal zu Ende rauchen, sagst du gereizt.
– Du rauchst wie 'ne Oma nach 'nem Schlaganfall.
– Danke, du Schlampe.
– Bitte, du Oma.
– VERPISST EUCH, DAS HIER IST KEIN BÜRGERSTEIG! ruft plötzlich eine Stimme aus einem vorbeifahrenden Auto. Die Kids springen zur Seite und zeigen dem Fahrer den Finger, aber niemanden juckt es besonders. Die Straße gehört zur Disko, die Disko gehört zu euch, da läuft, was läuft, da soll sich lieber keiner einmischen. Oder wie dein Bruder mal gesagt hat: »Das ist unser Territorium, klar?«
Ja, klar, zu viele Filme gesehen.
– Was meinst du?
– Was?
Du siehst Taja überrascht an. Du warst auf einen völlig anderen Sender eingestellt.
– Na, was du meinst, ob die nachwachsen? sagt Taja
– Was denn?
– Hörst du zu oder hörst du nicht zu? regt sich Taja auf. Na, der eine hat sich doch die Zähne beim Sport ausgeschlagen. Tschack. Hättest mal sehen müssen. All das Blut. Ich glaub, die wachsen nie nach.
– Nee? sagst du verwirrt.
– Nee? wiederholt Taja genervt.
– Los, jetzt aber tanzen, sagt Vesna und pfeffert ihre Zigarette auf den Boden, dass die Glut hochsprüht.
Als ihr gerade reingehen wollt, löst sich die Clique deines

Bruders auf, und dann löst sich die ganze Welt um dich herum auf, weil Krca auf euch zuschlendert.
Falsch, Korrektur, nicht auf *euch*, sondern auf dich.
Mich?
Dich.
– He!
Krca bleibt zwischen Vesna und Taja stehen.
– He! sagst du und He! sagt Taja, und Vesna sieht Krca an, als ob er wegen ihr gekommen wäre.
– Wollt mal fragen, was so läuft?
Du glühst im Gesicht. Dich sieht er an. Niemanden sonst. Dich.
Wollt mal fragen, was so läuft?
Das hätte auch dir einfallen können.
Du lächelst. Das Feuerwerk in deinem Inneren erreicht deine Augen und bringt sie zum Glänzen. Du wünschst dir, deine Freundinnen würden reingehen und tanzen. Du wünschst dir auch, dass die Zeit für eine Sekunde die Luft anhält, denn du willst so viel sagen, all die Worte sind da, nur die Reihenfolge stimmt noch nicht. Es rauscht in deinem Kopf, dann erklingt ein Röhren, wird lauter und lauter und eine Stimme ruft schrill:
– ZEIG'S DEN SCHWEINEN!
Jemand stößt gegen deine Schulter, eine Hand zerrt an deinem Arm, im nächsten Moment fällst du rückwärts und landest hart auf dem Bürgersteig. Ein langes Tackern ist zu hören, hart und trocken, dann sind da nur noch Stimmen und panische Rufe.
Vesna sitzt neben dir auf dem Bordstein und hält sich den Oberschenkel. Sie wimmert und Blut läuft ihr in dunklen Streifen die Wade hinunter in den Schuh. Du siehst zu Krca, der sich die Hände vors Gesicht geschlagen hat. Rot quillt es zwischen seinen Fingern hervor.

Leute kommen aus der Disko gerannt, sie kommen aus den Hauseingängen, in denen sie sich versteckt haben. Dir wird aufgeholfen, jemand ruft nach einem Krankenwagen, deine Ohren klingeln.

Was ... was ist passiert ...?

Minuten später ist alles vorbei. Dein Bruder ist an deiner Seite, Arm schützend um dich gelegt, nicht mehr dein Babysitter, sondern dein dir vertrauter, großer Bruder.

– Hat irgendjemand gesehen, wer die waren?

Kopfschütteln. Einer sagt, er hätte sich das Nummernschild gemerkt, ein anderer sagt, er wüsste schon, wer das gewesen ist, aber gesehen hätte er nichts. Du schweigst. Keiner fragt dich und das ist gut so, denn du hast nur Krca im Kopf, wie er sich die Hände vors Gesicht schlägt. Und dann siehst du Vesna vor dir, der das Blut in den Schuh läuft, und dann wieder Krca, und erst zum Schluss denkst du an das Gesicht des Jungen, der mit der Maschinenpistole aus dem Wagenfenster gelehnt hat. Erst da denkst du an seinen verschreckten Blick, als hätte der Junge sich selber gewundert, was hier eigentlich geschah.

Erster Teil
MITTWOCH & DONNERSTAG

CENGIZ

VIELE GLAUBEN, DU BIST ZU KLEIN, um einer von ihnen zu sein, doch das macht nichts, denn viele glauben, dass du für alles zu klein bist. Das ist natürlich ein schlechter Witz, Mann, das berührt dich kein Stück, denn wenn es hart auf hart kommt, dann kann dir jemand mit einem Meter neunzig über der Schuhsohle nichts tun, dem verpasst du eine und das war's für ihn.
Dein Vater ist schuld, deine Mutter natürlich auch, all deine Geschwister sind Zwerge. Sie sehen aus wie Kinder mit Gesichtern von Erwachsenen, aber he, wer bist du, dass du deine Eltern anklagst? So was passiert, man wird geboren, man wächst auf und ist ein kleiner Haufen Scheiße. Fünf Haufen in deiner Familie. Das ist garantiert überdurchschnittlich.
Heute ist Mittwoch, und du machst dich schick, hast den Funk im Blut und bist bereit, den Leuten da draußen zu zeigen, dass auch ein kleiner Haufen deftig stinken kann. Dabei hörst du heiße Musik, die aber leise gestellt ist, denn eure Nachbarn haben sich zu oft beschwert, ihnen würde der Bass Kopfschmerzen bereiten. Und dein Alter hat dir angedroht, dich vor die Tür zu setzen, wenn du weiterhin solch einen Lärm veranstaltest. *Lärm?* Oh, Mann. Du rappst durch den Raum zum Stuhl, auf dem deine Klamotten liegen. *Sweet, sweet motherfucker, yeah.*

Deine Schwester hat dir vorhin das Hemd gebügelt und dabei die Zigarettenschachtel aus der Brusttasche genommen. Hat sie einfach aufs Bett geworfen. Mann, wenn die wüsste. Yo. In der Zigarettenschachtel stecken zwei Pillen sorgfältig in Alu eingewickelt. Die hat dir Falk besorgt. *»For the Boogieman in your fucked up brain«,* hat er gesagt und dir dafür drei Scheine abgenommen. Cool. Du kannst es kaum abwarten, hier zu verschwinden und Locke die Pillen zu präsentieren. Yo. Die Zeit brennt dir unter den Fingernägeln und dein Scheißhaar wird hoffentlich auch bald trocken, damit du das Gel reinschmieren kannst.
Deine Mutter ruft, das Essen ist fertig.
Was?
He, Moment mal, was soll das jetzt? Nie hättest du gedacht, dass das Essen fertig werden würde, bevor du gehst. Was hat die Alte getan? Ist das ein neuer Rekord im Kochen oder was? Na, vielen Dank auch. Gut, dass du noch nicht geklinkt hast, Mann, das wäre ein Spaß gewesen, deinen Eltern auf Ecstasy zu begegnen. No. Wie spät ist es überhaupt? Schon nach sieben? Oh nee, Mist, schon nach *acht!* Okay, geh's locker an, das packst du doch mit links, schlenderst rein, schiebst dir das Futter hinter die Binde und dann ab dafür. Das macht höchstens fünf Minuten. Yo.

Der Alte.
Mist auch.
Du hast gehofft, er wäre schon zum Kartenspielen in seinen Klub verschwunden, in dem sich die ganzen alten Säcke rumtreiben und so tun, als wären sie noch immer in Ankara. Du dachtest nicht, dass der Alte am Tisch sitzt und Zeitung liest, während deine zwei Schwestern die

Runde machen und Suppe auf die Teller füllen. Brave Mädchen. Sie reden leise miteinander, und das ist gut so, denn du willst nicht hören, was sie zu sagen haben, schaltest voll auf taub und marschierst an ihnen vorbei ins Bad. Manchmal fühlt sich das Haargel an wie kalte Wichse, zum Glück lässt es sich leichter abwaschen.
Du machst einen auf Boxer, tänzelst kurz und verpasst deinem Gegner ein paar schnelle Schläge in den Magen.
Wammwamm*WAMM!*
Reicht's?
WAMM noch eine hinterher, mit dir ist heute nicht zu spaßen, Mann. Letzter Blick in den Spiegel, na bitte, dein Haar liegt perfekt, das kann ja nur eine gute Nacht werden. Yo.
Im Wohnzimmer kommt gerade deine Mutter aus der Küche. Sie trägt einen Korb mit geschnittenem Fladenbrot und stellt ihn in die Tischmitte zwischen Töpfe und Pfannen.
Na dann.

Beim Essen wird türkisch geredet, weil der Alte es so will. Tradition und all der Scheiß. Dein Vater tut manchmal, als ob er nicht froh wäre, hier in Deutschland zu sein. Soll er doch zurückgehen, Mann, niemand hält ihn hier. Jedes Mal wenn der Alte aus der Wohnung ist, redet ihr deutsch, auch deine Mutter ist dann viel lockerer und albert mit euch herum.
Dein Vater nimmt sich eine Ecke Fladenbrot und bemerkt, ohne dich anzusehen:
– Musst du nackt am Tisch sitzen?
Du schaust an dir hinab. Du bist im Unterhemd, denn du kannst es nicht ausstehen, wenn deine Klamotten schon vorm Ausgehen nach Essen riechen. Was hat der Alte

schon wieder? He, Mann, nackt? *Das* soll nackt sein? Ist er etwa auf der Suche nach Ärger oder was?
Du schweigst, siehst ihn nicht an, ihr esst. Im Hintergrund läuft halblaut der Fernseher, das Murmeln eines Kommentators, das Röhren von Rennwagen. Deine kleine Schwester ist blass. Sie erzählt von einer Freundin, die sich beim Rollschuhlaufen das Handgelenk gebrochen hat, und demonstriert umständlich, wie das Handgelenk nach dem Unfall aussah.
Deine Mutter schüttelt entsetzt den Kopf.
Also wenn das mal nicht schrecklich ist.
Du schaufelst die Suppe weg und nimmst dir danach eine winzige Portion Reis mit Fleisch. Du isst appetitlos, du willst den Müll bloß hinter dich bringen und dann raus hier. Dabei kaust du hauptsächlich auf der rechten Seite, weil dir links ein Backenzahn Ärger macht. Kein Bock auf Zahnarzt, Mann, dir wird schon schlecht, wenn du all diese antiseptische Scheiße riechst. No. Als du gerade für einen Moment abwesend auf die Glotze starrst, schnappt sich deine Mutter deinen Teller und füllt ihn erneut mit Reis und Fleisch, doppelte Portion. *Na klasse, vielen Dank!* Mensch, wie du das hasst. Am liebsten hätte deine Alte dich dick und fett, dabei ist dein Vater dürr wie eine Stange. Aber überall Muskeln. Der kann fressen, was er will, sein Körper verbrennt alles, da bleibt nichts übrig. Schau doch, wie er das Zeug in sich reinschlingt. Und deine Mutter, schau sie dir doch mal an. Wäre das deine Frau, würde das anders laufen. Yo. Scheiß Kopftücher. Aber pass auf, bloß keinen Stunk anfangen, das Letzte, was du heute gebrauchen kannst, ist eine Diskussion oder Dresche vom Alten, Mann, echt nicht. Warte noch drei Jahre, dann bist du achtzehn und hier weg. Aber bis dahin sind es eben noch drei Jahre, also stocherst

du auf deinem Teller herum, murmelst irgendeinen Fluch, den keiner verstehen soll, und führst die Gabel zum Mund. Einige Dinge müssen einfach nicht diskutiert werden.
– Ich muss dann los.
Dir steht das Essen bis zum Kehlkopf, dafür ist dein Teller leer, Mann, es liegt hinter dir und morgen habt ihr schönes Wetter. Wenn du dir jetzt noch eine Gabel voll in den Mund schiebst, gibt es eine Riesenexplosion und das war's dann mit dem angehenden Rap Master MC Cengiz. No.
Deine Mutter nickt, deine Mutter lächelt. Sie hat dich gestopft, sie hat dich umsorgt, von ihr aus kannst du jetzt gehen. Du siehst zum Alten rüber. Seine Gleichgültigkeit macht dich an diesem Tag richtig glücklich. Er hat die Augen auf dem Fernseher, was wartest du noch, hau endlich ab.
– Grüß dein Mädchen, sagt deine Mutter.
– Ja, mach ich, antwortest du und spielst das Spiel mit. Als ob irgendwo ein Mädchen auf dich warten würde. Träum weiter.
In deinem Zimmer wechselst du das T-Shirt, schlüpfst in dein edles Seidenhemd und dann in die Kapuzenjacke, Reißverschluss bleibt offen. Du klopfst dir gegen die Brust, Baby *E* ist an Ort und Stelle. Ab dafür.
Im Flur ziehst du die Schnürsenkel deiner Turnschuhe besonders fest, damit der Schmerz vom Backenzahn übertrumpft wird. So ist es gut, da muss Power dahinterstecken. Yo.
– He!
Dein Vater steht plötzlich hinter dir. Mann, hast du dich erschrocken, der Geruch der Straße war schon in deiner Nase und du auf dem besten Weg, dich in ein gefähr-

liches Tier zu verwandeln, da taucht der Alte hinter dir auf und legt dir seine Hand auf den Ellenbogen.
– Hier, nimm.
Er schiebt dir etwas Kleines zwischen die Finger und lässt dich los. Du bist so überrascht, dass du einen Schritt nach hinten in den Hausflur machst. Die Wohnungstür fällt zu. Ruhe.
– Scheiße! fluchst du und siehst auf deine Hand. Geld kann es nicht sein, Geld knistert nicht.
Es ist ein pinkfarbenes Kondom, über hundert Jahre alt, an den Rändern ausgefranst und mit kleinen Luftbläschen unter der durchsichtigen Folie.
So ein Arschloch, denkst du, *so ein verdammtes Arschloch.*
Der Alte weiß genau, daß du kein Mädchen hast. Es ist seine Art, dir zu zeigen, was für ein Versager du in seinen Augen bist.
Danke schön.
Mit dem Fingernagel reißt du ein Loch in die Folie, bis die Soße hervorquillt und auf den Hausflur tropft.
So ein gottverdammtes Arschloch.
Du verlässt das Mietshaus und trittst auf die Straße. Links liegt die Autobahn, rechts gehst du lang. Deine Nase zuckt, das Tier ist wach. *Ahhh.* Bevor du dich auf den Weg zum Sophie-Charlotten-Platz machst, pappst du das Kondom an den ersten Zigarettenautomaten, an dem du vorbeikommst. Es sieht aus wie hingerotzt. Sollte dein Vater sich später am Abend seine Zigaretten holen, wird er das Kondom garantiert wiedererkennen. Und dann hättest du gerne ein Foto von seinem Gesicht, oh Mann, das wäre was.

Locke wartet an der Bushaltestelle gegenüber von der Imbissbude. Er hat die Hände tief in den Hosentaschen

einer viel zu weiten Jeans, die an seinen mageren Beinen wie ein Rock herunterhängt.
– Du siehst aus wie 'n Penner, begrüßt du ihn.
– Kanackenarsch, sagt Locke und zieht eine beringte Hand aus der Hosentasche, um dir einen Haken in den Magen zu verpassen.
– He, pass mal auf, wen du hier schlägst, Mann! sagst du und lachst.
– Und du pass mal auf, wen du hier anmachst, Mann!
Auch Locke lacht, dann hebt ihr die Schultern, spuckt aus und seht euch um. Nichts los am Sophie-Charlotten-Platz. Es ist recht früh, die Abenddämmerung gibt den Straßen und Häusern einen romantischen Schimmer. Wenn die Bullen wüssten, wie nahe ihr ihnen seid, würden sie nicht so gelangweilt an euch vorbeifahren. Yo.
Um die Ecke befindet sich der Abschnitt 28. Locke hat da schon zweimal gesessen, weil sie ihn beim Klauen erwischt haben. Aber mach dir keine Sorgen, Mann, dir wird das nie passieren, nicht dir. No.
Du spuckst aus. Cool.
Ihr seid überpünktlich und habt noch Zeit, um eine Runde zu quatschen. Das kommt nicht oft vor, also seid ihr nach wenigen Minuten völlig überfordert. Scheiß drauf. Locke fragt, ob du 'ne Cola willst. Klar willst du 'ne Cola. Also trottet Locke rüber zum Imbiss, sein Hintern völlig unsichtbar in dieser abgefuckten Jeans. Du kicherst und fühlst dich sauwohl, Mann, sauwohl und um einiges besser als beim ersten Mal. Mensch, denk nicht dran. Auch die Zahnschmerzen haben sich verabschiedet. Super. Eigentlich kann nichts mehr schief gehen, alles ist perfekt, gute Stimmung und so.
Letzten Freitag dagegen waren deine Knie wacklig und dein Magen so durcheinander, dass du aufpassen muss-

test, nicht in hohem Bogen durch die Gegend zu kotzen. Yo, das ist kein Witz, erinner dich, wie anstrengend das war. Und alles nur wegen dem blöden Anruf von Marco. Du gehst ran und hörst zu und legst auf und spürst, wie dir die Gedärme bis zu den Fußknöcheln runterrutschen. Wie ein gekappter Fahrstuhl, abwärts und Sense. Was für eine blöde Scheiße auch.

– Hier, du Kanackenarsch.

Du findest das nicht mehr komisch und sagst:

– Nenn mich noch einmal Kanackenarsch, und du bist tot.

– Wie soll ich dich nennen, Mann? will Locke wissen. Japse oder Schlitzauge oder wie?

– Bin kein Japse, du blöde Nuss, bin Mongole.

– Mongoloid würde ich eher sagen.

– He, das reicht, Alter, pass ja auf, was du sagst, Locke, ich sag's dir, pass ja auf.

Du knackst die Dose, ohne die Augen von ihm zu nehmen. Scheiß Kinnbärtchen. Und die Locke auf seiner Stirn kann er sich an die Wand schmieren, sieht so oder so pisse aus. Wieso redest du eigentlich noch mit diesem Hemd? Gute Frage. Locke kann froh sein, wenn du ihm eines Tages nicht eine verpasst. Aber eine richtige, weißt du, mitten ins Herz. Yo. So einen Treffer würde die Bohnenstange nie überleben. Mit der Faust voll auf den Herzmuskel – BAMMBAMMBAMM – und der Kerl würde umkippen und keuchen und krepieren.

Locke winkt ab.

– Mann, lass mal locker angehen, ja?

– Bin schon locker, sagst du.

– Willst mich doch nicht zum Feind haben, oder?

Locke kichert, seine Zähne klacken gegen das Blech der Dose, er ist schon ein Clown.

– Auf keinen Fall. Du als Feind, das wäre die Hölle, sagst du und kannst das Lachen nicht unterdrücken.
– Bin doch dein Bruder, Mann, sagt Locke und lacht auch.
– Richtig, sagst du, Bruder am Arsch.
Ihr nippt von den Dosen, alles ist wieder okay zwischen euch, ihr spuckt aus und scharrt mit den Turnschuhen darüber. Cool.
Locke holt Zigaretten raus, ihr raucht und schaut gelangweilt in die Gegend. Keine Bullenwanne hält an, nicht einmal ein Vogel scheißt euch vor die Füße. Eine unglaublich öde Dreiviertelstunde vergeht, die Schatten werden länger und der Himmel nimmt ein kräftiges Blau an. Du siehst eine Möwe auf der Ampel landen und wunderst dich, wo die wohl herkommt. Ein Säufer quatscht euch an, ihr sagt ihm, er soll sich bloß verpissen, dann ist da eine Gruppe von Mädchen, hundert Prozent Wessis aus dem Jugendhotel, das wie ein Legobaustein neben der Polizeidienststelle liegt. Die Mädchen sind aufgetakelt und haben so viel Schwarz um die Lider, dass sie kaum die Augen aufhalten können. Sie lachen und kichern, als wären sie breit von der Berliner Luft, und wollen wissen, wie sie am besten zum *Linientreu* kommen.
Linientreu, Alter, zieh dir *das* mal rein!
Du fragst sie, ob du vielleicht wie ein blöder Tourifführer aussiehst. Locke lacht sich halb tot.
– Den merk ich mir, sagt er keuchend, Oh Mann, der ist echt gut.
Die Mädchen zeigen dir den Finger und verschwinden, während du grinst und die nächste Runde Cola spendierst. Yo, Scheiße, tut das gut, auf der Straße zu sein. Als du vom Imbiss zurückkommst und Locke die Dose

reichst, lässt du nebenbei fallen, dass Falk die Pillen besorgt hat.
– Machst du Witze?
Du zuckst mit der Schulter. Cool.
– He, zeig her, Mann, zeig her.
Dein letzter Kauf ist gerade mal einen Monat her, da warst du mit Janko und Ali unterwegs und irgend so ein Penner, den Ali im *Schlachthaus* angequatscht hatte, verkaufte euch sechs Tabs. Das wurde ein Reinfall, Mann, das wirst du nie vergessen. No. Ungefähr eine Stunde nachdem du geklinkt hattest, hingst du auf dem versifften Klo über der Schüssel und das Zeug kam dir nur so aus der Kehle geschossen. Janko erging es nicht besser, nur Ali meinte, er würde was spüren, leichter Turn und so. »Spür das mal«, hast du zu ihm gesagt und dein Knie in seinen Magen gerammt. Garantiert hat der Penner euch in die Pfanne gehauen, da warst du dir sicher, der hat halbe-halbe mit dem Dealer gemacht und euch für doof verkauft. Aber nicht mit dir, Mann. No. Janko hat euch dann getrennt, bevor du Ali alle Knochen brechen konntest. Beweisen lief natürlich nicht, und Ali, der will jetzt nichts mehr mit dir zu tun haben. Auch das ist okay. Hauptsache nicht verarschen lassen, kapiert?
Du pulst die Zigarettenschachtel aus deiner Brusttasche und reichst Locke deine Coladose.
– Halt mal.
Locke beugt sich mit dir über die Schachtel, es gefällt euch beiden, hier und jetzt den Stoff zu begutachten. Cool.
– Hier ist die Ware, sagst du.
– Ware klingt gut, Mann. Zeig mal. Was ist denn das für ein Logo?
Locke streicht mit dem Zeigefinger über eine der Pillen.

– Keine Ahnung, sagst du. Sieht aus wie ’n Baum, oder?
– Habe ich noch nie gesehen, scheint was Neues zu sein.
– Hoffentlich brandneu, dann ist es nämlich klasse Stoff.
– Woher weißt du das?
Du spuckst aus und klopfst dir an die Stirn. *Fuck the brain.*
– Hat mir Falk erklärt. Wenn’s neu ist, Alter, kennt keiner das Logo, klar? Irgendwann fangen die Schweine dann an, das Logo auf Billigpillen zu drucken, und dann muss ein neues Logo her, verstehste?
– Ah, verstehe.
Locke nickt, dann hat er einen Gedanken.
– Und was ist, wenn sich die Schweine ein neues Logo für ihre Billigpillen ausdenken?
Darauf bist du noch gar nicht gekommen.
– Keine Ahnung, ich werd mal Falk fragen, was er davon hält.
Du wickelst die Pillen wieder in die Folie und siehst dich um. Niemand kommt auf euch zugerannt und will wissen, was ihr da treibt. Sein Glück, der hätte was erlebt. Du schiebst die Schachtel zurück in deine Brusttasche, direkt übers Herz, wo sie hingehört.
– Wie viel wollte er haben? fragt Locke und gibt dir deine Cola zurück.
– Zwei Scheine, sagst du.
– Zwanzig? Mann, zwanzig ist viel.
– Habe ich mir auch gedacht, also habe ich ihn runtergehandelt.
– Hast du nicht?
– Habe ich doch.
– Auf wie viel, Mann?
– Auf fünfzehn.
– He, das ist cool, Alter, verdammt cool.

Locke lacht, das gefällt ihm. Yo. Du grinst nur und nippst von deiner Cola. Es ist ein Wunder, was einem eine kleine Lüge für Respekt einbringen kann.
– Erzähl es bloß keinem weiter, sagst du, Sonst reißt mir Falk den Arsch auf.
– Ehrenwort, Mann.
Locke zeigt plötzlich über deine Schulter.
– He, da kommen sie!
Die Scheinwerfer streifen euch. Jetzt erst fällt dir auf, dass die Laternen am Straßenrand blass leuchten und die Nacht angebrochen ist. Automatisch streckst du dein Kreuz. Das hast du vor knapp einer Woche nach Marcos Anruf genauso getan und es hat dir Glück gebracht. Nicht, dass du abergläubisch bist, no, Mann, komm mir bloß nicht damit, aber hättest du damals kein Glück gehabt, he, wer weiß, wo du heute wärst? Diesmal ist es ein anderer Wagen, ein blau lackierter Opel mit verrosteten Türen. Du bist froh, dass es ein anderer Wagen ist, Mann, du willst den roten Volvo mit den getönten Scheiben nicht mehr sehen und nicht daran erinnert werden, wie angespannt du auf dem Rücksitz gesessen hast. Marco vorne, Willi hinterm Steuer und Locke und du. Fünf Tage ist das her und du weißt bis heute nicht, warum Marco ausgerechnet Locke und dich herausgepickt hat. Er hätte jeden nehmen können. Ulrich oder Falk zum Beispiel, die waren viel älter. Aber er wollte euch, und so habt ihr da hinten gesessen und euch pausenlos die feuchten Hände an den Sitzen abgewischt, weil ihr wusstet, was euch bevorstand, weil ihr wusstet, was den Yugos bevorstand, die sich ja unbedingt mit eurer Clique anlegen mussten. Konnten es nicht sein lassen, mussten in euer Territorium marschieren und den Macker schieben. Yo. Äußerlich waren Locke und du relaxter als ein Beutel

Eiswürfel, aber innerlich, oh Mann, innerlich wärt ihr am liebsten in ein Erdloch gekrochen und hättet Sand über euch geschaufelt. Vor dir saß Marco, die Rastamähne wie eine Krone auf seinem Kopf, sein spitzes Gesicht eine glatte Maske, in der sich nichts bewegte. Marco war durch und durch cool, Mann, er hielt eine von diesen kleinen Maschinenpistolen in den Händen, eine echte Uzi und eigentlich viel zu klein, um gefährlich zu sein, wenn da nicht dieser Glanz gewesen wäre, Mann, dieser metallische Glanz war echt zu viel für dich. Der ganze Wagen roch nach der Kanone, geschmiert, geölt und kalt. Marco hatte beide Hände lässig auf der Uzi liegen und du sahst ihn die Kanone heben und durch die Gegend ballern. RATATATATATA. Schon die Vorstellung erregte dich und es machte dich richtig happy, nicht draußen rumzulaufen, sondern hier drin mit den Jungs im Wagen zu sitzen. Lange hielt das Glück aber nicht an, no, Mann, denn als ihr vor der Disko angekommen seid und all die Teenies herumstehen saht, war es plötzlich überhaupt nicht so, wie ihr es euch vorgestellt hattet. Irgendwas stimmte nicht, und Willi murmelte: »Shit!«, weil es einfach zu voll war, lauter Kinder liefen durch die Gegend, da waren kaum Ältere dabei, das war falsch, doch es hielt Marco nicht davon ab, das Beifahrerfenster runterzukurbeln, um den Yugos zu sagen, sie sollten von der Straße verschwinden: »He, verpisst euch, das hier ist kein Bürgersteig!« Klar ignorierten sie ihn, he, Mann, was dachte er? Das hier war ihre Gegend, und in ihrer Gegend konnten die Yugos tun und lassen, was sie wollten, das sag ich dir, Mann. Logisch. Die wurden auch nicht wütend, die spielten einen auf blind und taub und taten, was sie tun wollten. Ignorieren war angesagt. Und das brachte Marco so sehr auf die Palme, dass du seine Hände zucken und zittern sahst und mit Bestimmheit wusstest, es war so weit, oh Mann, Scheiße, es war so weit, kein Wunschdenken mehr, jeden Moment geht das große Ballern los und du sitzt mittendrin. Ging es aber nicht. Der rote Volvo bewegte sich träge durch die Menge, niemand berührte den Wagen, und niemand machte Ärger. So seid ihr an den Yugos vorbeigefahren und habt nicht aufgesehen, nur eure Hände waren zu Fäusten geballt und das war es schon. Und an der Kreuzung Spandauer Damm drehte sich Marco mit einem Grinsen auf dem Beifahrersitz um, dabei sah er nicht Locke an, no, Mann, er sah dich an, dich allein, und wollte von dir wissen, ob du Schiss in der Hose hattest oder was? Und du sagtest ihm, er sollte sich mal lieber selber ficken. Schiss in der Hose, he, wer warst du, dass du Schiss in der Hose hattest, mh? Und dann nickte Marco und warf dir die Kanone in den Schoß und wandte sich wieder der Straße zu. Einfach so nebenbei lag die Uzi jetzt in deinen Händen, Mann. Einfach so. Yo. Und Willi setzte den Blinker und wendete die Karre und nahm wieder Kurs auf die Disko. »Die Straße gehört dir, kurbel vorher aber das Fenster runter!«, riet dir Marco und lachte laut. Doch Fenster runterkurbeln war nicht drin, Mann, deine Hände waren ja voll mit der Knarre beschäftigt, strichen daran auf und ab, als ob sie ein Mädchen erforschen würden. Die Gabi oder die Annett, bei der alles erlaubt ist, aber echt alles, Mann. Yo. Genau so ein Gefühl war es, als würde ein ohnmächtiges Mädchen nackt in deinen Händen liegen und du dürftest mit ihr machen, was du wolltest. Genau das war jetzt möglich. Bis sie wach wurde. Bis du sie wecktest. Und genau das sollte jetzt geschehen, Mann, jetzt, denn Locke beugte sich an dir vorbei und kurbelte dein Fenster herunter. »ZEIG'S DEN SCHWEINEN!«, rief er, während Willi nervös lachte und Gas gab und die Yugos zur Seite sprangen, Fäuste geballt, Gesichter wütend und dann Gesichter erstaunt, als sie dich sahen, oh ja, Mann, als sie sahen, wie du dich aus dem Fenster beugtest mit der Uzi im Anschlag, die lärmend zum Leben erwachte und einen Zickzackkurs durch die Menge schnitt. All das geschah in Sekunden, dann war die Knarre leer und nur zerbrochenes Glas und bröckelndes Mauergestein blieben zurück. Der Volvo war an der Disko vorbei, und du warfst Locke die Kanone in den Schoß und der schrie auf, weil das Ding beschissen heiß war, und du fielst hysterisch kichernd in den Sitz zurück und hattest dir vor Aufregung eingepinkelt, so gut war das gewesen.

– He, Jungs!

Marco steckt den Kopf aus dem Wagen und spuckt euch gekonnt seine Zigarette vor die Füße

– Heute schon getanzt?

Locke kichert, greift sich die Hintertür und steigt ein. Dir ist mulmig zumute. Seit der Ballerei hast du darauf gewartet, dass die Bullen kommen und dich abschleppen. Du hast in der *BZ* gelesen, dass es niemanden ernstlich erwischt hat, nur eine Menge Verletzter gab es. »Sechs jugendliche Ausländer« kamen mit »schlimmen Schusswunden« ins Krankenhaus. Oh Mann, und das alles nur wegen dir. Scheiße, wegen dir, zieh dir das mal rein, Alter! Die Zeitung schrieb was von »slawischen Mafiakämpfen« und »der nächste Balkankrieg wird in Berlin ausgetragen«.

– He, was läuft? willst du wissen und checkst den Opel ab. Wo auch immer sie diese Karre aufgegabelt haben, sie ist ein hässlicher Haufen Schrott.

– Kleine Fische, sagt Marco. Komm, steig schon ein, Türke.

Vom Rücksitz lacht Locke hohl.

– Nenn mich nicht Türke, Mann, mein Vater ist Mongole.

Marco legt den Kopf schräg.

– Mongole, sagst du?

Du siehst dieses herablassende Lächeln in seinem Gesicht und beißt die Zähne zusammen. Blöder Nazi.

– Ja, Mongole.

– Wow, dann hast du ja mongolisches Blut in den Adern.

Locke japst vor Lachen, Marco dreht sich um und brüllt:

– HAST DU DEN ARSCH OFFEN ODER WAS? WIESO GACKERST DU SO BEKLOPPT?!

Locke verstummt, Marco wendet sich dir wieder zu:

– Also, was ist, Mongole, steigst du nun ein oder steigst du nicht ein?

Du beugst dich vor, um einen Blick auf Willi zu werfen. Das Wageninnere ist dunkel.

– Hi, Willi, sagst du.

– Fick dich, sagt eine Stimme.

– Wer ist das? fragst du.

– He, cool down, Mann, cool down. Das ist Kollok. He, Kollok, sag Hallo zu meinem Kumpel Mongole.

Anstatt zu antworten schnappt Kollok sein Feuerzeug auf. Er sieht nicht zu dir rüber, sondern hält die Flamme lässig an seine Zigarette, bevor er das Feuerzeug wieder zuschnappen lässt. Das alles hast du schon mal in einem Gangsterfilm gesehen. Langweilig.

– Was ist mit Willi? fragst du.

– Ärger mit seinem Kind. Er kann nicht kommen, weil---

Marco unterbricht sich und schlägt mit der offenen Handfläche auf das Handschuhfach

– He, sag mal, ich glaub's ja nicht! Was wird das hier, eine Talkshow oder was? Wir haben was zu erledigen, Kleiner,

also häng dein Gerippe hier rein oder mach einen Abgang, aber halt uns nicht auf, ja?
Scheiße, Marco hat wirklich genug. Abschätzend sieht er dich an. Er muss gehört haben, dass es gefährlich ist, jemanden wie dich Kleiner zu nennen. Du kannst die Schlägereien nicht zählen, die du deswegen angefangen hast. Und falls Marco es bisher nicht wusste, kann er es jetzt problemlos an deinen Augen ablesen. Yo. Dein Kinn zuckt kurz, du bist zu allem bereit, und dann grinst Marco, und du grinst mit ihm, weil ihr euch versteht, Mann, weil ihr einfach auf der gleichen Wellenlänge schwimmt, kapiert? Egal was hier gequasselt wird, ihr versteht euch. Das ist ein tolles Gefühl, denn Marco ist bestimmt fünf Jahre älter als du, wenn nicht zehn. Es gefällt dir, wenn Ältere dich respektieren. Du spürst, wie sich dein Körper streckt und dehnt und ein paar Zentimeter zulegt. Ja, Mann, ihr redet die gleiche Sprache. Cool.
– Steig schon ein, sagt Marco, Sonst schwimmen die kleinen Fische davon, und wir haben nichts zu beißen.
– Cooler Spruch, sagt Locke vom Rücksitz.
Du nickst, ja, das wäre dumm, also leerst du die Cola in einem einzigen langen Zug, der deine Kopfhaut schrumpfen lässt. Du zerknüllst die Dose und lässt sie auf den Bordstein fallen. Es klappert hohl, als sie unter den Wagen rollt. Du steigst ein, Locke rutscht zu Seite, Kollok legt den Gang ein und das Blech der Dose knirscht unter den Reifen.

ALSO ECHT MAL, SO EIN MIST AUCH. Immer der Rücksitz, als ob du nichts wert wärst, als ob du zum Spielen der zweiten Geige geboren wärst, Mann. Aber, he, entspann dich, hol tief Luft, deine Zeit wird schon kommen, wart's ab, he, die kommt schon, okay? Denn Zeit und Geduld und etwas Spucke ist alles, mehr brauchst du nicht, bist ja kein Blödmann. Weswegen also die Ungeduld? Klar, andere waren in deinem Alter schon viel weiter, aber darum geht es ja nicht, denn Reife hat keinen Maßstab, hat dir das noch niemand gesagt?

– Alles okay bei euch da hinten?

– Klar, sagst du.

– Klar, murmelt Cengiz und lehnt sich gegen die Tür, Stirn gegen das Fenster, woran der jetzt wohl denkt?

– Wir fahren nicht weit, hörst du Marco sagen, dann ist wieder Ruhe.

Deine Hände schwitzen, der Geschmack von Cola hängt schlaff in deinem Mund. Du bewegst die Zunge, ein feiner Pelz liegt auf deinen Zähnen. Eklig. Ein Döner wäre jetzt genau das Richtige, Mann. Wenn die Chose hier erst mal gelaufen ist, dann haust du dich in den nächsten Imbiss und isst einen Döner nach dem anderen, bis dir das Zeug zu den Ohren rauskommt.

– Keine Musik da vorne? fragt Cengiz.

– Nicht, wenn ich fahre, antwortet Kollok.
Cengiz nimmt die Stirn vom Fenster und zieht eine Fresse.
Kollok sieht nicht nach hinten.
Du unterdrückst ein Lachen.
Das hat der Türke von seiner großen Klappe. Ist ja wohl offensichtlich, dass Kollok ein harter Kerl ist und Cengiz nicht ausstehen kann. So was kommt schon vor in einer Clique, da ist nicht immer alles rosafarben.
Du schielst zu deinem Kumpel rüber.
Mann, der kocht jetzt garantiert, der ist sicher stinkesauer auf den Kollok, hat sich einfach abservieren lassen, einfach so, was? Du weißt, wenn Cengiz könnte, würde er jetzt einen blöden Spruch bringen, da ist aber nur Kolloks Nacken, mit dem er sich anlegen müsste, und der ist so breit, dass sogar eine Axt aufgeben würde. Außerdem sitzt Marco auf dem Beifahrersitz, und Marco hört blöde Sprüche nur gern, wenn sie von ihm selbst kommen. Und niemand will wegen einem blöden Spruch aus der Clique fliegen, logisch.
Du beugst dich zur Seite und flüsterst in Cengiz' Ohr:
– Scheiße, was?
– Fick dich, ranzt Cengiz dich an.
– Wer soll sich ficken?
Marco dreht sich auf dem Beifahrersitz um, seine Lederjacke knarrt, die Rastalocken zischen durch die Luft, irre Frisur.
– Die Schwuchtel hier, sagt Cengiz.
– Wen nennst du hier 'ne Schwuchtel, Alter? willst du wissen und lachst, kein bisschen böse, dir kann keiner was, Sprüche haben bei dir noch nie gezogen, lass mal stecken.
– Quatsch mich nicht voll, okay? sagt Cengiz und lehnt die Stirn erneut gegen das Fenster. Ende der Diskussion.

– Arschloch, sagst du.
– Fick dich, sagt Cengiz.
– Wir sind da, sagt Kollok und stellt den Motor ab.

Eine zähe Minute lang schweigt ihr und sitzt einfach nur im Wagen und seht durch die Windschutzscheibe auf die Straße hinaus. Kein Verkehr hier, absolute Stille, Mann, fast wie in einem der Horrorfilme, wo jeden Moment eine Leiche aus dem Gully klettert oder ein Schrei die Stille durchbricht – IIHHHHHHH. Du glaubst in der Ruhe das Nachticken des Motors zu hören, doch als du auf dein Handgelenk sieht, kapierst du, dass es deine beschissene Armbanduhr ist. Wow. Verdammt laut das Ding, das können die Bullen doch glatt über Funk auffangen. Nächstes Mal willst du eine mit Digitalanzeige haben, eine mit Solar und Taschenrechner, he, das wäre doch was, oder? Du legst die Hand über deine Uhr, um das Ticken zu ersticken. Wie dein Kumpel Cengiz drauf ist, scheißt er dich deswegen glatt zusammen, der bringt so was.
– Okay.
Marco wendet sich euch zu und für einen kurzen Moment erwartest du, in der Zeit zurückversetzt zu werden und dass Marco die Uzi bereithält, um sie einem von euch zuzuwerfen. Dieses Mal wärst du an der Reihe. Das wäre cool, Mann, bei dir würde es keine Verletzten geben. Alles oder nichts.
Marcos Hände sind leer.
– Hat irgendeiner von euch nach der Sache mit den Yugos Ärger bekommen?
– Nö, kein Ärger, sagst du.
– Nichts, sagt Cengiz.
– Keine Fragen? Keine Anrufe? Gar nichts?

Cengiz schüttelt den Kopf, du hebst nur die Schultern. Sag mal, was denkt Marco, wo du jetzt wärst, wenn dich die Bullen gestellt hätten? Die Sache ist doch längst gegessen, oder?
– He, Marco, was soll das? fragst du. Das ist jetzt fast eine Woche her, die Sache ist doch längst gegessen.
Cengiz nickt, ja, das würde er auch gerne mal wissen, was das denn soll.
– Wollte nur sichergehen. Ihr wisst, mit den Yugos ist nicht zu spaßen. Wäre dumm, wenn euch einer von denen erkannt hätte. Ich meine, das ist unsere Gegend, wir laufen da jeden Tag herum und begegnen ihnen fast an jeder Ecke. Wir sehen die, die sehen uns, da kennt einer den anderen, kapiert?
Dir wird heiß.
– Ist das schon mal passiert? fragst du. Haben die sich schon mal einen geschnappt?
– Was denkst du, warum ich dir das erzähle, du Blödarsch?
Du wirst rot.
– Frag ja nur.
– He.
Kollok macht sich nicht die Mühe, nach hinten zu sehen. Seine Finger trommeln kurz aufs Lenkrad.
– Was ist? fragt Marco.
– Kommt mal zur Sache, ja?
– Okay, okay.
Marco dreht sich wieder zu euch um.
– Hier ist der Plan.
Er breitet die Hände aus.
– Das wird heute nur ein einfacher Bruch, kapiert? Reinste Kinderkacke. Die Leute sind seit gestern verreist, nach Lanzarote, also überhaupt keine Gefahr. Das ist eine

sichere Info von Willi, der sich am Wochenende um den Garten hier kümmert und---

– Und heute auf sein Kind aufpassen muss, unterbricht ihn Cengiz.

– Richtig.

– Na, klasse.

– Nimmst du ihm das etwa nicht ab?

– Klingt etwas schräg.

– Du kennst Willi nicht, der gehörte zur Clique, lange bevor du dir den Arsch selbst abwischen konntest. Also pass lieber auf, was du von dir gibst, und red nicht über Leute, die du nicht kennst.

– Sein Kind kenn ich auch nicht, sagt Cengiz gelangweilt.

Marco hat die Schnauze voll.

– Hör mal, Mongole, sagt er, Wenn du denkst, die Sache hier stinkt, dann gebe ich dir jetzt vier Mark und du steigst aus und darfst mit der U-Bahn nach Hause fahren, was hältst du davon?

Du musst grinsen, als du das hörst. Ist schon ganz gut, ab und zu den Mund zu halten. Da soll sich Cengiz mal selbst rausschaufeln.

Cengiz schweigt.

Zu deiner eigenen Überraschung sagst du:

– Er meint das nicht so.

– Nee, ich meine das nicht so, wiederholt Cengiz, dankbar für deine Hilfe.

– Dann halt für 'ne Minute die Schnauze, damit ich meinen Text loswerde, okay?

Kollok lacht, Cengiz knirscht mit den Zähnen, Marco spricht weiter:

– Sauberer Bruch, ist das klar? Eins von den Kellerfenstern ist offen. Wir gehen rein und wieder raus und sind weg wie der Blitz. Und Finger weg von der Haustür und den Fenstern, kapiert? Denn die sind gesichert und jagen uns die Bullen in drei Minuten auf den Hals.

– Oder schneller, sagt Kollok.

– Oder schneller, stimmt ihm Marco zu. Wie ihr sehen könnt, ist das eine edle Gegend, die haben hier mehr Bullen als Bäume.

Du siehst raus, Bäume gibt es genug, Bullen keine. Könntest jetzt einen Witz darüber machen, hältst aber lieber die Schnauze. Rechts ist ein Wald, ein Schild mit 30 km/h und überall Häuser mit viel Platz drumherum. Du kneifst die Augen zusammen, um den Namen der Straße im Laternenlicht zu lesen. Quermatenweg. Nie gehört.

– Was wir also machen, spricht Marco weiter, Ist durch den Keller ins Haus reinkommen. Wir schnappen uns alles, was nach Wert aussieht, kapiert? Keinen Plunder und nichts Klobiges, das bekommen wir sonst nicht durchs Fenster. Willi meint, die haben eine dicke Sammlung von CDs im Wohnzimmer.

Er hält einen Rucksack hoch.

– Hier ist genug Platz für tausend Stück. Im Kofferraum liegen drei weitere Rucksäcke.

– Okay, sagst du.

– Okay, sagt Cengiz.

– Sonst noch Fragen?

Ihr steht vor den vier Kellerfenstern und seid euch sicher, dass das ein Witz ist.

– Das ist falsch, einfach falsch. Es muss noch einen anderen Zugang geben, wartet hier.

Während ihr wartet, umrundet Marco das Haus. Leise vor sich hin fluchend kommt er zurück, nein, das hier sind die einzigen Kellerfenster.

– Scheiße, sagt Cengiz.
Du spuckst aus. Zwei der Fenster sind zwar angelehnt, aber keins davon ist größer als eine Schießscharte. Ihr sitzt ganz schön in der Klemme.
– So ein Arschloch, sagst du und meinst Willi.
– Er muss sich einfach verschätzt haben, sagt Marco, aber es klingt nicht gerade überzeugend.
Cengiz tritt an eines der angelehnten Fenster und schielt rein.
– Kein Wunder, dass er sich um sein Kind kümmern muss, sagt er und lacht.
Marco reagiert darauf nicht, er hat andere Sachen im Kopf.
– Was soll's, einer von euch muss es probieren. Ich bin zu groß, da komme ich nie durch.
Cengiz schüttelt den Kopf.
– Vergiss es, mein Arsch passt da nie rein.
– Was ist mir dir, Locke?
Du lässt sie kurz zappeln, ey, Mann, das ist deine Chance. Du siehst an dir hinab. Coole Show. Stirnrunzeln und Schulterzucken. Du bist zwar größer als Cengiz, dafür aber schlank wie 'ne Gerte. Und wenn du erst einmal im Haus bist, dann bist einzig und allein du der Boss und hast das Sagen. Tu's.
– Ich probier's.
Es geht leichter, als du dachtest. Mit den Füßen voran flutschst du rein und hältst dich am Fensterbrett fest, deine Beine hängen eine Weile in der Luft und suchen nach Halt. Wenn dich jetzt jemand an den Fußknöcheln packt, wirst du schreien wie noch nie zuvor, wetten?
Du lässt das Fensterbrett los, fällst kaum einen Meter tief und stehst auf dem Kellerboden.
– Alles okay?

Über dir ist Marcos Gesicht ein Schatten.
– Bestens, sagst du.
Sie schieben die Rucksäcke hinterher, du hängst dir zwei über die Schultern, die anderen willst du holen, wenn die hier voll sind.
– Bis gleich.
– Und mach ja kein Licht an, warnt dich Marco.
– Bin ich blöd oder was?
– Das habe ich nicht gesagt.
– Denkst du, ich bin doof?
– Nein, Locke, geh schon.
Du machst zwei Schritte in den Kellerraum. Deine Augen gewöhnen sich allmählich an die Dunkelheit. Richtig dunkel ist es ja eigentlich nie.
Der Keller riecht nach Heizöl, das Haus nach Holz und die Luft ist stickig. Von der Kellertreppe kommst du direkt nach oben ins Wohnzimmer. Der Raum ist groß, mit einem gewaltigen Kamin und Bildern an den Wänden, durch die Fenster fällt dunkelblaues Abendlicht. Du bleibst vor einem der Bilder stehen und fragst dich, ob es echt ist. Du machst einen Test und kratzt etwas Farbe mit dem Fingernagel ab. Scheiße, Mann, das ist vielleicht das erste echte Gemälde, das du siehst *und* berührst. Wäre toll, den Schinken mitgehen zu lassen. Wie sie es in Krimis immer machen. Rausschneiden und zusammenrollen. Noch viel lieber würdest du aber in die Bude hier einziehen. Irre Einrichtung, Mann. Wäre das alles deins, würden die Bräute Schlange stehen und Claudi darum betteln, wieder mit dir zusammen zu sein. So wäre das. Und was machen die Leute hier? Die machen Urlaub auf Lanzarote, Mann, was ist denn das für ein Schwachsinn? Hättest du ein Haus wie dieses, würdest du nie mehr verreisen.

Du checkst die Küche. Eine Menge Chrom blitzt dir entgegen, alles perfekt sauber, als ob es gerade aus der Werbung kommt.
Ab nach oben.
Im Schlafzimmer, hat Marco erklärt, liegt der edle Plunder versteckt. Du findest nichts Wertvolles. Scheiße auch. Um sicher zu gehen, tastest du sogar in die hinterste Ecke der Schubladen. Nichts. Wahrscheinlich haben die Penner das Zeug im Tresor oder hinten im Garten vergraben.
Du stößt auf einen Stapel Reizwäsche. Wow. Also wirklich, das hättest du nicht gedacht. Dir wird heiß, als du das Zeug berührst. Am liebsten würdest du dich aufs Bett hauen, um dir einen runterzuholen. Die Jungs warten lassen, wieso nicht, du bist ja der Boss, oder? Du schiebst dir einen Slip und einen BH in deine weiten Hosentaschen, das wird deine persönliche Beute sein. Souvenir. Die CDs kommen dir in den Kopf. CDs und Silberbesteck bringen viel Kohle. Unten stand noch eine schicke Uhr, dafür gibt es bestimmt auch ein paar Scheine.
Du schleichst im Dämmerlicht also wieder runter ins Erdgeschoss und legst dich dabei beinahe flach. Verflixte Treppe, glatt wie ’ne Schlittschuhbahn! Dein Knöchel schmerzt, du fluchst und lehnst dich gegen die Wand. He, das tut weh. Kein Ausruhen, Mann oder Memme. Weiter.
Du nimmst die Rucksäcke von den Schultern und willst dich eben über die CDs hermachen, als du plötzlich das Gefühl hast, beobachtet zu werden.
Du schnellst herum, da ist niemand.
– Hallo? sagst du.
Das Gefühl bleibt.
Scheiße, da starrt mich doch jemand an, denkst du und siehst eine Bewegung hinter dir. Sie kommt aus dem Gar-

ten, Schatten inmitten von Schatten. Jemand winkt. Du gehst auf die Glastür zu, die den Garten vom Wohnzimmer trennt. He, da ist ja Cengiz, und er hampelt herum, als ob er einen Aerobic-Preis gewinnen will.

Du winkst zurück und grinst.

Cengiz kommt nahe ans Glas und grinst zurück.

– Was gefunden? flüstert er.

Sein Atem hinterlässt eine Wolke auf dem Glas.

– Nischt, sagst du und hauchst auch eine Wolke dagegen.

– Kein Schmuck?

– Nischt, total tote Hose.

– Scheiße auch.

– Aber hier ...

Du holst den BH heraus und hältst ihn in die Luft.

– Geil, was?

Cengiz zieht eine Fresse, Mundwinkel nach unten und professioneller Blick, dann greift er sich an die Eier und nickt anerkennend. Du lachst, Cengiz lacht. Ihr seid so beschissen nervös, dass euer Lachen erleichternd ist.

– Such mal weiter.

Du winkst kurz mit dem BH und wendest dich ab, um dir die CDs vorzunehmen, als dir in den Kopf kommt, dass du ja der Boss bist, und vielleicht passt ja eins der Bilder durch das Kellerfenster. Alles ist möglich. In dem Haus hier hängen Schinken in allen Größen, dass es vielleicht gar keine so dumme Idee wäre, einen kleinen davon mitgehen zu lassen. Bilder sind wertvoll. Mal sehen, was Cengiz davon hält.

– He?

Er hört dich nicht, denn er hat dir den Rücken zugewandt und ist gerade dabei, sich von der Terrasse zu entfernen.

– HE!
Ist der taub oder was?
Du stopfst den BH zurück in deine Jeans und klopfst gegen das Glas. Endlich dreht sich Cengiz um, du winkst ihn zu dir und der Alarm geht los.

ES IST SO UNGLAUBLICH LAUT, dass du glaubst, das Heulen würde mitten in deinem Kopf stattfinden. Mann, bloß weg hier, runter zum Wagen und nichts wie weg hier, los, verpiss dich!

Dieser blöde Locke, wie kann man nur so dämlich sein, gegen das Glas zu klopfen? Was hat der bloß im Kopf?

Vergiss Locke, Mann, du hast andere Probleme, hör doch mal hin, da ist dieser verdammte Alarm, der dir das Trommelfell wegknallen wird, wenn du nicht bald in Deckung gehst. *Das*, Alter, *das* ist dein Problem.

Du hechtest durch den Garten, spürst kaum den Rasen unter den Füßen, dann geht es in einem Schwung über die Hecke und raus auf die Straße, wo der Wagen---

Uncool.

Der Wagen ist weg, *der Wagen ist weg!* Die Penner sind doch wirklich abgehauen!

Du schaust nach links und rechts, nicht einmal ein Rücklicht ist zu sehen, nur den Gestank der Abgase haben dir Marco und Kollok gelassen. Sackgasse, Alter, echte Sackgasse! Die blöden Schwänze!

Du trittst gegen den Bordstein, für Sekunden völlig ratlos, was du mit dir anfangen sollst. Entfernt erklingt das Klirren von Glas, dann kreischt jemand laut deinen Namen:

– CENGIZ! CE-E-ENGIZ!
Im nächsten Moment rauscht Locke über die Hecke, bleibt mit einem Fuß hängen und legt sich voll auf die Fresse.
– Weg hier!
Du zerrst an seinem Arm und ziehst ihn hoch, ihr rennt auf der gegenüberliegenden Straßenseite in die Büsche, Arme ausgestreckt, Äste knickend, nur weg von den Häusern, Mann, irgendwohin, einfach rein in den Wald, nur weg.
Die ersten Scheinwerfer brechen durch die dicht stehenden Baumstämme, eine Sirene erklingt, eine zweite, doch sie sind lächerlich gegen den Alarm, den das Haus von sich gibt. Ihr hört Türen schlagen, Schritte, doch sie bleiben auf der Straße, ihr hetzt weiter.
Die große Frage ist, was haben die Leute im Haus, dass sie es so gut sichern müssen? Uran oder was? Und dann musst du lachen, was nie eine gute Idee ist, wenn die Bullen hinter einem her sind und man vor Seitenstichen kaum zu Atem kommt, dennoch lachst du. Das Adrenalin hat deinen Verstand im Griff und du prustest los, lehnst gegen den nächstbesten Baum und schnappst nach Luft.
Locke ist vorgelaufen und kommt zurück, er stützt die Hände auf die Knie, atmet durch den Mund.
– He, was is'n ... in dich ... gefahren ... Mann ...?
Euer Japsen und Keuchen klingt wie das Hecheln von Hunden. Lockes Haare hängen ihm schweißfeucht ins Gesicht, ist nichts mehr mit Locke. Da ist auch etwas Blut an seiner Hand, aber es scheint nichts Schlimmes zu sein. No.
– Wie ... wie bist du ...?
– Glastür, Mann ... war ja verschlossen ... Stuhl und ... ein-

geschmissen ... verstehste? ... Riesenloch, sag ich dir ... Riesenloch, Alter ...

Locke schiebt den Ärmel seiner Jacke hoch, um sich den Schnitt anzusehen, rot glitzert es an seinem Oberarm, die Haut ist blutverschmiert.

– Scheiße, sagt er.

– Du hast ... echt ... ’nen Stuhl ...

– Echt wahr ...

– Oh Mann ... ich ...

Ihr krümmt euch vor Lachen und hört das Echo im Wald und werdet still. Ihr schaut in Richtung der Häuser, die jetzt kaum noch zu sehen sind. Der Alarm ist verstummt, keine Lichter sind euch gefolgt, auch die Sirenen schweigen. Ihr habt es gepackt.

Leise und mit den Händen vor dem Mund lacht ihr weiter.

– Oh Mann, ich kann nicht mehr, sagst du irgendwann schweißgebadet und fährst dir mit deinem Hemd übers Gesicht. Ihr lehnt jeder gegen einen Stamm und beruhigt euch nur langsam.

– Besser als *E*, sagst du und sprichst das E wie ein I aus, denn das kommt cooler. Yo.

Locke nickt.

– Bin ich froh, dass wir nicht auf *E* waren, Mann.

Auch Locke spricht das E wie ein I aus.

– Bin auch verdammt froh, dass du auf mich gewartet hast, fügt er hinzu, ohne dich anzusehen.

– Yo, sagst du.

Ein paar Minuten später schlagt ihr euch durch den Wald und erreicht eine asphaltierte Straße. Links geht es in die Dunkelheit, rechts schimmern blass Laternen. Da geht es lang.

Nach fünfhundert Metern trefft ihr auf zwei weitere Straßen. Die eine kennt Locke vom Namen her. Quermatenweg. Da kommt ihr her, Mann, das ist nicht komisch, bloß weg hier. Die andere heißt Riemeisterstraße.
– Die nehmen wir, sagt ihr beinahe gleichzeitig.
Endlich wieder Zivilisation. Auf beiden Seiten Häuser, weiter vorne sogar eine Telefonzelle. Einmal schleicht ein Bullenwagen die Straße hoch und ihr verschwindet hinter einem geparkten Auto, hockt und haltet die Luft an, bis der Wagen um die Ecke gebogen ist.
Locke richtet sich auf und fragt:
– Ob die uns suchen?
– Was denkst du denn? Klar.
Lockes Uhr zeigt nach Mitternacht, ihr seid fast eine Stunde unterwegs gewesen, das war ein verflucht langer Marsch. Wenn ihr Glück habt, erwischt ihr vielleicht noch die U-Bahn oder einen Nachtbus, wenn ihr Pech habt, erwischen euch die Bullen. No.
– Erst mal eine U-Bahn finden, Mann, sagst du und spuckst aus.
– Nee, erst mal 'ne Cola, Alter, sagt Locke, Ich sterbe vor Durst, der Rest kann warten.
Zu eurer Überraschung führt die Straße direkt auf den U-Bahnhof Onkel-Toms-Hütte. Ihr habt noch nie von diesem Bahnhof gehört.
– Ist das noch Berlin? fragt Locke, und ihr lacht und rennt die Stufen zum Bahnsteig hinunter, setzt euch auf eine Bank und wartet. Lässig und cool.
– Vielleicht müssen wir die ganze Nacht hier abhängen, sagst du.
– Meinste, die haben nur einen Zug oder was?
Locke schlendert zum BVG-Häuschen und kehrt nach einer Minute zurück. Es soll noch eine Bahn kommen,

sagt er, nur fährt sie bis zum Fehrbelliner, dann ist Sense, was soll's, von da an müsst ihr eben laufen.

– Auf dem Weg kommen wir am Stutti vorbei, stellst du fest.

– Und?

– Da ist ein Pizzastand, da lad ich dich zu 'ner Cola ein, wenn du willst?

Locke lacht und lässt sich auf die Bank fallen.

– Ey, Alter, cool, das nehm ich an.

Du weißt, dass Locke es nicht gerade leicht mit der Kohle hat. Er ist in der Clique als Schnorrer verschrien und immer der Letzte, der mal was springen lässt. Locke ist nicht doof und reißt Witze darüber, denn das macht es leichter. Eigentlich ist er kein totaler Arsch, so was würdest du nie behaupten. No. Seine Mutter nimmt ihn hart ran, das hast du von Paul gehört, der im gleichen Haus wohnt und sich ab und zu das Gelaber von der Alten reinzieht, indem er im Wohnzimmer das Ohr an die Wand drückt. Da kommt Lockes Problem her, da kann man ja nicht gesund aufwachsen. Taschengeld hat er nie gesehen, ließ er mal fallen, natürlich mehr als Witz, und jeder hat gelacht und so getan, als ob es nur ein Witz wäre. Hohoho.

Lockes schräge Art stört dich heute nicht. Du lachst über seine Sprüche und findest sie wirklich komisch. Dir war nie bewusst, dass der Typ tierisch verkrampft ist, wenn ihr mit der Clique herumhängt. Wie viel Jungs seid ihr eigentlich? Zwanzig? Über zwanzig? Mal seid ihr mehr, mal weniger, gezählt hat euch noch keiner. Die Jungs sind alle okay, sie sind deine Clique, sie sind alles, was du hast. Ohne sie wärst du schon längst in Rente. Mit ihnen fühlst du dich sicher, denn bei ihnen weißt du, was läuft und wer du bist. Ihr seid eine bunte Mischung, hauptsächlich Deutsche und Türken, ihr habt auch Yugos drin

gehabt, aber die haben schnell das Lager gewechselt und sind rübergewandert. Mädchen haben bei euch nichts verloren, denen ist es auch egal, wer im Bezirk das Sagen hat. Das ist Sache der Jungs. Eure Sache.
Du schielst aus den Augenwinkeln zu Locke hinüber, wie er da auf der Bank neben dir sitzt und auf die Schienen spuckt. Irgendwas hat sich verändert, seitdem dieser Scheißalarm losgegangen ist. Ein Band ist zwischen euch enstanden. Wahrscheinlich denkt Locke, dass du auf ihn gewartet hast. Wenn der wüsste. No.
– Mann, Alter, sagst du, Das war ja was!
– Kannst du laut sagen.
– DAS WAR JA WAS! brüllst du, dass die Wände im Tunnel wackeln. Locke sieht dich erst schräg an, dann brecht ihr beide prustend zusammen.
– Hahahaha ...
– Ahahahahaha ...
Als die Bahn einfährt, hängt ihr euch an die Türen. Im Abteil übt ihr Klimmzüge an der Haltestange und schmeißt euch erledigt auf die Sitze. Ihr packt die Füße hoch und während die Stationen vorbeiziehen, einigt ihr euch darauf, dass es ganz logisch war, dass Marco und Kollok einen Abgang gemacht haben.
– Hätte ich auch getan, sagt Locke.
Du nickst, das ist vollkommen verständlich, trotzdem ganz schön Scheiße. Tolle Clique.
– Nächstes Mal passen wir besser auf.
– Und ich lass die Finger von Glasscheiben.
– Du dämliches Arschloch.
– Kann jedem passieren.
– Hatte aber Stil.
– Fandest du?
– Ja, Mann, Idiotenstil.

– Danke, danke.
Locke hebt die Arme, als ob er einer tausendköpfigen Menge zuwinken würde. Cool. Ihr grinst, Gangster durch und durch. He, Mann, euch kann keiner was vormachen, denn wenn ihr was vermasselt, dann bügelt ihr es auch wieder aus. Ihr. Yo.
– Nee, wirklich, schiebst du hinterher, So was passiert den besten Männern.
– Danke, Mann.
Er nickt dir zu, ihr schweigt, der Zug steht schon seit einer Minute still. Locke zeigt über deine Schulter. Ihr müsst raus.

SCHON ALS DU SIE am Straßenrand stehen siehst, wünschst du dir, Marco hätte zwei andere Jungen gewählt.

– Irgendein Grund, warum es ausgerechnet die beiden sein müssen? fragst du ihn.

– Die sind cool.

– Und was sonst?

– Erinnerst du dich an letzten Freitag?

– Frag mich was Leichteres.

– Das war der Tag, an dem die Disko von den Yugos beharkt wurde.

– Das *Partisan?*

– Jetzt denkst du mit, richtig, das *Partisan.* Die beiden waren dabei.

– Hör doch auf.

– Frag Willi, die beiden waren dabei. Der Kleine mit den schrägen Augen hat den Job gemacht. Eiskalt, Mann.

Du solltest dich vielleicht beeindruckt zeigen, tust es aber nicht, denn das passt überhaupt nicht in dein Konzept. Außerdem findest du nicht, dass man einem kleinen Scheißer trauen sollte, der ohne Probleme eine Uzi losgehen lässt.

– He, Jungs!

Marco hat den Kopf aus dem Wagen gestreckt, du fährst

ran und hältst gegenüber von einer Imbissbude. Wäre nett, sich was zum Snacken zu holen.
– Heute schon getanzt? fragt Marco.
Der eine Junge steigt sofort ein, groß und dürr, mehr Pickel als Gesicht, der andere macht einen auf Unterhalter, legt die Hände aufs Autodach und sagt:
– He, was läuft?
– Kleine Fische, antwortet Marco. Komm, steig schon ein, Türke.
Das Pickelgesicht vom Rücksitz lacht.
– Nenn mich nicht Türke, Mann, mein Vater ist Mongole.
Marco legt den Kopf schräg, sieht dich an, du siehst auf die Straße. Scheißkinder. Marco spielt mit:
– Mongole, sagst du?
– Ja, Mongole, sagt der Mongole.
– Wow, dann hast du ja mongolisches Blut in den Adern.
Das Pickelgesicht vom Rücksitz lacht so laut, dass es Atemprobleme bekommt. Marco dreht sich um und brüllt ihn an:
– HAST DU DEN ARSCH OFFEN ODER WAS? WIESO GACKERST DU SO BEKLOPPT?!
Das Pickelgesicht verstummt, Marco wendet sich wieder dem Mongolen zu, deine Ohren klingeln.
– Also, was ist, Mongole, steigst du nun ein oder steigst du nicht ein?
Oh, Mann. Dir liegen ein paar Sätze auf der Zunge, die auf keinen Fall jugendfrei sind. Mensch, wärst du doch bloß zu Hause geblieben. Das ist das letzte Mal, dass du Marco einen Gefallen tust. Zumindest das letzte Mal, wenn es um solchen Kinderkram geht. Du klemmst dir eine Zigarette zwischen die Lippen, der Mongole beugt sich halb in den Wagen.

– Hi, Willi, sagt er zu dir.
– Fick dich, sagst du.
– Wer ist das? quiekt der Mongole.
– He, cool down, Mann, cool down. Das ist Kollok. He, Kollok, sag Hallo zu meinem Kumpel Mongole.
Anstatt zu antworten schnippst du dein Feuerzeug auf und zündest dir die Zigarette an. Hoffentlich ist das bald alles vorbei. Zwar warst du auch mal so alt, aber niemals so dämlich. Gut, dass du dich von diesem ganzen Cliquenmist fernhältst. Wäre Willi nicht, wärst du jetzt zu Hause und könntest einen Film sehen. Scheiß Familie. Du bist freiwillig für ihn eingesprungen, und das hast du jetzt davon.
– Was ist mit Willi? fragt der Mongole.
– Ärger mit seinem Kind. Er kann nicht kommen, weil---
Marco unterbricht sich und schlägt klatschend auf das Handschuhfach.
– He, sag mal, ich glaub's ja nicht, was wird das hier, eine Talkshow oder was? Wir haben was zu erledigen, Kleiner, also häng dein Gerippe hier rein oder mach einen Abgang, aber halt uns nicht auf.
Schweigen.
– Steig schon ein, sagt Marco eine Spur freundlicher, dass du denkst, er sollte vielleicht Kindergärtner werden, Sonst schwimmen die kleinen Fische davon, und wir haben nichts zu beißen.
– Cooler Spruch, sagt das Pickelgesicht vom Rücksitz.
Der Mongole steigt ein.
Mann, was hast du hier nur verloren?

Eine Dreiviertelstunde später sitzt du allein im Wagen und hörst Radio. Jemand erzählt, dass er jemanden kennt, der Probleme mit seiner Freundin hat. Und die Modera-

torin macht einen auf kess und bohrt nach, ob der, der da spricht, nicht derjenige ist, der selber das Problem hat. Dir kommen beinahe die Tränen. Du hast schon lange nicht solchen pseudopsychologischen Mist gehört und gähnst ausgiebig. Wo Marco nur bleibt? Er ist schon viel zu lange mit den zwei Kids in der Villa. Er hat erzählt, der Bruch würde ganz unkompliziert. Rein und raus und weg hier. Du bist zwar erst neunzehn, trotzdem weißt du, dass es keinen einfachen Bruch gibt. Das Jahr im Knast hat dir das beigebracht. Du siehst auf die Uhr. *Vielleicht spielen die drei ja Topfschlagen oder renovieren denen die Bude,* denkst du und musst lachen. Marco traust du alles zu, der ist manchmal zu weich, um wahr zu sein. Scheiß Cliquenboss aber auch.
Du drehst dir einen Joint und bist gerade dabei, ihn anzulecken, als Marco zurückkommt.
– Und?
– Locke ist drin, Cengiz schiebt Wache, drehst du einen?
– Gute Augen.
Du leckst das Blättchen an, Marco gibt dir Feuer, du nimmst den ersten Zug und reichst an ihn weiter.
– Wenn das hier vorbei ist, sagst du und kommst nicht weiter. Der Alarm ist so schrill, dass sich dein Magen zusammenkrampft.
– Scheiße! ruft Marco.
Du klaust ihm den Joint aus der Hand, klemmst ihn dir zwischen die Lippen und lässt den Motor aufröhren.

Eine Stunde und sechzehn Minuten später sitzt ihr im *Chaos* und haltet euch vor Lachen die Bäuche. Du hast dein viertes Bier intus und bist bester Stimmung. Die Stones rauschen aus den Boxen, die Bedienung hat sich zweimal auf deine Schulter gestützt, alles ist prima. Das

Letzte, worum du dir Sorgen machst, das sind die zwei Kids. Auch Marco macht sich keine Gedanken mehr um sie, er macht sich eher Gedanken um seine Freundin. Elke. Marco hofft, dass sie nicht bei ihm in der Wohnung wartet. Er ist viel zu betrunken, um ihr zu erklären, warum er viel zu betrunken ist. Immer wieder wirft er einen Blick auf die Uhr.

– Nervös? fragst du.

– War ein Flop, sagt Marco.

– War nicht deine Schuld. Wenn du mit Kindern arbeitest, kommt Kinderkacke raus.

– Nette Philosophie.

– Ist doch wahr.

Marco lacht.

– Wem sagst du das.

– Hier ...

Du hebst dein Glas, für dich sind Marcos Gedanken so lesbar wie eine zwei Meter hohe Leuchtschrift.

– ... auf alle Beziehungen! sagst du.

– Hahaha, du mich auch! erwidert Marco, muss aber dennoch lachen, dann stoßt ihr an.

Du hast es nicht nötig, ihm seine Freundin mies zu machen. Jedem sein Leben. Wenn Marco eine masochistische Ader hat, dann soll er sie eben haben. Das ist nicht dein Ding. Elke kann machen, was sie will, sie soll dir nur nicht über den Weg laufen. Soll lieber wegbleiben. Denn da sind all die Beziehungsprobleme, von denen Marco dir erzählt hat. Ganz böse Geschichten. Könnte glatt passieren, dass du der Kleinen eine verpasst, falls du ihr begegnest. Einfach so. Das wäre nett.

– Das wäre nett, sagst du.

– Was auch immer, sagt Marco und winkt nach einer neuen Runde Bier.

Vierundfünfzig Minuten später setzt du Marco vor seiner Bude ab. Hast du zumindest vor. Er will aber nicht gehen.
– Was ist los, Mann?
– Ich kann nicht.
– Kannst nicht mehr laufen oder was?
– Nee, wegen Elke ...
– Was redest du, Mann?
– Vielleicht ist sie oben ...
– Und wenn schon.
– Da kann ich so nicht antanzen, Mann, nee.
Wie um seine Worte zu betonen legt Marco den Kopf in den Nacken und schließt die Augen. Sturzbetrunken. Sogar seine Rastalocken sehen aus, als ob sie blau wären.
– Bist du dir sicher? fragst du ihn.
– Hundertpro, no go.
Du legst den Gang ein und hältst an der nächsten Tankstelle, Kaiserdamm Ecke Witzlebenstraße.
– Warte hier.
Du kommst mit einer Halbliterflasche Kakao und ein paar Schokoriegeln zurück. Der zweite Halt ist um die Ecke am Lietzenseepark.
– Nun mach schon, forderst du Marco auf.
– Ich kann nicht.
– Tu's, du wirst dich danach besser fühlen.
– Ich kann so was nicht.
Du hilfst ihm aus dem Wagen und stellst dich mit ihm in die Büsche.
– Einfach den Finger tief reinstecken und hinten ein wenig kitzeln, du wirst überrascht sein, wie leicht es geht.
– Kollok, ich kann das nicht.
– Scheiße, klar kannst du das. Mach schon, Marco, entspann dich, hol erst mal tief Luft und schau zu den Sternen hoch, ja, Mann, genau so.

Marco atmet tief ein, Augen groß, Mund offen.
– Alles klar? sagst du und rammst ihm deine Faust mit voller Wucht in die Magengrube. Marco macht einen Knicks vor dir und in der nächsten Sekunde schießt ein stinkender Schwall aus seinem Mund.
– Na bitte, sagst du und tätschelst ihm den Rücken, Geht doch.

Neun Minuten später fühlt Marco sich besser. Er ist zwar noch ein wenig blass, doch das wird sich geben.
– Mann, nochmals danke.
– He, kein Problem, lass mir ein Duplo hier, den Rest kannst du mitnehmen.
– Die Menthos auch?
– Klar, du willst doch nicht wie ein verdammtes Klo aus'm Mund stinken, oder?
– Nee, dann bis morgen.
– Ja, bis morgen.
Marco steigt aus und hält sich für einen Moment am Wagendach fest, dann marschiert er los. Mit jedem Schritt wird sein Gang ein wenig sicherer. Falls Elke wirklich da ist, wird sie nichts merken.
Erst nachdem das Licht im Hausflur ausgegangen ist, wendest du den Wagen und nimmst wieder Kurs auf die Kneipe. Du fährst mit heruntergekurbeltem Fenster und genießt die Kühle der Sommernacht. Dabei denkst du nicht an Cengiz und Locke; du denkst nur an dich und die Kellnerin. Mal sehen, ob du solo auch so gut flirten kannst wie mit Marco an deiner Seite.

MARCO

JETZT MAL GANZ EHRLICH, das ist ja wohl die dämlichste Mittwochnacht, die du je erlebt hast. Erst der Reinfall mit Cengiz und Locke, dann hast du mit Kollok gesoffen und musstest danach alles hochwürgen, weil du so eine Ahnung hattest, dass dich Elke in deiner Wohnung erwartet – und genau so war es dann auch. Elke musste *unbedingt* vorbeikommen, um mit dir zu reden. Im Endeffekt seid ihr dann im Bett gelandet, Beziehung gerettet und so, und in euren Köpfen weiterhin die Hoffnung, dass es *jetzt* doch noch gut gehen wird. Mensch, wen versuchst du zu verarschen, das wird es doch nie.

Elke verlangt einfach eine Menge von dir, sie will, dass du dein Fachabitur machst. Und das ist zu viel, damit kommst du nicht klar. Du bist doch erst vor zwei Jahren aus der Schule raus, da gehst du jetzt nicht wieder rein. Und dann sollst du dich um einen festen Job kümmern. Liest sie keine Zeitungen? Fester Job? Du könntest in irgendeiner dämlichen Bäckerei aushelfen oder im Supermarkt die Regale einräumen, aber das ist es nicht, was du machen willst, nee, das ist es nicht.

Der letzte Punkt schmerzt: Elke verlangt, dass du aufhörst, mit den Jungs rumzuhängen. Von heute auf morgen. Stell dir das vor, Mensch, die weiß doch nicht, wovon sie redet, die war doch noch nie auf der Straße.

Du schaltest auf eine Talkshow um, nimmst eine Pistazie aus der Tüte und knackst sie. Trine hebt den Kopf und du wirfst ihr die Schalen vor die Schnauze. Als Trine daran leckt, sagst du mit scharfer Stimme:
– Aus!
Was hat Elke schon erlebt? Da, wo sie herkommt, sind die einzigen Probleme, wann der Rasen gemäht werden muss oder ob das Pferd hart oder weich kackt. Mann. Zieh dir *diese* Problem mal rein! Trotzdem willst du sie nicht verlieren, auf keinen Fall, denn sie ist ja wohl das erste Mädchen, das dich wirklich will, verstehst du? Und das ist etwas, worauf du in diesen lausigen Zeiten setzen kannst. Sieh dich doch um, heute legt doch jeder jeden aufs Kreuz, danach wird gepinkelt und auf zur nächsten Nummer. Und weißt du noch letztens? Ihr habt ernsthaft über Kinder geredet. Lass das bloß nicht deine Jungs hören, Mann. *Kinder!* Aber wie Elke darüber sprach, klang das furchtbar plausibel, es klang wie etwas, das dich stolz machen würde, und Stolz fehlt dir schon lange. Respekt hast du dir aufgebaut, ja, du hast vieles allein auf der Straße geschafft, dein Name sagt den Leuten etwas und das ist es doch, was zählt – dass dich die Leute anerkennen und wissen, dass mit dir nicht zu spaßen ist. Aber Stolz ist eine andere Etage. Das kannst du nicht mal so eben von der Straße aufsammeln, das macht einen anderen Menschen aus dir.
Du hustest, trinkst einen Schluck Eistee, spülst die Pistazienkrümel runter. Trine jault einmal und schielt dich an.
Nein, vergiss es, für dich wäre das Fachabitur die reinste Qual, aber schlimmer ist es dann doch, Handzettel zu verteilen, um sich mal was leisten zu können, oder? Scheiße, Elke hat dich in die Ecke getrieben. Entweder,

oder. Du willst sie nicht verlieren, trotzdem könnte sie aufhören, dir so auf den Sack zu gehen. Die Kohle kommt doch rein, sie muss bloß aufhören, sich Sorgen zu machen, wo genau die Kohle herkommt.

– Marco!

– Ja, was ist?

– Bringst du mir eine Zeitschrift?

Du stehst auf und Trine ist sofort mit dir auf den Beinen.

– Sitz.

Sie setzt sich und du schnappst dir eine von diesen dämlichen Zeitschriften, *Petra* oder *Brigitte* oder *Laura* oder wie auch immer diese Schundblätter heißen, und gehst damit ins Bad. Stell dir vor, Männer hätten Zeitschriften und die hätten dann Namen wie *Hans* oder *Georg* oder *Wolfgang*. Total lächerlich, aber bei Frauen macht das nichts.

Die Badezimmertür ist angelehnt, du drückst sie auf. Elke liegt unter einer sahnigen Schicht Schaum. Nur der Kopf und die Füße schauen raus.

– Reich mir mal ein Handtuch.

Sie zeigt mit dem Kinn zum Stuhl rüber, auf dem zwei Handtücher und ein Haargummi liegen. Du reichst ihr eines der Handtücher, Elke setzt sich in der Badewanne auf und beginnt ihre Hände abzutrocken. Dir gefällt, was du siehst. Elkes Brüste sind klein und spitz, sie hat Sommersprossen auf ihren Schultern.

– Danke, sagt sie und nimmt die Zeitschrift.

– Noch was? fragst du.

– Gib mir einen Kuss.

Du grinst und gibst ihr einen Kuss, sie leckt dir mit der Zunge über die Lippen und sagt:

– Schlaf mir ja nicht ein.

Du schließt die Badezimmertür hinter dir und haust dich

wieder aufs Sofa. Toller Abend. Die Talkshow wird von einem Werbeblock unterbrochen, und du schaltest die Kanäle durch, um zu sehen, was es sonst noch gibt. Ein Actionfilm wäre genau richtig, da könntest du---

Das Telefon klingelt und Trine bellt einmal. Du schreckst heftig zusammen und denkst: *Mann, das ist aber spät, wenn das wieder so ein Arsch ist, der sich verwählt hat, dann werde ich dem aber meine Meinung sagen.*

Du bist faul und willst nicht wieder aufstehen, also ziehst du das Telefon am Kabel über den Teppichboden bis zum Sofa und platzierst es auf deinem Schoß.

Das vierte Klingeln kitzelt in deinen Hoden.

– Ja, hallo?

Ruhe am anderen Ende, schweres Atmen, dann ein Schluchzen.

– Hallo, wer ist da?

Eine Nase wird hochgezogen und dann kommt eine quäkende Stimme, die du irgendwo schon mal gehört hast, aber im Moment nicht einordnen kannst. Pures Gestammel.

– Ich versteh kein Wort, was soll der Scheiß?

Du bist fast so weit, den Hörer aufzulegen, als die Stimme deinen Namen sagt.

– Marco ...

– Ja, Mann, hier ist Marco, wer ist da?

– Marco, ich ...

– Was?

– ... ich bin's ... Locke ...

– Locke? Scheiße, Mann, weißt du, wie spät es ist?

– Ich ...

Plötzlich wird dir heiß. Was ist, wenn Locke in diesem Moment bei den Bullen auf der Wache sitzt? Was ist, wenn sie Cengiz und ihn nach dem Einbruch geschnappt

haben? Die beiden packen garantiert aus und erzählen von dir und Kollok. Vielen Dank. Hör dir doch mal sein Schluchzen an, die Bullen haben ihn in die Mangel genommen, und er hat alles gestanden. Der kleine Wichser der.
– Was ist los? fragst du mit neutraler Stimme.
– Wir ... wir sitzen in der Scheiße, Mann.
– Hast du den Bullen was erzählt?
– Wem ... was ...?
– Den Bullen, du Arschloch.
– Welchen Bullen? Ich---
Du legst auf, als ob der Hörer brennen würde. Mist auch, wenn das eine Fangschaltung war, dann hast du dich ja eben klasse verraten. Stell dir vor, die haben das ganze Gerede auf Tonband. Siehst du denn keine Krimis, Mann? Mehr brauchen sie nicht, damit haben sie dich voll an den Eiern. Kacke auch.
Das Telefon klingelt erneut, du springst fast vom Sofa, der Apparat fällt von deinem Schoß auf den Boden.
Geh ran.
Nee.
Feigling.
– Hallo?
Du bist jetzt ganz vorsichtig, es gibt zwar keinen Grund, einen auf paranoid zu machen, besser ist es aber.
– Marco, ich ...
– Scheiße, Locke, was ist los?
– Sie haben Cengiz. Sie haben ihn.
– Was?
– Oh Mann, was soll ich machen, was mach ich nur ...
– Sag mal, bist du breit oder was?
– Ich ...
– Weißt du, was du da---

Aufgelegt.
– Hallo?
Wirklich aufgelegt.
Du behältst das Telefon auf dem Schoß und hoffst, dass Locke sich wieder meldet. Das klang nicht gut, das klang gar nicht gut und weil es nicht so gut klang, fühlst du dich mit einem Schlag verantwortlich. Du bist der Boss, das sind deine Jungs, Mann, du musst sie schützen und dich um sie kümmern, was ist nur los mit dir? Sie in Zehlendorf hängen zu lassen hat dir wehgetan, und wäre Kollok nicht gewesen, hättest du vielleicht anders reagiert. Bestimmt. Aber du weißt auch, dass jeder für sich allein ist, wenn es hart auf hart kommt, da gibt es nichts anderes. Abzuhauen war das einzig Richtige, aber jetzt kommt die Rechnung dafür.
– Ich Idiot, sagst du laut und stehst auf. Niemand soll später behaupten, du kümmerst dich nicht um deine Jungs.
Hastig ziehst du dich an, nimmst deine Lederjacke von der Garderobe und atmest tief durch.
– Ich muss noch schnell weg, es dauert nicht lange.
Elke kann nicht glauben, dass du das gesagt hast. Du weichst ihrem Blick aus, stehst im Türrahmen des Badezimmers und bist voll damit beschäftigt, den Gürtel in deine Hose zu ziehen. Als von ihr kein Wort mehr kommt, schiebst du hinterher:
– Nur eine halbe Stunde oder so, dann bin ich zurück. Ich nehm Trine mit.
– Das ist doch ein Witz, Marco, oder?
Du hebst entschuldigend die Schultern, natürlich ist das kein Witz. Du schaust Elke an, als ob so was nie wieder passieren würde.
– Du kannst jetzt nicht gehen, sagt sie.

– Ich muss, zwei von meinen Jungs haben ein Problem.
– Wenn du jetzt gehst, war es das zwischen uns.
Du schließt die Augen, jetzt kommt die alte Masche, zwar frisch ausgepackt, aber schon grün vom Schimmel.
Bitte nicht, Elke, denkst du.
Trine jault im Flur, du sagst:
– Ich muss mich beeilen.
– Marco ...
– Elke, hör mal, lass uns darüber reden, wenn ich wieder zurück bin, ja?
Sie schüttelt den Kopf, sture Fotze.
– Ich bin weg, sagt sie, Egal, wann du wiederkommst.
Damit vertieft sie sich wieder in ihre Zeitschrift. Ende der Sendung. Und du denkst: *Keine Kinder, keine heißen Nächte mehr, keine Sommersprossen, die ich küssen werde, keine Liebesschwüre und langen Spaziergänge über die Wilmersdorfer. Kein gemeinsames Tanzen in der Disko und keine Höflichkeiten, weil ihre Eltern zu Besuch da sind.*
Und zu ihrem Geburtstag fahren wir nicht nach Paris.
Nein.
– Es tut mir Leid, sagst du.
– Hau ab!
Sie blickt nicht auf, so kannst du echt nicht gehen.
– Wartest du? Bitte?
– Ich sagte: Hau ab!
Und als du dann gehst, als du gerade die Wohnungstür öffnest, ist da plötzlich die nackte Wut. Es geht nicht mehr um Respekt, es geht um den Stolz, den dieses Mädchen in dir erweckt hat und den sie dir anscheinend so leicht wieder nehmen kann. Natürlich empfindest du Liebe; und natürlich möchtest du bei ihr bleiben und alles mit ihr teilen, denn sie ist es echt wert, aber da sind die Jungs und das geht nicht in ihren Kopf hinein, wie wich-

tig diese Jungs für dich sind. Ohne die wärst du nie bis hierher gekommen. Die Clique hat dich aufgebaut, sie hat dich zu dem gemacht, was du jetzt bist. Was wärst du ohne sie? Ein Nichts, einfach ein Nichts. Und genau das ist die Wut, diese hilflose Wut über das Unverständnis, über das Wie-erkläre-ich-es-ihr, die dich kurz vor dem Gehen am Nacken packt und durchschüttelt. Elke hat deinen Stolz erweckt und tritt ihn jetzt. Sie achtet dich, will aber alles besser wissen.

Alles Scheiße.

Du gehst die vier Schritte zurück in die Wohnung und schnippst den Lichtschalter für das Badezimmer nach unten. Elke schreit auf, du hörst deinen Namen, kannst ihre Flüche aber nicht verstehen. Wenn du zurückkommst, wird sie garantiert nicht mehr in deiner Wohnung sein.

Gut.

Du nimmst die Treppe in großen Schritten und stößt die Haustür zur Straße auf, als wärst du der König. Du bist der König. Trine reibt sich an deinem Bein, du hörst ihr kehliges Knurren. Aber als du dich eben vom Hauseingang abwenden willst, um zu deiner Karre zu laufen, bleibst du plötzlich stehen. Jemand hat das Gas abgedreht. Die Flamme in dir drin wird klein und kleiner und verlöscht. Denn die Frage ist, was tust du hier eigentlich? Du hast überhaupt keine Ahnung, wo Cengiz und Locke stecken. Du bist ins Blaue aus deiner Wohnung gerannt, ohne zu wissen, wohin es eigentlich geht. Jetzt hast du eine Menge Probleme am Hals, Mann. Und eines davon liegt im Dunkeln in deiner Badewanne und wird sich bestimmt nicht freuen, wenn du jetzt wieder auftauchst.

CENGIZ

ALS IHR DIE U-BAHNSTATION VERLASST, ist es draußen mild, fast richtig warm. Ein paar Leute stehen an der Bushaltestelle herum, ein Taxi hält und lässt einen Mann mit Krücken aussteigen, ansonsten ist der Hohenzollerndamm leer und verlassen.

Ihr spuckt auf den Asphalt, die Ampel schaltet auf grün, ihr vergrabt die Hände in den Hosentaschen und marschiert über die Kreuzung in die Brandenburgische rein.

– Ist das auch die richtige Richtung?

– Klar, Mann, mein Alter wohnt hier.

– Wo denn?

Locke zeigt rechts in den Park hinein.

– Pommersche Straße 17, meine Glückszahl. Das liegt gleich hinterm Preußenpark.

– Nie gehört. Dachte, dein Alter wäre tot.

– Wer hat denn das gesagt?

– Keine Ahnung.

– Nee, ist er nicht.

– Weg von deiner Mutter?

– Genau.

– Schöne Scheiße.

– Geht so, meine Alte hat ’ne Macke, von der würde ich auch abhauen.

– Siehst du ihn manchmal?

– Ab und zu.
Locke zieht sich die Hosen hoch.
– An meinem Geburtstag kommt er und klingelt unten. In die Wohnung will er nicht. Weißt du, meine Alte hat ihn mal mit dem Messer bedroht. Würde ich auch nicht hochkommen. Er klingelt nur unten. Ist doch logisch. Dann gehen wir ins Kino und so, weißt schon, das Übliche.
Du hast keine Ahnung, was das Übliche ist, und sagst:
– Mhm, klar.
Ihr schweigt, rechts sind Büsche, links die Straße. Locke spuckt in die Büsche, dass es raschelt, dann summt er eine Melodie.
– Aber mein Alter ist okay, sagt er plötzlich.
– Glaub ich.
Locke summt weiter, du nimmst die Hände aus den vorderen Taschen deiner Jeans und schiebst sie dir in die Hintertaschen. Ihr kommt an die Konstanzer, null Verkehr, ihr überquert sie bei Rot. Scheiß drauf.
– Zigarette?
– Nee, hab nur Durst.
– Sag mal, fragst du ihn, Was mich schon lange interessiert ...
Du verstummst.
– Na los, was willst du wissen?
– Ist aber 'ne blöde Frage.
– Gibt keine blöden Fragen, nur blöde Antworten, sagt Locke und du lachst.
– Okay, hast du was mit der Claudi oder nicht?
Locke sieht dich nicht an, läuft weiter, als ob er deine Frage überhört hätte. War also doch eine blöde Frage, denkst du und beschließt, für eine Weile die Klappe zu halten. Mann, was seid ihr beiden bloß für ein Paar?

Schau euch doch mal an. Ihr geht auf verschiedene Schulen, ihr kennt die gleichen Leute und die Clique ist euch wichtiger als eure Eltern. Du siehst aus wie einer, der sich den ersten Flaum noch nicht von der Oberlippe rasiert hat, und Locke kommt rüber wie ein Typ, dem vor lauter Drogen die Ohren abstehen. Der eine läuft schwingend, als würde er pausenlos den Beat hören; der andere ist unentwegt angespannt und bewegt sich ruckartig. Wann immer ihr einander in der Clique begegnet, gibt es tausend Dinge zu tun – angeben, einen auf cool machen, klinken, in der Disko abgehen oder bei McDonald's den Fensterplatz ergattern und sich sehen lassen – tausend idiotische Dinge, so dass ihr nie dazu kommt, miteinander zu reden, richtig zu reden, verstehst du? Bis zum letzten Freitag hast du auch keinen Grund gehabt, mehr als drei zusammenhängende Sätze mit Locke zu wechseln. Was gibt es schon zu erzählen? Was passiert denn schon? Locke kam dir auch etwas debil rüber, wenn du weißt, was ich meine. Ein bisschen angeknackst, zu viel Kacke im Kopf, zu viel Müll geschluckt. Außerdem sind da die Geschichten, die sich die Jungen untereinander über ihn erzählen. Man spricht ja auch lieber über andere als über sich.

– Ist schon okay, sagst du, Musst nicht darüber reden, wenn du nicht willst.

– Kennst du denn die Claudi? fragt Locke.

– Vom Sehen. Ist süß.

– Von wem hast du's dann gehört?

– Ali meinte es.

– Ali ist 'n Spinner, Mann, der ist selbst scharf auf die Claudi.

– Aha.

– Wir sind so.

Locke zeigt dir seine gekreuzten Finger.
– Echt?
– Ja, echt.
– Cool, Mann.

– Glaubst mir nicht?
– Ich glaub dir.
Bis zum Adenauer seid ihr still. Durch deinen Kopf flippen Lichtblitze, und in jedem Lichtblitz ist Claudis Gesicht zu sehen. Wie sie lacht, wie sie die Augen schließt, wie sie nachdenkt oder den Mund spitzt, um dich zu küssen.
– Und du?
– Was ich? sagt Cengiz.
– Na, hast'n Mädchen?
Cengiz winkt ab.
– Nee, ist nicht leicht.
– Was ist nicht leicht?
– Die wollen doch nur diese ...
Cengiz spuckt auch mal aus.
– ... Idioten, die aussehen, als ob sie aus 'ner Boygroup sind.
– Boygroups sind scheiße.
– Richtig, sagt Cengiz, Absolute Milchbubis, Mann, immer dieselben glatten Pennergesichter.
– Gesichtsfotzen, sagst du.
– Gesichtsfotzen ist gut. Was die Mädchen nur an denen finden?
– Falk meint, die wären sauber und unerreichbar und

ziehen eine Show ab, als würden sie alles für ein Mädchen tun, das ist es.
Ihr lacht.
– Na toll, sagt Cengiz, Das will ich mal sehen, du, die denken doch auch nur an Sex. Und Kohle wollen die machen. Als ob sie nicht schon genug von hätten.
– Echte Kacke, Mann.
– Da sagst du was, spricht Cengiz weiter und klingt wie ein Motor, der gerade warmläuft, Und die Musik, Alter, das ist echter Wahnsinn, so was von schlecht, als ob es nicht genug Schrott im Radio geben würde, immer mehr und mehr und mehr.
– Was hörst du denn? fragst du.
Cengiz zuckt mit den Schultern, was komisch aussieht, weil seine Hände in seinen hinteren Taschen stecken, und sagt:
– Kennst du *Mind Fuck?* Nee? Aber *Ice-T* kennst du doch?
– Klar, *Ice-T* ist cool.
– So was hör ich. Und manchmal Soul, weißt du? Aber Rap finde ich härter, das sagt mir mehr. Hab mir sogar die Texte übersetzt. *I want your tits and the rage in my heart, yo, my dick is gonna tear this city apart.*
Du nickst, was auch immer es heißt, es klingt nach einem echt starken Text.
– Cool, sagst du, Muss ich mal hören.
– Musst du unbedingt, ich kann dir ’n Tape machen, wenn du willst, ist kein Problem.
Cengiz macht eine Pause, er ist mit Fragen dran, du wartest.
– Und? sagt er. Was hörst du?
Du zuckst auch mit den Schultern.
– Nicht viel.

– Na komm schon, was hörst'n? Ich seh dich doch immer mit 'nem Walkman rumlaufen?
– 'n bisschen Techno ...
– Echt, so eine Scheiße hörst du?!
– Na, besser als 'ne Boygroup, oder was?
– Alles ist besser als 'ne Boygroup, okay.
– Und ab und zu Punk. *Underworld* und *Nirwana* und so.
– *Nirwana* ist doch tot.
– Trotzdem kann man die doch hören, oder?
– Stimmt schon. He, riechst du das? Das ist der Pizzastand.
Du bist überrascht. Was, hier seid ihr schon? Das ging ja irre schnell. Gut gebeamt ist halb gewonnen.
Ihr durchquert den Tunnel, der zum Stuttgarter Platz führt. Der Pizzageruch mischt sich mit dem süßlichen Gestank von Urin. Irgendein Arsch lehnt auf der anderen Straßenseite gegen eine Plakatwand und pinkelt sich die Seele frei.
– Der Penner, sagt Cengiz.
– Lass ihn doch, sagst du.
– Hast du Kohle dabei?
– Nur 'n paar Mark, wieso?
– Na ja, willste auch eine Pizza haben? Wenn du keine Kohle dabei hast, lad ich dich auch zur Pizza ein.
– Alter, jetzt spinn nicht, ich dachte, du wolltest mich zu einer Cola einladen?
– Was ist schon 'ne Cola, hast du etwa keinen Hunger?
Du bleibst stehen und siehst ihn an. Ihr seid gleich alt, werdet Ende des Jahres sechzehn und kennt euch, seit ihr zwölf seid – und kennt euch trotzdem kaum. Auch dir dämmert langsam, dass in dieser Nacht etwas passiert ist. Du begreifst es nicht ganz. Ihr redet eine vollkommen andere Sprache, eure Stimmen klingen auch anders. Älter, Mann, viel älter.

– Was ist los mit dir? willst du wissen.
– Nichts ist los, sagt Cengiz und geht weiter.
– He, warte.
Du hältst ihn am Arm zurück.
– Tu ich dir etwa Leid?
Knallhart auf den Kopf zu, da willst du jetzt eine Antwort drauf haben.
– Nee, Locke, jetzt cool down, Alter, das hat nichts mit Mitleid zu tun, okay?
– Mit was dann?
– Wollte einfach nett sein, das ist alles, vergiss es.
Er wendet sich ab. Mann, so eine Kacke auch. Was sollst du da noch sagen?
Beim Pizzastand macht ihr Halt und seht euch die Karte an.
– Also, was willst du haben?
Cengiz fragt, ohne dich dabei anzuschauen. Er meint es jetzt ernst. Solltest du noch einmal protestieren, dann bist du ein ausgemachter Idiot.
– Eine Margherita?
– Klar, eine Margherita, wiederholt Cengiz und bestellt für sich eine mit Schinken.
– Schinken hab ich früher gern gegessen, sagst du.
– Kannst aber nicht alles haben, sagt Cengiz und ihr lacht und knackt eure Coladosen und trinkt, bis es euch die Nase zuzieht.
– Whoa, das tut gut!
– Genau richtig!
Du klackst gegen seine Dose und sagst:
– Die Cola zahl aber ich.
– Überredet.
Während ihr auf die Pizza wartet, quatscht ihr über die Mädchen aus der Gegend und auf was für Arschlöcher

die stehen. Prompt hält ein weißer Golf am Straßenrand und zwei Typen und zwei Mädchen steigen aus. Die Typen sehen aus wie zwanzig und sind glatt wie Aale, die sich unter Wasser bewegen. Die Mädchen sind garantiert jünger als ihr. Sie duften nach Parfum und haben sich aufgetakelt. Eine hat Probleme mit ihren Stöckelschuhen, sie schwankt, als würde ein Orkan wehen; bei der anderen ist ein Riss in der Strumpfhose billig mit Nagellack verklebt. Sie wirken nuttig und kichern mit der Hand vor dem Mund. Keins von den Mädchen beachtet euch, und ihr verstummt, steht herum und haltet euch an euren Coladosen fest.
Die Mädchen kichern und die Jungen lachen und euch fällt nicht ein, was ihr sagen sollt. Endlich verschwinden die vier mit ihren Mini-Pizzen in den weißen Golf, und Cengiz spuckt aus, und murmelt etwas von:
– ... sogar Scheiße lernt laufen.
– Pizza Margherita! ruft der Araber hinterm Tresen.
Du schlenderst hinüber, zupfst Servietten aus dem Ständer und lässt dir die Pizza kleinschneiden. Als du zurückkommst, verdrehst du die Augen und lässt die Zunge raushängen, der Pappteller in deiner Hand ist verdammt heiß. Cengiz lacht.
– Pizza Schinken!
Cengiz holt seine Pizza, zahlt und kehrt mit ein paar Servietten zurück.
– Komm, hauen wir uns auf den Spielplatz.
Ihr haltet eure Teller mit spitzen Finger am Rand fest und setzt euch mit verschränkten Beinen aufs Gras.
– Sollten wir öfter machen, sagst du nach dem ersten Stück Pizza. Etwas Öl ist dir auf dein T-Shirt getropft, direkt neben das Adidas-Emblem. Deine Alte wird kotzen.

– He, du saust dich ein, sagt Cengiz.
– Oh.
Du reibst mit der Serviette darüber, der Fleck wird größer.
– Meinst du Alarm auslösen oder was? fragt dich Cengiz.
– Was?
– Was sollten wir öfter machen?
Du grinst, schüttelst den Kopf.
– Nee, Mann, so ein Quatsch. Aber das mit dem Alarm war echt dumm, ehrlich, woher sollte ich auch wissen, dass das Glas so empfindlich ist.
– Schon blöd, dass die keinen Alarm im Keller hatten, hätte dir viel Arbeit erspart.
Ihr schlingt die Pizza runter, als ob ihr seit Jahren keine gegessen hättet, danach wischt ihr mit den Servietten das Fett von euren Fingern, leert die Colas und werft Pappteller, Servietten und Dosen in den Müll.
– Das hier sollten wir öfter machen, meinte ich, uns treffen und Pizza essen.
– Klar.
Cengiz grinst.
– Aber die nächste Pizza zahlst du.
– Darauf kannst du deinen Arsch verwetten, Mann.
Du boxt ihm gegen die Schulter.
– Komm, hauen wir ab.
Ihr seid Nachbarn und wohnt keine fünf Minuten entfernt voneinander. Du in der Danckelmann-, er in der Philippistraße. Auf dem Weg durch den Lietzenseepark erzählt Cengiz von seinem Alten und sagt, was ihn jetzt zu Hause erwartet, ist reinster Stress.
– Ich hätte schon vor drei Stunden zurück sein müssen, nach zehn gehen bei uns die Lichter aus.
– Klingt ja klasse.

– Ob ich jetzt komme oder später, ist egal, die Standpauke wird die gleiche sein. Mein Alter schlägt mich, weißt du?
Du wusstest es nicht, schluckst aber, als du es hörst. Scheiße, Mann, was sollst du denn darauf sagen?
– Meine Alte haut mir auch ab und zu eine runter, lügst du.
– Nee, sagt Cengiz, Bei mir ist das anders, der prügelt mich richtig.
Du schaust auf deine Füße runter. Kacke, dazu fällt dir jetzt gar nichts mehr ein.
– Willst du denn schon nach Hause? fragst du und wechselst damit ungeschickt das Thema. Cengiz hebt die Schultern.
– Nee, und du?
– Meine Alte pennt tief und fest, der ist es egal, wann ich komme.
– Echt?
– Echt.
– Cool.
– Also, was wollen wir machen?
Wie auf ein Zeichen hört ihr ein Würgen und dann das platschende Geräusch von jemandem, der sich in den Büschen übergibt.
– Penner, sagt Cengiz.
– Kannst du wetten, sagst du. Also, was wollen wir machen?
Cengiz tut, als ob er überlegen müsste, doch du spürst, dass er schon längst einen Plan hat. Schließlich erzählt er dir, wo er hinwill, und du schüttelst nur heftig den Kopf.
– Komm, mach keinen Scheiß, Alter, da sollten wir wegbleiben. Wenn uns einer wiedererkennt, sind wir am Arsch.

– Wer soll uns schon wiedererkennen?
– Denkst du, die waren blind oder was?
– Nicht blind, aber wie die aussahen, haben die sich glatt eingeschissen, als ich sie mit der Knarre zum Tanzen brachte.
Er übertreibt natürlich, du könntest wetten, er kann sich an keins der Gesichter erinnern, weil er in dem Moment voll im Stress war. Den Ausdruck in seinen Augen hast du dir gemerkt. In die Ecke getrieben und gleichzeitig voller Triumph. Cengiz hat dir in dem Moment Angst gemacht, denn erst da hast du gesehen, wie durchgedreht er eigentlich ist. Aber ob durchgedreht oder nicht, das hier ist jetzt dein neuer Kumpel. Und wo dir das klar wird, wird dir auch klar, dass sich dein neuer Kumpel die Einschusslöcher ansehen wird, ob du dabei bist oder nicht.
Du bleibst noch ein wenig misstrauisch:
– Wer sagt dir, dass die Yugos nicht längst wissen, wer auf sie geschossen hat?
– Liest du keine Zeitung?
Du winkst ab.
– Zeitung ist Scheiße, interessiert mich nicht.
– Glaub mir, die Bullen haben keine Beschreibung, nur die Wagennummer und das Fabrikat, und wer weiß schon, wo die Karre jetzt vor sich hin rottet, mh, zieh dir das mal rein, Locke. Und wenn die Bullen nichts wissen, dann haben die Yugos auch keine Ahnung. Ich sag dir, sie wissen nichts, gar nichts, und das ist fast so, als ob es nie passiert wäre.
– Wäre ich mir nicht so sicher, Mann. Manchmal sagen die Bullen nichts, damit sie einen leichter kriegen.
– Schwachsinn.
– Siehst du keine Thriller?

– Und du, liest du keine Zeitung?
– Wieso soll ich Zeitung lesen, ich guck lieber Thriller.
Ihr beginnt zu lachen, seid schon ein beknacktes Team.
– Thriller, sagt er und boxt dir gegen den Arm.
– Zeitungen, sagst du und boxt zurück.
– Nur mal vorbeilaufen, sagt Cengiz, Was meinst du?
– Vergiss es, das ist total krank.
– Okay, hast Recht, ist schon gut.
– Bist du jetzt stinkig?
– Neenee.
Ihr lasst den Park hinter euch, geht die Wundtstraße hoch und stoßt auf den Kaiserdamm.
– Okay, sagst du plötzlich, denn eigentlich willst du nicht nach Hause, und eigentlich willst du Cengiz beweisen, dass du genauso durchgeknallt bist wie er, obwohl du eigentlich tierischen Schiss hast.
– Wir sehen, ob es voll ist. Ist es voll, dann hauen wir sofort ab, ist es nicht voll, gucken wir kurz.
– Danke, Alter, sagt Cengiz
– Nichts zu danken, sagst du und bist stolz, so einen Kumpel zu haben.

DIE SOORSTRASSE IST TOTENSTILL. Halb zwei an einem Donnerstagmorgen heißt tote Hose, nicht einmal ein Wagen kreuzt auf der Suche nach einem Parkplatz durch die Seitenstraßen. Ideal.

Ihr bleibt stehen und wartet an der Ecke der Gottfried-Keller. Zehn Minuten vergehen, niemand lässt sich blicken. Dich juckt es am ganzen Körper. Zeit für etwas Action.

– Komm, sagst du.

Schultern hochgezogen, Hände in den Hosentaschen, als wäre es kalt, nähert ihr euch der Disko. Dein Körper kribbelt, eure Schritte sind hart und schnell, Augen auf den Boden gerichtet. Ihr seid so auffällig wie ein Dealer mit einer Leuchtreklame um den Hals. He, entspannt doch mal.

– Hier, sagt Locke leise, als ihr vor der Disko ankommt.

– Weitergehen, sagst du und ihr setzt euren Marsch fort.

– Wieso sind wir dran vorbeigelaufen? zischt dir Locke nach fünfzig Metern ins Ohr. Er kapiert die Welt nicht mehr, das ist zu hoch für ihn.

– Erst mal checken, sagst du.

– Cool, Mann.

Am Spandauer Damm lehnt ihr euch in den Schatten eines Glascontainers und wartet. Nichts geschieht. Nur ein Wagen nähert sich, sein rechter Blinker zuckt hektisch. Er fährt an euch vorbei und biegt rechts ab.

– Okay?
Der Rückweg ist entspannter, ihr fühlt euch sicher, habt alles im Griff. Vor der Disko angekommen, lest ihr, dass Mittwoch Ruhetag ist. Yo.
– Scheißyugos, murmelst du.
– Blöde Penner, sagt Locke und spuckt aus.
Du weißt nicht, weswegen Locke die Yugos hasst. Außer natürlich, weil die Yugos echte Arschlöcher sind, eure Clique bedrohen und sich wie die Ratten in euer Revier geschmuggelt haben, um euch Konkurrenz zu machen. Das war's auch schon. Bei dir steckt mehr dahinter, das hier ist eine persönliche Sache. Von Anfang an hattest du die Schnauze voll. Das ging sehr schnell. Ihr Auftreten in der Schule, die neuen Cliquen, die sie bildeten, und dann das Gefühl, das sie dir gaben, weil du ein Türke bist. Für dich sind sie falsche Hunde, verlogen und listig. Vier von denen haben dich mal in die Mangel genommen, das war am Lietzensee gewesen. Sie haben dich mit ihren Messern bedroht, nannten dich *Kanacke* und *Moslemschwein* und wollten, dass du ihre Mädchen nicht anstarrst. Als ob du das je getan hättest. Geschmacksverirrung oder was? Scheißyugos. Dein Alter kotzt auch. Er sagt, die sind wegen dem Krieg geflohen und haben hier die ganzen Jobs bekommen, weil sie bereit sind, für einen Hungerlohn zu arbeiten. Die wissen nicht, was fair ist, sagt er, denen geht es nur um Kohle und noch mal Kohle, die sind schmierig und hauen die Leute lieber übers Ohr, als einen anständigen Beruf zu machen.
Am härtesten findest du die Yugosäcke, die ihre Frauen und Kinder für sich betteln lassen. Das bringt dich richtig zur Weißglut. Mensch, wenn die bei McDonald's reinschneien oder dich auf der Straße ansprechen, könntest du ausrasten. Schon die Vorstellung, dass jemand seine

Frau und seine Kinder zum Betteln auf die Straße schickt, das ist so was von berechnend krank, dass es dir im Magen schmerzt. Du wunderst dich, ob denn alle so blöd sind, sich von denen verarschen zu lassen, oder ob du der Einzige bist, dem das auffällt. Die Penner haben Satellitenschüsseln auf den Balkons und fette Autos auf den Straßen und keiner rafft das. Denen wolltest du letzten Freitag eine verpassen, nicht irgendwelchen Mädchen oder Kids. Es ging dir nur um diese schmierigen Scheißer, die sich wie Mafiosi aufführen und denken, wenn sie schon mal da sind, können sie die Stadt gleich mit übernehmen. Zum Kotzen. Die werdet ihr überraschen. Yo. Das wird noch ganz anders ablaufen, die können froh sein, wenn ihre beschissene Disko bis zum Jahresende noch steht. Yo.
Locke zupft an deinem Arm und zeigt nach oben.
– Du hättest das Ding da wegballern sollen, das wäre was gewesen.
Ihr tretet einen Schritt zurück und blickt beide an der Fassade hoch. Über euch hängt die jetzt dunkle Leuchtschrift mit dem geschwungenen Namenszug *PARTISAN*.
– Ein andermal, sagst du.
– Meinst du, es gibt ein andermal?
– Ich schwör dir, Alter, das Ding blas ich weg.
Locke geht ein Stück von dir weg und beginnt am Verputz des Hauses rumzufummeln. Du starrst auf die Leuchtreklame. Ja, Mann, es wird ein anderes Mal geben. Stück für Stück wirst du diesen Schuppen hochgehen lassen, wart's nur ab.
Locke pfeift kurz und du schlenderst lässig zu ihm rüber. Cool.
– Ist das nicht geil?
Es ist mehr als geil, denn das sind deine original Ein-

schusslöcher, Mann, säuberlich nebeneinander. Die Bullen müssen in ihnen rumgepult haben, um die Kugeln rauszubekommen. Die Löcher haben die Größe von Fünfmarkstücken und ziehen sich in zwei Bögen über die Hauswand.

– Ob das Blut ist?

Du hockst dich neben Locke. Könnte alles sein. Du sagst:

– Klar, was denkst du, was es sonst ist?!

Locke haut dir auf die Schultern, dass du auf ein Knie niedersinkst.

– Du bist 'n Held, Alter, ist dir das klar? So was hätte ich nie gebracht, dazu gehört Mumm.

– Kannst du laut sagen.

– Ich weiß jetzt auch, wofür dein MC steht, sagt Locke.

– Woher weißt du von meinem MC?

Locke grinst, dann erzählt er dir, wie er dich mal auf der Parkbank gesehen hat. Du hast auf die Jungs gewartet, warst früher da und nahmst deinen Edding raus, um ein kleines Graffiti mit MC in der Mitte hinzulegen.

– Na, und? sagst du lahm, denn es ist dir peinlich, dass Locke weiß, was MC bedeutet, während du keine Ahnung davon hast. MC hast du von den Rappern, und was auch immer es heißt, ausgerechnet Locke muss es dir nicht erklären.

– Passt zu dir, sagt er.

– Was passt zu mir? fragst du

– Na MC. Master Cengiz, echt klasse.

Du grinst:

– Klingt gut, was?

– Klingt edel.

Locke sieht dich bewundernd an. Master Cengiz. Cool.

– Wir sollten 'n Foto von der Fassade machen, sagt Locke. Morgen Nacht am besten, was meinst du?

Du nickst, obwohl du nichts von der Idee hältst, mit einem Fotoapparat hier rumzulaufen. Auffälliger geht es ja wohl nicht. Aber du nickst, denn du findest es gut, wie Locke dich plötzlich achtet. Erst wollte er den Schwanz einziehen, jetzt will er Fotos machen. Yo. Der Typ baut dich auf und das ist nicht schwer bei einem wie dir, der wie eine Boje auf dem Wasser hüpft und pausenlos untergestukt wird. Irgendwie bist du durch all die Scheiße hier so was wie ein Star geworden, auch wenn es keiner erfahren darf. Würden jetzt Reporter kommen, könntest du die Wahrheit übers Leben auspacken. *Das Leben ist geil,* würdest du sagen, *ehrlich geil, und wir müssen alles tun, was wir tun wollen, sonst sind wir erbärmliche Feiglinge.* Das würden die Reporter schlucken wie mit Sahne obendrauf, und du kämst in die Glotze und Locke würde es auf Video aufnehmen, damit du es dir später angucken kannst.

– He, was tust du da?

Locke ist an der Eingangstür und fummelt mit irgendwas herum.

– Kleiner Gruß, sagt er.

Jetzt erkennst du, dass Locke einen Edding in der Hand hält, scheinbar hat ihn dein MC inspiriert. Der Edding schreibt golden, Locke zeichnet lässig aus dem Handgelenk ein dickes paar Titten und schreibt darüber: *FUCK THE YUGOS* und darunter *COOL AND SEXY*.

– Was soll das *COOL AND SEXY?* fragst du.

– Das heißt cool und sexy, sagt Locke.

– Blödmann, was soll es bedeuten?

– Das sind wir, Mr Cool und Mr Sexy, kapierst du?

– Und wer bist du?

– Mann, das ist doch der Witz, wir sind beides gleichzeitig, wir sind cool *und* wir sind sexy, verstehst du?

Du musst zugeben, so schlecht klingt das nicht, könnte glatt von dir sein.
– Los, das reicht für heute, hauen wir ab, bevor jemand die Bullen ruft.
Locke steckt den Edding weg, ihr zieht die Schultern hoch, Hände in die Hosentaschen, weg hier.

– Scheiße!
Es ist vielleicht das zweite oder dritte Mal in diesem Jahr, dass die Haustür abgeschlossen ist, und bis heute gab es damit keine Probleme, dann hast du eben geklingelt und eine deiner Schwestern kam runter, um dir aufzumachen. Tu das mal um zehn nach zwei an einem Donnerstagmorgen, da kannst du dir sicher sein, dass es dein Alter ist, der dir die Tür öffnet, und das riskierst du mal lieber nicht.
Locke ist fast schon um die Ecke verschwunden, und du stehst dumm da und überlegst, wo du jetzt pennen sollst. Das wird dir dein Alter nie verzeihen, kannst froh sein, wenn deine Mutter nicht schon die Bullen verständigt hat.
– HE, WARTE!
Du joggst Locke hinterher und der grinst, als ob du einen Witz gemacht hättest und jetzt kommt die Pointe. No.
– Was ist, Mann?
– Kann nicht rein.
– Kannst nicht rein?
– Die Haustür ist abgeschlossen.
– Hast du denn keinen Schlüssel?
– Nee, mein Alter hütet ihn wie sein linkes Ei.
– So ’ne Scheiße aber auch, was jetzt?
Du zuckst mit den Schultern.
– Muss ich eben warten, bis einer aufschließt.
– Und das wäre?
– Gegen fünf oder so, sobald die ersten zur Arbeit gehen.

– Scheißspießer.
– Da sagst du was.
Locke zupft sich am Ohr und wälzt das Problem.
– Was hältst du von ’nem Bier? fragt er.
Du lachst, coole Idee, aber:
– Wo willst du um diese Uhrzeit Bier auftreiben, Mann?
– Bei mir in der Danckelmann hat ’n Türke seinen Imbiss neu aufgemacht, da gibt es durchgehend Döner und billiges Bier, weil dort immer die Penner rumlungern. Was meinst du? Wir hauen uns auf einen der Hinterhöfe und ziehen uns Bier rein, und wenn es dann hell wird, gehst du nach Hause, mh?
Klingt gut, trotzdem sagst du was Dummes:
– Morgen ist Schule.
Und Locke lacht, als hättest du gesagt: Morgen geht die Welt unter.
– Und am Freitag ist auch Schule, stellt er fest und rempelt dich mit der Schulter an. Und am Montag geht es dann wieder von vorne los, das geht ewig so weiter, Mann, hat dir das noch keiner gesagt, MC? Da macht ein Tag auch nichts aus. Außerdem fangen in einer Woche die Ferien an, niemand wird uns vermissen, verstehst du, die Lehrer laufen doch schon auf Automatik. Wir pennen so richtig aus und erzählen was von Magenschmerzen, he, das zieht doch immer, was meinst du, mh?
Du grinst und denkst an deinen Alten, der dir den Schädel einschlagen wird, solltest du blau machen, aber das ist es dir jetzt wert. Locke ist nicht blöd, Locke hat Mumm, mehr ist nicht nötig, um dich zu überreden, seit dem Einbruch hat für euch beide eine neue Ära angefangen.
MC – SEXY AND COOL.
– Magenschmerzen klingt gut, sagst du und grinst Locke an.

KRCA

WUMMWUMMWUMM, *Ice-T* wummert dir die Birne weg, dass du kaum gerade laufen kannst. He, was ist nur aus ihm geworden? Erst regt er sich über Rapper auf, die Popsongs machen, und verlangt, dass ein Gangster ein Gangster bleibt, und dann verwandelt er sich selbst in einen billigen Popstar. *Issuse.* Vielleicht hast du zwischendrin irgendwas nicht kapiert, aber seitdem das die neueste Message ist, hörst du die letzten zwei CDs von *Ice-T* nicht mehr. Nee. Aus Prinzip. Du bist zwar erst sechzehn und Prinzipien gehen dir voll am Arsch vorbei, trotzdem musst du dir nicht alles gefallen lassen.
Du bleibst vor einer Apotheke stehen, um dein Haar in der Spiegelung glatt zu streichen. Ist nicht angesagt, wie der letzte Penner aufzutauchen. Saschas Geburtstag ist zwar nicht der Höhepunkt der Woche, dennoch solltest du einen auf gute Laune machen. Ihr wollt nachher noch zum Tanzen in die City fahren. Blöd, dass das *Partisan* heute geschlossen hat. Wenn die sich einen Ruhetag aussuchen, warum nehmen sie nicht einen Sonntag? Wer will sich schon in einer Mittwochnacht ausruhen? Rentner oder was?
In Wirklichkeit weißt du aber, dass das mit dem Ruhetag 'ne Ente ist. Die haben zugemacht wegen der Schießerei, das ist los. Vielleicht ist da ja jetzt ein Bulle hinterher. De-

tektiv oder so. Vielleicht filmen die jetzt geheim jeden, der am *Partisan* vorbeiläuft. Heißt doch so, dass der Täter immer wieder zum Tatort zurückkehrt. Warum auch nicht?
Dein Kragen ist hochgestellt, der Reißverschluss deiner Trainingsjacke bis zum Bauchnabel offen, darunter ein weißer Rolli, über dem eine Gliederkette hängt. Feinstes Silber, hat dir deine Tante zu Weihnachten geschenkt. Dazu gab es noch einen Anhänger, Jungfrau, den hast du gleich in die Schublade geworfen. Wen interessiert's schon, was für ein Sternzeichen du bist? Und dann auch noch Jungfrau.
Für Sascha gibt es eine CD mit Hip-Hop, die du billig auf dem Ramsch gekauft hast, dazu ein T-Shirt von euch allen. Ihr habt euch fotografieren lassen und jetzt pappt das Foto vergrößert auf dem T-Shirt. Sieht klasse aus, sieht aus, als wärt ihre 'ne Band.
Als du die Knobelsdorffbrücke überquerst, musst du erst mal runterspucken. Klar. Am liebsten erwischst du BMWs oder einen offenen Porsche. Hupps, regnet es? Laster sind zu einfach und bei Motorrädern bist du dir nie sicher, ob es überhaupt geht. Fahrtwind und so.
Von der Knobelsdorff läufst du durch, bis du auf die Danckelmann stößt, dann nach links und direkt auf den Imbiss zu. Du schaltest deinen Walkman aus und nimmst die Kopfhörer ab. Als du eintrittst, erblasst Clint Eastwood vor Neid und stirbt einen schnellen Tod. *Bamm!* Selim juckt das überhaupt nicht, der lehnt mit dem Hintern gegen die Eistruhe und sieht sich eine türkische Show an.
– Dass du ein Wort davon verstehst, begrüßt du ihn.
– Jaja, du mich auch.
– Sind sie schon da?
– Bist du taub oder was?
Aus dem Hinterzimmer sind Stimmen und Lachen zu

hören. Selim hält die Fernbedienung über seinen Kopf und pumpt den Ton am Fernseher so hoch, dass du dir theatralisch die Ohren zuhältst.
– Mensch, Alter! sagst du und schiebst dich an ihm vorbei, um in den hinteren Teil des Ladens zu kommen. Und da sind sie, haben sich zu viert an einem der Tische breit gemacht, vor ihnen stehen Teller mit Hähnchen, Pommes und Döner. Aus dem Klo dahinter riecht es ätzend nach Reinigungsmittel.
– He, dachte, du kommst gar nicht mehr!
– Ihr habt gesagt Mitternacht.
– Ja, Mitternacht wird angestoßen, Mann.
Du siehst auf deine Uhr. Zehn vor zwölf.
– Ist doch noch.
– Du Flasche!
– Wo steckt überhaupt das Geburtstagskind, wollt ihr etwa ohne ihn---
Zwei Hände greifen dir an den Arsch, du quiekst und springst einen Meter in die Luft.
– Redste von mir oder was?
Sascha steht hinter dir, er muss gerade vom Klo gekommen sein, ihr gebt euch Küsschen auf die Wange, Finger zur Begrüßung verschränkt, dann begrüßt du auch die anderen Jungs und setzt dich zu ihnen.
Punkt zwölf fischen Fidi und Gero einige Pullen Sekt aus ihren Tüten und ihr lasst die Korken knallen. Selim wehrt sich erst, dann aber habt ihr ihn so weit und er kommt für ein paar Minuten dazu. Ihr beklopft Saschas Rücken, hört ihn *Oh* und *Ah* und *Nee* zu den Geschenken sagen. Dann kommt das T-Shirt, und Sascha bricht fast in Tränen aus.
– Gefällt's dir? fragt ihr. He, gefällt's dir? Nun sag doch mal was, du blöder Yugo, gefällt's dir?
– Ohne Scheiß, Mann, cool!

Natürlich muss er es gleich anziehen, und da seid ihr alle auf seiner Brust. Der enge Kreis, ein Splitter von der Clique, fast wie ’ne Band.
– Fast wie ’ne Band, sagst du.
– So ’ne Band gab’s noch nie, sagt Sascha und umarmt dich.
– Wollen wir jetzt abhauen? fragt Nenad. Mich juckt’s tierisch.
– Dich juckt’s? Wo juckt’s dich denn? fragt Zoki und beginnt ihn abzutatschen. In der nächsten Sekunde habt ihr die Hälfte des Sekts über Nenads Kopf ausgekippt, und als ihr eine Pause einlegt, versichert er euch, dass ihn nichts mehr juckt.
Du ziehst los, um einen Lappen zu besorgen. Im Imbiss ist es voller geworden. Vier Penner stehen an den Tischen und blasen sich gegenseitig Zigarettenrauch in die Gesichter. Selim gibt dir ein paar Servietten. Ihr wischt den Sekt von Tisch und Boden auf, bewerft euch dabei mit den nassen Servietten, und als du nach vorne gehst, um zu fragen, ob Selim noch mehr Servietten hat, verflucht er euch und gibt dir einen Lappen.
Eine Stunde später seid ihr mächtig angetrunken und palavert, wer fahren soll. Genau in dem Moment tauchen Kaza und Daniel auf. Beide haben verpennt und sich zufällig auf der Straße getroffen. Das klingt so unwahrscheinlich, dass ihr sie zwingt, erst einmal drei Gläser auf ex zu kippen. Danach habt ihr zwei Angetrunkene mehr in eurer Runde und wisst noch immer nicht, wer euch in die City fahren soll.
– Mensch, ich will tanzen, jammert Nenad.
– Juckt’s dich wieder? fragt Zoki.
– Nee, nicht mehr.
Ihr legt euch die Arme um die Schultern und fangt an

zu singen, denn das ist allemal besser als nur rumzuhängen. Selim kommt nach hinten und lässt euch wissen, dass ihr nur einen Millimeter davon entfernt seid rauszufliegen. Ihr hört auf zu singen und sitzt da wie eine verschworene Bruderschaft. Bald murmelt Kaza einen neuen Song, und ehe ihr wisst, wie euch geschieht, seid ihr schon wieder am Singen und irgendwann kommt Selim angerauscht und schaltet das Licht aus. Du hältst ein Feuerzeug hoch, die anderen machen es dir nach, Selim verflucht euch zum hundertsten Mal und macht das Licht wieder an. Ihr singt zehn Minuten lang, dann bestellt ihr eine neue Portion Döner und esst.

Jetzt aber.

– Ich bin wieder nüchtern, sagt Gero.

– Von mir aus kann es losgehen, sagt Sascha, dem heute garantiert alle Mädchen zufliegen werden, sobald sie dieses geile T-Shirt zu sehen bekommen.

Ihr kratzt das Geld für Essen und Getränke zusammen, als dich Daniel anstößt und sagt:

– He, sieh mal da.

Im Türrahmen ist ein Typ aufgetaucht. Der soll bloß machen, dass er sich verpisst, ihr habt hier Party. Du fummelst ein paar Markstücke hervor und pfefferst sie auf den Tisch. Daniel ist ganz zappelig.

– Was'n los mit dir, Mann, was zappelst du? fragt Kaza.

– Ich glaub, das war er.

– Wer?

Die anderen Jungs haben nix von dem Auftritt mitbekommen. Sascha pafft an einer Zigarre, die ihm sein Alter geschenkt hat, stinkt wie Kinderkacke. Gero und Nenad wedeln den Gestank in alle Richtungen, Zoki will auch einen Zug nehmen.

– Wer war was? willst du von Daniel wissen.

Anstatt zu antworten geht Daniel zum Durchgang und schaut in den Imbiss rein. Als er wieder vor dir steht, rückt er nervös seine Brille zurecht. Nee, ganz nüchtern ist er noch lange nicht, doch als er dann spricht, kommen die Worte wie an einer Schnur aus seinem Mund:

– Meine Schwester war doch auch dabei als sie letzte Woche auf die Disko geballert haben da hat doch Vesna eins in den Oberschenkel bekommen und dir hat's die Wange aufgekratzt aber gesehen hat keiner was und der Wagen war gestohlen aber das ist nicht wahr denn meine Schwester hat was gesehen hat sich aber nicht getraut was zu sagen hat einfach nur Schiss gehabt und als sie's dann erzählt hat sagte sie was von 'nem Chinesen aber he Scheiße wir haben hier keine Chinesen die bleiben von unserem Viertel weg und bis jetzt habe ich nicht ein einziges Mal daran gedacht dass *der* Typ das sein könnte der geht doch auf die Jordan gegen die haben wir doch mal gespielt und der sieht fast wie'n Japse aus ist aber keiner.

– He, Scheiße, sagt Kaza. Von wem redest du?

– Daniel hat Recht, da war gerade einer, sagst du leise und stehst auf, um zu checken, ob der Typ noch immer im Laden ist. Die vier Penner hängen nach wie vor über den Tischen und halten sich an ihren Bierflaschen fest. Vor dem Imbiss stehen zwei Männer und eine Frau. Die Narbe unter deinem Auge beginnt zu zucken.

– He, Selim, hier war doch eben noch so ein Typ, fragst du, In welche Richtung ist der abgehauen?

– Was fragst du mich, Mann, arbeite ich hier oder was?

Selim pfeift vor Lachen, du gehst zur Eingangstür und wirfst einen Blick auf die Straße. Und da siehst du ihn laufen, und er ist nicht allein. Eure Blicke treffen sich, du ziehst den Kopf ein und flitzt an euren Tisch zurück.

– He, Jungs, kommt mal mit!

CENGIZ

ES ÜBERRASCHT DICH, wie voll der Imbiss um diese Uhrzeit ist. In einer Ecke hängt ein Geldspielautomat, daneben steht ein Videospiel mit einem Hasen, der versuchen muss, hüpfenden Gurken und Zwergen mit Laserkanonen auszuweichen.
Locke wirft sofort eine Mark rein und rüttelt an den Griffen herum.
– Hol schon mal das Bier, sagt er über die Schulter hinweg.
An den Stehtischen sitzen ein paar Säufer auf Barhockern und bekommen die Augen kaum auf. Sie haben Becher mit Kaffee und eine Reihe Bierdosen vor sich aufgebaut. Die Luft ist eklig gelb, jeder hat eine Zigarette zwischen den Lippen, als ob er sonst nicht atmen könnte; zwei von ihnen starren auf den Fernseher über dem Eingang, in dem eine türkische Talkshow läuft. Es wird nicht gesprochen. Keiner der Säufer ist Ausländer. Im Hinterzimmer befinden sich drei Tische mit Bänken, du schielst kurz rein. An dem mittleren Tisch hocken sechs oder sieben Jungs, ein paar haben einander die Arme auf die Schultern gelegt und lachen laut. Du brauchst nicht zweimal hinzusehen, um zu wissen, dass es Yugos sind – Typen wie die erkennst du an ihren Stimmen.
Vor der Theke warten zwei dicke Männer mit einer Frau.

Die Frau drückt ein Portemonnaie an ihre Brust und studiert die Speisekarte über dem Grill, als würde sie einen Zugfahrplan lesen. Sie sieht müde aus, dunkle Ringe schimmern unter ihren Augen, links neben ihrer Nase verläuft ein geplatztes Äderchen wie eine unterirdische Wunde. Neben der willst du nicht aufwachen. No.
– Was nimmst du? fragt sie der eine Mann.
– Keine Ahnung, sagt sie.
– Einen Döner, sagt der andere Mann und legt einen Zehner auf das grüne, runde Polster, wo jeder sein Geld hinlegt.
– Und mach mir bloß keine Knoblauchsauce drauf, ja? schiebt er hinterher. Davon kriege ich Sodbrennen.
– Alles klar, Chef, sagt der Türke hinter der Theke und wirft ein Viertel Fladenbrot in die Mikrowelle.
– Nächster?
– Ich nehm auch einen Döner, sagt der andere dicke Mann.
Der Türke seufzt. Ein zweites Stück Fladenbrot folgt dem ersten, doch bevor er die Mikrowelle erneut anschmeißt, sieht der Türke die Frau an:
– Auch Döner?
Sie schüttelt den Kopf, zeigt auf die Eiskarte, ihr ist nicht nach Essen, sie will was Süßes. Du siehst zu Locke hinüber, der befindet sich auf einem anderen Stern, sitzt voll in seinem Spiel und zappelt auf dem Barhocker, als ob er unter Strom stehen würde. Du kramst deine Kohle hervor, Locke hat seinen letzten Fünfer in den Topf geschmissen, das wird dicke reichen. Du bist beim Zählen, als es in deinem Rücken zu jucken beginnt, kurz schaust du dich um, einer von den Yugos hat dich im Fadenkreuz, du drehst dich wieder weg. Scheiß drauf, soll er doch.

– Ein Sixpack.
Der Türke greift hinter sich und reicht dir von einem Stapel Sixpacks eins rüber, du fühlst und reichst ihm den Träger wieder zurück.
– Hast du kein kaltes da?
Der Türke seufzt, so ein Arschloch auch, und holt ein kaltes Sixpack aus der Kühlanlage, die sich unter der Kasse befindet. Yo.
– Nein, ich nehm doch kein Eis, sagt die Frau und schüttelt wieder den Kopf.
– Selber schuld, sagt der eine Mann.
– Mir egal, sagt der andere.
– Tschüss, sagt der Türke.
– He, lass uns abhauen, sagst du.
Locke flucht, GAME OVER läuft in hüpfenden Buchstaben über den Bildschirm.
– Willst du nicht auch mal spielen? fragt er dich.
– Nee, bloß raus hier.
Vor dem Imbiss klemmst du das Sixpack unter deinen Arm und beginnst Locke wegzuziehen.
– He, was ist los mit dir, Mann? Hast du nicht bezahlt oder was?
Du blickst über die Schulter. Die zwei Männer stehen mit der Frau vor dem Imbiss, sie reden miteinander und beachten euch nicht, dann fällt ein Lichtbalken auf die Straße, jemand hat die Imbisstür geöffnet und streckt den Kopf raus, sieht nach links, sieht nach rechts und blickt euch hinterher.
– Das sind Yugos, zischst du, und Locke nimmt sofort dein Tempo auf.

Mit den Jahren ist der Charlottenburger Kiez eine bessere Gegend geworden. Als ihr noch kleine Scheißer wart, sah

das anders aus. Jetzt aber gibt es sogar Leute, die eine Menge dafür zahlen, hier eine Wohnung zu bekommen. Ein Teil der Hinterhöfe wurde miteinander verbunden und die Leute hörten auf, ihre alten Betten, Kühlschränke und Gerümpel überall liegen zu lassen. Auf den Höfen entstanden Gärten, in denen am Wochenende Feste gefeiert werden und nachts vereinzelte Lagerfeuer flackern, über die sich niemand beschwert, auch wenn die Feuer bis drei Uhr morgens brennen.
Dir ist das alles fremd, du hängst eher im Park herum, aber Locke kennt die Höfe in- und auswendig und ist ein Fuchs, der dich sicher durch seinen Bau führt. Ihr kommt zu einer hölzernen Bank, die unter einer wuchtigen Kastanie steht. Erst hat Locke überlegt, ob ihr euch nicht besser mit zu den Leuten um das eine Lagerfeuer setzen solltet, dann aber beschließt er, das Bier lieber allein mit dir zu trinken. Cool.
– Hier sind wir sicher, mach dir keine Sorgen.
Die Leute liegen und sitzen um das Feuer herum, eine Gitarre klimpert, es könnte eine Szene am Strand sein, doch es ist mitten in Berlin, keine zwei Minuten vom Lärm der Stadtautobahn entfernt, der wie eine leise Brandung gegen die Häuserfassaden schlägt.
Du packst deine Füße auf die Bank, Hintern auf die Lehne und knackst mit Lockes Taschenmesser zwei der Bierflaschen. Locke ist pinkeln, du hörst ihn in den Büschen, dann setzt er sich zu dir, das restliche Bier steht zwischen euren Füßen.
– Hier.
– Danke.
Ihr stoßt an und trinkt den ersten Schluck. Cool.
– Mann, das tut gut.
– Scheiße, saugut.

Locke stößt auf, du lässt es sein.
– Und morgen pennen wir aus, sagt Locke.
– Von mir aus können wir auch durchmachen.
– Meinst du echt?
– Warum nicht, wen kümmert's?
– Cool, Alter.
Du holst Zigaretten raus und bietest Locke eine an. Es ist wie in der Kinowerbung, nur dass ihr nicht mit am Lagerfeuer sitzt. Vielleicht kommt ein Bär, oder ein Mustang dreht durch, dann werdet ihr von der Bank springen und eure Lassos werfen. Yo.
– Danke, sagt Locke und beugt sich vor, damit du ihm Feuer gibst.
Ihr raucht schweigend, deine Hand um die Zigarettenschachtel ist verschwitzt. Ihr stoßt ein zweites Mal an. Irgendwie hast du Schiss, die Situation ist merkwürdig, aber auch was Neues, und darauf kommt es dir im Moment an. Eine neue Ära, die Zeitrechnung nach dem Bruch, irre. Vergiss die Yugos. Locke ist bei dir, Locke ist dein neuer Freund, Scheiße, das müsstet ihr eigentlich feiern.
– Eigentlich ja, sagst du laut.
– *Eigentlich ja* was? fragt Locke.
– Eigentlich könnten wir jetzt die *E*s klinken.
Locke sieht dich an, um zu checken, ob du das auch wirklich ernst meinst.
– Warum nicht? machst du dir selbst Mut. Sind doch die idealen Bedingungen, oder?
– Aber keine Mucke, sagt Locke.
– Scheiß drauf, geht doch auch ohne.
Locke denkt darüber nach. Klar geht's auch ohne, er weiß nur nicht so recht, warum er es gesagt hat, echt nicht, wahrscheinlich hat auch er Schiss.

– Schiss? fragst du ihn.
Locke lacht und schnippt seine Zigarette in die Gegend.
– Nee, du?
– Nee ... also?
– Na, reich schon rüber.
Du holst die zwei Pillen aus der Zigarettenschachtel und wickelst sie aus der Alufolie. Ihr spült mit einem Schluck Bier nach.
– Gute Fahrt, sagt Locke.
– Dir auch, sagst du.
Der Einschlag kommt schnell, ein halbes Bier später geht die Falltür auf und du stürzt ab. Dir wird glühend heiß und deine Hände triefen vor unsichtbarem Schweiß. Jaja. Das Lagerfeuer streckt sich dir in Rot und Blau entgegen, Lockes Nähe ist wie klare Flüssigkeit.
– Yeah, sagst du leise.
Alles, was ihr von den Leuten am Feuer hört, sind geflüsterte Worte. *Wieso flüstern die?* fragst du dich und versuchst die Worte zu verstehen, während Locke sein Bier ansetzt und schluckt und schluckt, bis es leer ist. Wow. *Aber wo kommt das Flüstern her?*
– Durst, sagt Locke und dehnt dabei das U und öffnet das nächste Bier.
Obwohl die Nacht empfindlich still ist, so still, dass du glaubst, das Perlen der Kohlensäure im Bier zu hören, seid ihr chancenlos. Sie sind in Sekunden über euch. Hände krallen sich fest, reichen von hinten hoch und packen euch. Die Holzbank folgt der Bewegung, kippt und landet in dem dahinter liegenden Blumenbeet. Du öffnest deinen Mund und willst schreien, eine Hand legt sich darüber und drückt dir die Lippen gegen die Zähne. Du versuchst auszuschlagen, doch du kannst dich kaum rühren. Sie halten dich fest. Dein Rücken trifft hart auf

den Boden, eine Faust hämmert wieder und wieder in deinen Magen, presst dir den Atem raus, dann wirst du weggeschleift, rückwärts, weg aus dem spärlichen Licht, in dem ihr gesessen habt, hinein in die totale Dunkelheit.

Vorbei, denkst du, *das ist alles gleich vorbei, eine Scheißvision, Mann, Scheiß Ecstasy. Ich lache gleich. Ich. Das geht gleich vorbei. Ich. Ich lache gleich.*

Jemand greift in dein Haar und zieht deinen Kopf hoch. Das Geräusch von schnappendem Metall, eine Stimme nahe an deinem Ohr:

– Ich schwör, Alter, ein Ton und ich schneid dir Kehle durch, kapiert?

Du nickst, die Hand von deinem Mund verschwindet, du atmest tief durch, versuchst in der Dunkelheit Gesichter auszumachen. Katzen. Katzenaugen. Wilde. Eingeborene. Als du schließlich sprichst, ist deine Stimme ein Krächzen:

– Was ... was wollt ihr?

– Noch nix, sagt der mit dem Messer, Schatten huschen über sein Gesicht, der Dämon hat einen Haken als Nase und eine Narbe auf der Wange, du kennst ihn, verdammt, den hast du schon mal gesehen! Wo---

– He, Alter, hör auf zu glotzen, ranzt dich der Dämon an, und da erinnerst du dich, vor einer Ewigkeit. Ist es eine Ewigkeit her? War das heute? *Heute?* Vor dem Imbiss. Der Blick. Einer von den Yugos. Die Stimmen, ihr Lachen, und du dachtest, du kannst einen Yugo am Klang seiner Stimme erkennen. Richtig. Du kannst. Dämonen.

– Macht ja keinen Scheiß, murmelst du.

Die Jungs lachen, es klingt wie Regen auf einer Plastikplane. *Wo ist ...* Locke liegt neben dir, er sieht dich nicht an, auch er wird mit einem Messer bedroht, du erkennst die Umrisse seines Gesichtes kaum, ein Wald von Beinen um dich herum, es müssen mehr als zehn Jungen sein, es ist zu dunkel, um es genau zu sagen, alles Dämonen, der Geruch von Müll, jemand ist in der Luft, schwebt auf einer der Mülltonnen und schnippt sein Feuerzeug auf und zu, auf und zu. *Das ist die Wache,* denkst du, *ich bin im feindlichen Lager gelandet und das ist die Wache.* Dämonen überall.

Mit der Zeit siehst du besser und erkennst Trainingsanzüge und Turnschuhe und Jacken mit Kapuzen und das Glitzern von Gel und hier und da das Glühen, wenn einer von den Jungen an seiner Zigarette zieht.

Schritte nähern sich, ein Junge mit Brille schiebt sich nach vorne, auch den hast du schon gesehen, im Imbiss, sie sind überall. Der Dämon mit dem Messer dreht sich um, du hörst ihn sagen:

– *Gde je?*

– *Evo dolazi,* antwortet die Brille.

– *Da li je spavala?*

– *Mhm.*

Der mit dem Messer fährt der Brille durchs Haar, als ob er ihm die Stoppeln scheren wollte. Es knackt und du siehst einen Funken in die Luft aufsteigen, gemächlich erhebt er sich vom Lagerfeuer und verschwindet in der Nacht. Das Lagerfeuer ist so nahe. So weit.

Brille sagt:

– Heyhey!

Der mit dem Messer wendet sich dir wieder zu, er legt seine Hand an die Stelle, wo dein Herz ist, und sagt etwas. Die anderen Jungs lachen. Die Sprache der Dämonen. Die Hand verschwindet von deiner Brust, dein Herz bleibt zurück, unversehrt.

Erneut nähern sich Schritte, dann tritt ein Mädchen in

den Kreis. Sie ist dreizehn oder vierzehn, auf keinen Fall älter. Sie muss eben geweckt worden sein, denn ihre Augen sind noch glasig vom Schlaf. Sie hat ein kleines Gesicht mit einem Leberfleck am Kinn. Um ihre Schulter liegt eine Wollweste, das lange Haar ist fest zu einem Zopf geflochten.

Sie beugt sich zu Locke runter, der überraschend cool bleibt. Locke hat es drauf, Mann, Locke der Dämonenfighter. Er grinst das Mädchen an und sagt: »Hi!«, und will wissen, was die Scheiße soll. Das Mädchen schüttelt den Kopf. Locke sagt: »Mist, sie will mich nicht!«, und einer der Yugos tritt ihm gegen das Schienbein. Locke schreit auf, eine Hand hält ihm sofort den Mund zu. Jetzt ist das Mädchen vor dir. Du lächelst nicht, die blöde Fotze soll bloß verschwinden, das Mädchen sagt:

– *Ne vidim ga.*

Du mich auch, denkst du.

Der Dämon mit dem Messer beugt sich vor und schnippt sein Feuerzeug auf. Er hält es so nahe an dein Gesicht, dass du die Gasflamme riechen kannst.

Das Mädchen nähert sich wieder, zögert, dann nickt sie und sagt:

– *To je on.*

Es liegt an der Art, wie sie es sagt. Du brauchst die Sprache nicht zu verstehen, es reicht, den Sinn zu begreifen; und der Sinn hinter diesen drei Worten ist so eindeutig, dass du blass wirst und um dich zu treten versuchst. Doch sie haben dich fest im Griff, halten deine Arme und Beine unten, überall Dämonen, und sie drücken dir erneut das Messer an die Kehle und lassen es nach oben wandern und wandern und halten es schließlich gegen deine Wange, die Messerspitze ist Millimeter von deinem Auge entfernt. Nur das Lid, nur das Lid ist dazwischen.

Ein einziges Blinzeln bringt dich in Kontakt mit dem Metall. Du lässt das Auge geschlossen. *Auge sei still!* Du blinzelst nicht mehr. Eine einzige falsche Bewegung und es bleibt für immer geschlossen. No.
– Verpiss dich! hörst du einen der Yugos sagen.
– Los, hau ab! sagt ein anderer.
– Steh auf!
Du wirst nicht aufstehen, du wirst warten, bis dieser Horrortrip vorüber ist, vorher machst du deine Augen nicht auf.
– He, macht keinen Scheiß!
Das war Locke. Der Dämonenfighter ist wieder da.
– Ich schwör dir, Alter, wenn du nicht abhaun, machen wir Freund hier alle, klar?
– Cool, he, ganz cool, ich geh ja schon.
– Hau ab, Penner.
– Jaja.
– Ich schwör dir, Alter ...
– Bin schon weg.
Schritte entfernen sich, werden schneller, rennen.
– *Peder*, sagt ein Junge.
– *Drugi put budem mu razbil noz,* sagt ein anderer.
– *Hajde, hajde ...*
Sie sind wieder bei dir. Die Messerspitze drückt bohrend durch dein Lid auf die Pupille, Lichter explodieren in deinem Kopf, Feuerwerk nach Mitternacht. Du versuchst zurückzuweichen, es gibt kein Zurück, nur unzählige Arme, die dich halten, unzählige Finger, die sich in deine Schultern bohren. Gleich ist es so weit, gleich erwachst du und schreist, und es wird ein Schrei, wie du ihn noch nie von dir gegeben hast.
Gleich.
Jemand spuckt dir ins Gesicht. Und das Messer ver-

schwindet. Und die Hände fallen von dir. Das alles sind nur deine Gedanken, das alles geschieht nur in deinem Kopf.

Wieder frei!

Du atmest hörbar auf. Der Trip ist vorbei. Du öffnest deine Augen, blinzelst und da brechen die Schläge über dich herein. Nackte Fäuste, Fäuste mit Schlagringen, Fäuste mit Stöcken, Fäuste mit Siegelringen. Erst sind es nur Schläge, dann werden es Tritte. Sie brauchen dich nicht mehr festzuhalten, nur an deinen Haaren bleibt eine Hand, die klammert und nach oben zieht, als wollte sie deinen Kopf haben.

NIMM IHN! möchtest du schreien. *NIMM IHN DOCH ENDLICH!* Doch die Hand bleibt, die Schläge bleiben und du erwachst nicht und es erklingen auch keine Sirenen und niemand ruft nach Hilfe.

Die Dämonen sind auf dir.

DU RENNST. UND WIE DU RENNST. So bist du noch nie gerannt. Über die Höfe, durch einen Hausflur und raus, raus auf die Straße. Und jetzt?

– Scheiße!

Plötzlich stehst du still. Noch nie hast du dich so hilflos gefühlt. Hilflos und verloren und feige. Du rennst einige Meter in die eine, einige Meter in die andere Richtung. Gefangenes Tier, was nun? Dein Herz rast, das Ecstasy pumpt dich auf, lässt dich platzen, pumpt dich wieder auf. Du bist wie Luftblasen, die an die Oberfläche steigen und verpuffen. Das Atmen fällt dir schwer, du bewegst dich in alle Richtungen gleichzeitig. Das bist du, der an die heruntergelassene Jalousie einer Wohnung im Erdgeschoss hämmert und »Hilfe!« brüllt. Das bist du, der gegen ein Fahrrad tritt und sich die Hände aufschneidet, als er versucht, die ölige Kette abzureißen. Und das bist auch du, der einen Autoalarm nach dem anderen auslöst und heult wie ein kleines Kind. Nur um was zu tun, nur um irgendwas zu tun.

Und dann rennst du wieder.

Erst als du an der zweiten Telefonzelle vorbeikommst, hältst du an und fummelst eine Telefonkarte aus deiner Brieftasche. Du verwählst dich viermal, dann hebt Marco

ab und dir fällt nicht ein, was du sagen sollst. Deine Lungen schmerzen vom Laufen, kein vernünftiges Wort kommt aus deinem Mund.
– Ich versteh kein Wort, sagt Marco, Was soll der Scheiß?
– Marco ...
– Ja, Mann, hier ist Marco, wer ist da?
– Marco ich ...
Dir wird schwindelig, du lehnst den Hinterkopf gegen die Plexiglasscheibe.
– Was? fragt Marco.
– ... ich bin's ... Locke ...
– Locke? Scheiße, Mann, weißt du, wie spät es ist?
– Ich ...
Du gehst in die Hocke, wenn du jetzt kotzt, wird das wie Sterben sein.
– Was ist los? fragt Marco.
– Wir ... wir sitzen in der Scheiße, Mann! bringst du endlich heraus.
– Hast du den Bullen was erzählt?
– Wem ... was ...?
– Den Bullen, du Arschloch.
– Welchen Bullen? Ich---
Marco hat aufgelegt.
– Nein! rufst du und richtest dich auf, hektisch und verwirrt drückst du die Wiederholungstaste.
– Hallo?
– Marco, ich ...
– Scheiße, Locke, was ist los?
– Sie haben Cengiz. Sie haben ihn.
– Was?
– Oh Mann, was soll ich machen, was mach ich nur ...
– Sag mal, bist du breit oder was?
– Ich ...

– Weißt du, was du da – – –
Du legst auf. Marco anzurufen war ein Fehler. Er ist nicht auf deine Wellenlänge eingestellt, da kannst du gleich die Bullen zur Hilfe rufen. Was auch immer du dir von diesem Gespräch erhofft hast, es war eine blöde Idee. Du stößt die Tür der Telefonzelle auf und rennst wieder los.

Als du die Augen öffnest, siehst du eine Reihe von Briefkästen. Der Morgen ist ein dunkles Blau, das sich kalt von außen an die Scheiben der Haustür schmiegt und dich beobachtet. Ein rotes Auge flackert an der gegenüberliegenden Wand. Du spürst den kühlen Marmorboden unter deinem Hintern. Dein Körper ist ein 64 Kilo schwerer Schweißfleck, den du in Bewegung setzt. Langsam, zögernd richtest du dich auf.
Nachdem du mit der Hand auf den Lichtschalter geschlagen hast, erlischt das rote Auge und der Ticker beginnt die Sekunden runterzuzählen. Du siehst auf deine blutverkrusteten und mit Öl beschmierten Handflächen. Du hast keine Ahnung, wie du es bis hierher in den Hausflur geschafft hast. Du erinnerst dich nur an das Rennen und das Keuchen, das sich wie ein Echo an den Häusern brach und in deine Ohren zurückkroch.
Im dritten Stockwerk fummelst du deinen Schlüssel hervor und öffnest die Wohnungstür. Du machst das Licht an und hängst die Jacke an den Haken, du streifst die Turnschuhe ab und atmest den Geruch deines Zuhauses prüfend ein. Der Geruch verrät dir alles. Aus dem Schrank im Wohnzimmer nimmst du ein großes Handtuch und gehst damit ins Bad. Du schaltest das Licht über dem Waschbecken an, weil es nicht so grell ist. Deine Mutter liegt mit offenem Mund in der Wanne. Die eine Hand ruht auf dem Wannenrand, die andere ist ein weißer,

aufgequollener Fisch, der träge im Wasser zittert. Der Schaum hat sich schon lange verflüchtigt, zurückgeblieben ist der süßliche Geruch und eine hellgraue, kalte Brühe. Du nimmst das Skalpell vom Wannenrand, es ist ein paar Zentimeter von den Fingern deiner Mutter entfernt. Du legst es auf den Toilettendeckel, streichst deiner Mutter übers Haar und sagst beinahe flüsternd:
– Mama? Mama, werd wach.
Deine Mutter zuckt, sie schließt den Mund, dann bewegt sie die Lippen, als würde sie einen Kuss erwarten. Ihre Augen öffnen sich mit einem Flackern.
– Matthias, sagt sie leise.
– Du musst aufstehen, Mama.
– Mein Matthias.
Du hilfst ihr aus der Wanne und schälst sie aus den nassen Hosen und der Bluse. Du stützt sie, als sie umständlich aus ihrer Unterwäsche steigt. Danach wickelst du sie in das Handtuch, damit sie nicht friert.
– Wenn doch bloß die Heizung funktionieren würde, sagt deine Mutter und schüttelt enttäuscht den Kopf. Du sagst dazu nichts. Es ist Sommer.
– Komm, Mama, du musst dich hinlegen.
Kaum hat sie den Kopf auf dem Kissen, fallen ihre Augen wieder zu und sie ist eingeschlafen. Du breitest die Bettdecke über ihr aus, ziehst die Vorhänge zu und schließt die Tür. Im Bad lässt du das Wasser aus der Wanne und verstaust das Skalpell im Medizinschrank. Es ist ein Erbe deines Vaters. Voller Stolz erzählte dir deine Mutter einmal, wie sie es aus seinem Etui gestohlen hat. Dein Vater hat nie danach gefragt. Es war nicht das erste Mal, dass Dinge von ihm verschwanden.
Du wäschst deine aufgeschnittenen Handflächen unter warmem Wasser, trägst Jod auf und löschst das Licht über

dem Waschbecken. Du bist so müde, dass du im Flur gegen die Wand taumelst, und genau da erwischt dich die Erinnerung. Erinnerung ist das falsche Wort, wen willst du verarschen? Nenn es Erkenntnis, du Blödmann. Das Gesicht deines Kumpels zuckt wie eine von diesen flackernden Baustellenlampen durch deinen Kopf. Du bist abgehauen, Mann.

Ich bin abgehauen.

Richtig, hast dich verdrückt.

Hab mich verdrückt.

Korrekt, und was willst du dagegen tun?

Ja, was?

Du hast keine Ahnung. Du bist unfähig, dich um deine Mutter zu kümmern, wie solltest du da fähig sein, dich um einen Kumpel zu kümmern?

Ich ...

Du fühlst dich überfordert, du fühlst dich schwach. Tu am besten, was du am besten kannst. Los, mach schon.

In deinem Zimmer wirfst du dich aufs Bett und schaltest den Fernseher ein. Du nimmst deine Kopfhörer, kickst die Anlage an und drehst auf. Zwei Welten. Eine in deinem Kopf, eine vor deinen Augen. Und nichts denken, rein gar nichts denken. Cengiz? Wer ist das?

Du flippst von *VIVA* zu *MTV* zu *VH-1*. Dann zurück zu *MTV* zu *VIVA*, wo der Spaß von vorne beginnt. In deinem Kopf hämmert der Beat, vor deinen Augen sind Tänzer, die es der Luft um sich herum kräftig besorgen. Zuckende Hüften, wippende Brüste, volle Lippen und du hast nicht einmal die Kraft, dir einen runterzuholen. Die CD läuft auf Repeat, der Fernseher ist unermüdlich und du steckst in einer gewaltigen Schleife, aus der dich nur ein Gehirnschlag befreien kann.

– Steh auf! Hörst du mich? Ich weiß, dass du mich hörst. Musst du nicht aufstehen? Matthias, hörst du?
Und wie du hörst. Deine Mutter muss sich in die Schleife eingeschlichen haben, dir wäre ein Gehirnschlag lieber gewesen. Der Kontakt ist unterbrochen. Willkommen in der Matrix. In den Händen hält sie die Kopfhörer, der Fernseher läuft noch immer. Ein Rapper sitzt breitbeinig auf einer Treppe, er hat sechzehn goldene Ketten um den Hals und zeigt seine schlechten Zähne. Du blinzelst, draußen scheint die Sonne, du musst eingeschlafen sein.
– Ich bin eingeschlafen, sagst du.
– Erzähl mir was Neues, sagt deine Mutter. Weißt du überhaupt, wie spät es ist?
Schulterzucken, Blick zur Uhr.
– Ich habe heute zur vierten Stunde, murmelst du.
– Ich glaub dir kein Wort, sagt deine Mutter.
– Sorry, sagst du.
Deine Mutter winkt ab.
– Also, ich mach mir erst mal einen Kaffee.
Damit verschwindet sie und lässt deine Zimmertür offen stehen. Das ist eine Einladung. Es bedeutet, du steigst lieber aus dem Bett, denn deine Mutter will Gesellschaft beim Kaffeetrinken. Und genau so läuft es auch. Du stehst auf, setzt dich zu ihr an den Tisch mit der orangenen Plastikdecke. Das Radio läuft. Deine Mutter fragt, bis wann du gestern Abend weggewesen bist. Du lügst ihr irgendwas vor, gießt Kaffee nach und stellst das Radio lauter. Schließlich wird es Zeit, sie muss los. In Stöckelschuhen und Kleid kommt sie ein letztes Mal zu dir, küsst deine Stirn und geht dann in den Flur. Sie parfümiert sich, legt Lippenstift auf und ist mit einem Winken verschwunden.
– Bis heute Abend!
Du stellst dir vor, wie sie die Treppe hinunterläuft, das

Haus verlässt und zum Bus hastet. Du stellst dir vor, wie sie aus dem Bus steigt, in die Bankfiliale geht und ihre Mitarbeiter begrüßt. Einer wird ihr sagen, wie reizend sie heute aussieht. Ein anderer wird ihr einen Kaffee anbieten. Das Leben deiner Mutter. Du kennst es im Detail. Sie schildert dir alles. Wann sie auf die Toilette geht, wann sie Durst bekommt, was sie dann und dann denkt, was sie dann und dann tut, alles.

– Du bist meine einzige Empfangsstation, hat sie einmal gesagt, Ohne dich wüsste ich nicht, dass ich am Leben bin.

Du wünschst ihr einen schnellen Tod. Dass sie aus der Bankfiliale tritt und den Bus nicht kommen sieht. Dass jemand die Bank überfällt und eine der Angestellten erschießt. Jemand mit einer dunklen Sonnenbrille und einer Locke, die ihm lässig aus dem kurzen Haar in die Stirn fällt.

Du schüttelst den Kopf. Nein, das ist es nicht. Eigentlich wünschst du dir nur, dass deine Mutter endlich dieses verdammte Skalpell richtig ansetzt und aufhört, dir von ihrem Leben zu erzählen.

CENGIZ

DU ZIEHST DICH AN einer der Mülltonnen hoch. Dein linker Arm hat noch Kraft, im rechten spürst du nur ein dumpfes Pochen, die Verbindungen sind gekappt. Entweder ist deine Schulter ausgerenkt oder sie haben dir den Arm ausgerissen. Du siehst runter. No. Dein Arm ist noch dran, er klopft wie ein toter Ast gegen deine Seite. Was für ein Scheißtrip.

Zentimeter um Zentimeter kommst du auf die Beine und ruhst dich erst aus, als du aufrecht stehst. Deine Knie zittern, der Mund ist voller Blut. Als deine Zunge über den kaputten Schneidezahn streicht, wimmerst du ungewollt und spuckst Schleim und Zahnsplitter aus. Alles an dir ist roh und empfindlich. So schleppst du dich über den Hinterhof und hältst dabei den Kopf gesenkt. Den linken Arm drückst du gegen den Bauch, als könnten deine Innereien jeden Moment herausfallen. Ey, Mann, dich hat's erwischt, Vietnam muss dagegen ein Witz gewesen sein. Das Heulen ist dir längst vergangen, zwischen den geschwollenen Augen siehst du nur einen Spalt, und durch diesen Spalt den Himmel. Das Licht hat sich verändert, die Nacht ist vorbei. Aber du lebst noch. Yo. Du lebst noch. Was für ein Scheißleben.

Du verlässt den Hinterhof orientierungslos, durchquerst einen Hauseingang und kommst auf die Sophie-Charlotten-Straße. Ein Typ mit einem Stapel Zeitungen in einem Rollwagen sieht dich an und sieht schnell weg. Du hinkst an ihm vorbei und nimmst die Abkürzung an der Autobahn entlang. Vor der Ampel stehen sie schon im Stau. Starren dich an. Starren dich an. Hau hier bloß ab, bevor einer von diesen Pennern einen Krankenwagen ruft. Ab nach Hause. Ab ins Bett.

Du nimmst die Treppe mit zusammengebissenen Zähnen und bleibst alle vier Stufen stehen, keuchst und stöhnst und spürst, wie es warm an deinem Bein herabläuft. Wenn das Pisse ist, Mann, dann hat deine Blase aber ein mächtiges Leck.

Als du vor der Wohnungstür ankommst, öffnet sie sich und die Stimme deiner Mutter sagt:

– Ich habe die ganze Nacht nicht geschlafen, ich---

– Ich auch nicht, unterbrichst du sie und schiebst dich an ihr vorbei.

Und dann sieht sie dich, dann sieht sie dich richtig an.

– Was ... oohooh!

Sie schlägt die Hände vors Gesicht und drückt sich an die Wand, drückt sich weg von dir, als könntest du ihr etwas von deinem Schmerz abgeben. Du ignorierst sie und willst weiter, doch da steht dein Vater. Mann, hört denn das gar nicht mehr auf? Da steht der Alte in seinen labbrigen Unterhosen, so blass und erbärmlich hast du ihn noch nie gesehen.

– Wo warst du?

Was für eine Scheißfrage, hat er denn keine Augen im Kopf? Du warst im Krieg, wie sieht das denn sonst aus? Sie haben dich aus Vietnam eingeflogen, nur dass sie keinen von diesen schwarzen Beuteln mehr übrig hatten. Ist das denn zu übersehen?

Dein Vater legt eine Hand auf deinen toten Arm, und das ist keine so gute Idee. Plötzlich spürst du, dass dein Arm gar nicht tot ist, sondern in Flammen steht. Du stöhnst auf, willst die Hand wegschlagen und brüllst plötzlich:
– FASS MICH NOCH EINMAL AN, FASS MICH NOCH EIN EINZIGES MAL AN, DANN VERPASS ICH DIR EINE, KAPIERT?
Dein Vater rührt sich nicht von der Stelle, er will dich festhalten, er schüttelt dich, da schlägst du zu. Mit der geballten Linken streifst du sein Gesicht, spürst die unrasierten Wangen, siehst ihn taumeln und zurückweichen.
– IST DAS OKAY? rufst du. REICHT DIR DAS?
Deine Mutter hat sich neben deinen Vater gestellt, ihre Hand liegt auf seiner Schulter, beide sehen dich regungslos an.
– Scheiße, sagst du leise und wendest dich ab.
Niemand hält dich den Rest des Weges auf. Niemand rennt dir hinterher und schlägt dir den Schädel ein. In deinem Zimmer fällst du aufs Bett. Irgendjemand schließt die Tür, dann herrscht Ruhe, absolute Ruhe.
Mensch, hast du es dem Alten gegeben!
Dein Körper zittert vor Erleichterung, die Schmerzen treten in den Hintergrund, werden dumpf, dumpfer, bis sie sich in eine glimmende Glut verwandelt haben. Wenig später bemerkst du deine volle Blase. Wohl doch kein Leck. Was ist dir dann vorhin nass am Bein runtergelaufen? Was auch immer es war, entweder du stehst jetzt auf oder du pisst das Bett voll.
Du lächelst schwach. MC hat es überlebt, Mann, MC ist wieder am Mikro. Yo. Und MC zieht das Kissen näher zu sich ran und seufzt, während es warm zwischen seinen Beinen herausfließt.

Du erwachst mit einem Kopf, der das halbe Bett einnimmt. Die andere Hälfte hast du meisterhaft eingepisst. Du rutschst angewidert vom nassen Laken und fällst auf den Boden.
Guten Morgen, du Idiot!
Der Sturz sprengt dir beinahe die Schädeldecke weg. Mann, so einen Kopf, so einen Kopf hast du noch nie gehabt. Nicht vom Trinken, nicht vom Kiffen, nicht einmal als dir dein Alter eine verpasst hat und du mit der Stirn gegen die Wand geknallt bist. Bamm! Zappenduster. *Nee.*
Die große Überraschung ist, dass es deinem Arm besser geht. Du hast zwar immer noch das Gefühl, dass an deiner Schulter ein paar Teile fehlen, es ist aber besser, als nichts zu fühlen. Du kannst die Finger bewegen, ohne vor Schmerz aufzuschreien. Das nennt man Fortschritt.
Nachdem du das Laken abgezogen und ein neues aufs Bett gespannt hast, hinkst du aus dem Zimmer. In der ganzen Wohnung ist es still. Um diese Zeit ist dein Vater auf dem Bau, deine Mutter hockt bei Aldi hinter der Kasse und deine Schwestern sitzen in der Schule. Dennoch bewegst du dich vorsichtig, als würde dein Vater jeden Moment hinter dem Sofa hervorspringen. Das war gestern Nacht nicht clever, Mann, das wird sich der Alte nicht gefallen lassen, nee. Aber was solltest du tun? Was konntest du tun? Genug ist genug ist gestrichen genug.
Richtig.
Und dann stehst du im Bad und siehst, was von deinem Gesicht übrig geblieben ist, und findest das verdammt uncool. So uncool, dass dir die Tränen kommen und du dich erst einmal auf den Wannenrand setzten musst.
Oh Mann, siehst du beschissen aus.
Nachdem du dich ausgeheult hast, probierst du zu pinkeln. Probierst ist das richtige Wort. Steht nicht irgend-

wo geschrieben, dass Pisse gelb ist? Deine Hoden brennen, die Knie zittern, das Wasser in der Kloschüssel färbt sich rosa und du spülst viermal, bevor du wieder in dein Bett zurückhinkst.
Nie mehr aufstehen, Mann, nie mehr.

Du erwachst, als es an der Tür klingelt. Vorhin war es halb zwölf, jetzt ist es kurz vor eins. Es sind keine zwei Stunden vergangen, und du Blödmann steigst doch glatt aus dem Bett und öffnest, ohne zu fragen, wer da klingelt. Es könnte ein Serienmörder sein, der seine Runde dreht. Aber so, wie du aussiehst, wäre es eine Gnade, wenn er dir eine verpassen würde, also lass ihn schon rein.
Es ist kein Serienmörder, es ist so ein Penner, den du mal kanntest und von dem du gehofft hast, ihn nie wieder zu sehen.
– Was willst du denn hier? sagst du und hast das blöde Gefühl, dass dir die Unterlippe gleich abfällt.
– Ich hab die Schnauze voll, sagt Locke.
– Prima, antwortest du und willst ihm eine verpassen. Der soll mal spüren, wie das ist, seine Schnauze voll zu haben. Aber dein Arm will nicht. Nicht der tote und auch nicht der gesunde. Alles, was du zustande bringst, ist ein Schlenker mit der Hüfte und dann fängt dich Locke auch schon auf.
– FASS MICH NICHT AN, DU SCHWULE SAU! brüllst du ihn an, aber er hält dich aufrecht und darüber solltest du eigentlich froh sein. Denn jetzt auf der Fresse zu landen, wäre echt kein Spaß. No.
– Und jetzt? fragt Locke.
– Lass mich los, sagst du leise und bleibst auf wackligen Knien stehen.

Ohne Locke noch einmal anzusehen, gehst du rein. Locke folgt und schließt die Tür hinter sich.

– Das war uncool, sagt er zum zehnten Mal.
– Kannst du laut sagen.
– Was sollte ich denn machen---
– Hast mich hängen lassen.
– Was sollte ich denn---
– Hättest die Clique rufen müssen.
– Ich ... ich bin durchgedreht, bin einfach durchgedreht.
Er zeigt dir seine aufgeschrammten Handflächen.
– Hab versucht, die Kette von einem Fahrrad abzureißen.
– Wozu das denn?
– Weiß nicht.
Locke starrt auf die Tischplatte.
– Das waren mehr als zehn, sagt er leise, Das war echt uncool, Cengiz, das war---
– Ach, vergiss es.
– Die hätten dich killen können, Mann, die hätten---
– Hör doch auf.
Es macht dir Spaß, ihn schmoren zu lassen. Natürlich wärst auch du abgehauen. Jeder mit Hirn wäre abgehauen. Zwei gegen zehn ist eine verdammt miese Quote. Locke soll das mal selber kapieren.
– Echt sorry, sagt er.
– Ich sagte, vergiss es.
Obwohl du keine große Lust auf eine Zigarette hast, quetschst du eine zwischen deine Ballonlippen und gibst dir Feuer.
– Hast du Eiswürfel da? fragt Locke.
– Im Kühlfach.
Locke steht auf, greift sich ein Geschirrtuch und holt die Schale mit Eiswürfeln aus dem Kühlfach. Du siehst ihm

zu, als wäre er in einem Werbespot. Er stellt sich an die Spüle und hämmert die Eiswürfel aus der Schale, dann wickelt er sie in das Geschirrtuch und hält das Ganze kurz unter Wasser.
– Hier.
Locke reicht dir das Geschirrtuch, du drückst es dir vorsichtig gegen ein geschwollenes Auge und sagst:
– Solltest Krankenschwester werden.
– Und du Stuntman.
– Hahaha.
Locke nippt von seinem Apfelsaft und grinst. Es ist echt eine Schweinerei, dass er nichts abbekommen hat. Sogar seine Locke sitzt wieder richtig.
– Scheißlocke, sagst du.
– Soll ich sie etwa abschneiden?
– Wär 'ne Idee.
– Scheißidee.
– Scheißlocke, Mann.
Locke zupft an seiner Locke, dann lacht er plötzlich. Du willst nicht, lachst aber doch mit und die Zigarette fliegt dir dabei aus dem Mund. Locke hebt sie auf und steckt sie dir wieder zwischen deine Ballonlippen.
– Alter, sagt er, Bald brauchst du einen Sabberlatz.
– Findest du, ja?
– Finde ich, ja.
– Blödmann.
Was auch immer zwischen euch gestanden hat, liegt jetzt auf dem Küchenboden und streckt alle Viere von sich. Ihr albert herum, ihr sagt, ihr werdet es den Yugos zeigen, die sollen sich mal vorsehen, das nächste Mal macht ihr sie fertig, kapiert?
– Ich hab mir ihr Gesicht gemerkt, sagst du und nickst, als hättest du eine Frage beantwortet.

– Wessen Gesicht? fragt Locke.
– Mensch, das von der Kleinen, die uns verpfiffen hat. Die mit dem Leberfleck am Kinn. Ohne sie hätten die Yugos mit Sicherheit nicht mitbekommen, dass ich es war, kapierst du?
– Voll kapiert, sagt Locke und du hast das Gefühl, dass er dir überhaupt nicht zugehört hat.
– Die Yugos wissen, dass ich es war, sprichst du weiter und kannst den Stolz in deiner Stimme nicht verbergen, Die sind noch lange nicht mit mir fertig, Mann, das sag ich dir, da bin ich mir hundertpro sicher. Mal aufpassen, dass die nicht herausfinden, wer noch dabei gewesen ist.
– Wobei?
– Na, bei der Schießerei.
– Ich saß doch nur neben dir.
– Hahaha.
Locke sieht dich an, er blinzelt nicht.
– Ich verpfeif dich nicht, beruhigst du ihn.
– Okay.
– Hast du das von mir gedacht oder was?
– Nee, sagt Locke und kratzt sich am Kopf.
– Wir sind so miteinander, sagst du und presst deine Handflächen zusammen, als könnte nichts zwischen euch kommen. Locke lacht, du grinst und weißt, dass du übertreibst, aber was soll's, kostet ja nichts. Lässig drückst du die Kippe aus und wechselt das Küchentuch auf die andere Seite.
– Und dass mir Marco davon ja nichts erfährt. Der bepisst sich doch vor Lachen, wenn er hört, dass ich aufgemischt wurde. Kein Wort, okay?
– Kein Wort, verspricht Locke und beginnt nervös auf seinem Stuhl rumzuzappeln. *Was auch immer ihn juckt,* denkst du, *er sollte sich mal kratzen.* Etwas geschmolzenes

Eis läuft dir über die Wange und bleibt als Tropfen an deinem Kinn hängen. Nachdem du ihn weggewischt hast, willst du's wissen:
– Wieso tauchst du hier überhaupt auf?
– Wollte sehen, wie es dir---
– Jaja, red mal keinen Scheiß, Locke, warum bist du hier?
Er schweigt und sitzt endlich still. Er kratzt sich die Finger und sieht dich nicht an. Locke ist einer von den Typen, die eine Glasscheibe zur Mutter haben. Der könnte dich nicht mal erfolgreich anlügen, wenn er dafür eine Million bekommen würde. Nicht Locke.
– Ich hab da was, sagt er schließlich, Von meinem Vater.
Du wartest, wahrscheinlich kommt jetzt eine tragische Geschichte, bei der du dir die Nase schnäuzen musst. Geigen und so. Aber nix da mit Tragik, denn jetzt liefert Locke dir einen Strip und zieht den Reißverschluss seiner Trainingsjacke herunter.
– Mach mal langsam, sagst du.
– Hier, sagt Locke, Das sollte reichen. Denn ich hab echt die Schnauze voll, in den Arsch getreten zu werden, und ich glaube auch nicht, dass es das gewesen war, gestern Nacht, verstehst du?
– Al*teeer!* sagst du gedehnt. Ist nicht wahr!
– Ist wahr.
Ihr seht euch über den Tisch hinweg an.
– *Das* gehört deinem Vater?
– Hat ihm gehört.
– Cool, sagst du und weißt ab dem Moment, dass die Yugos am Arsch sind.
– Die Yugos sind am Arsch.
– Yo, sagt Locke und lacht, Und wie die am Arsch sind, Mann.

Du berührst das Metall und erinnerst dich an die Nacht, in der du die Uzi hast tanzen lassen. Gut, dass dir in diesem Moment keiner zwischen die Beine schauen kann, denn du hast schon bei dem Gedanken an die Uzi einen Ständer. Kleiner Perverser oder was?
Du siehst Locke an.
– Das wird reichen, sagst du und streichelst das Metall, Das wird dicke reichen, Mann.

EIGENTLICH IST DEIN VATER OKAY, zumindest besser als gar kein Vater. Manchmal fragst du dich, wie es gewesen wäre, wenn er das Sorgerecht bekommen hätte. Würdest du anders denken, anders reden oder jemand anderes sein? Deine Mutter hat sich damals mit ihren Freundinnen zusammengetan und eine Menge Lügengeschichten über deinen Vater erfunden, die sie dem Gericht präsentieren wollte, falls er auch nur daran dachte, dich zu entführen. Er aber hat dich nie gewollt, und die Lügengeschichten wurden umsonst gesponnen. Jetzt siehst du ihn manchmal am Wochenende. Oder er ruft an. Das Telefon klingelt, deine Mutter hebt ab und niemand meldet sich. »Hallo?«, sagt sie und legt wieder auf. Du weißt, dass es dein Vater ist. Er hat es dir erzählt. Er will nicht mit deiner Mutter reden, weil er meint, das stürzt sie nur in Depressionen. Wenn der wüsste.
Kurz bevor dein Vater auszog, bist du in sein Zimmer gegangen. Du warst neun Jahre alt und hast überlegt, was ihn verletzen könnte. Dabei wolltest du ihn eigentlich nicht nur verletzen. Was du wolltest, war eine Reaktion. Irgendeine. Er sollte dich anschreien und schütteln. Alles war besser als dieses Schweigen zwischen euch. Deine Mutter quasselte pausenlos, dein Vater aber hielt den Mund.

Du brauchtest ein Souvenir, bevor dein Vater für immer verschwand. Eine Erinnerung. Für eine Weile standest du dann vor dem Schuhkarton, in dem sich seine Knarre befand. Dir fielen die Geschichten ein. Wie sich deine Eltern kennen lernten, als dein Vater in ihrer Bank als Wachdienst jobbte, um sich seine Doktorarbeit zu finanzieren. Wie er die Waffe geputzt und gepflegt hat. Und wie einmal zwei Typen die Filiale ausrauben wollten und dein Vater sie hinhielt, bis die Bullen kamen. Einen von ihnen hat er angeschossen und ihm die Kniescheibe zertrümmert. Aber das war okay, er war ja im Wachdienst, da macht man so was; und es war allemal besser, als dem Typen den Kopf wegzuballern. So einer war dein Vater nicht.

Du hast den Schuhkarton in deinem Zimmer hinterm Schrank versteckt. Dein Vater hat nie danach gefragt, er hat sich auch nie nach dem verschwundenen Skalpell erkundigt. Ihr hättet ihm alles nehmen können, er hätte es akzeptiert, denn er war einfach nur froh, aus der Wohnung raus zu sein. Vielleicht denkt er, dass deine Mutter die Knarre genommen hat. Vielleicht auch nicht.

Sechs Jahre später hast du dich gestreckt und den Schuhkarton hinter dem Schrank hervorgeholt. Du hast den Deckel aufgemacht und dort lag die Knarre auf einer gelben Schaumstoffunterlage. Immer geladen, hatte dein Vater gesagt, denn man wusste ja nie, wozu es gut war.

Du weißt jetzt, wozu es gut ist.

Das Gewicht liegt sicher in deiner Hand. Du schaust in den Lauf. Du berührst den roten Punkt über dem Griff. Dein Vater hat nicht gelogen. Alles ist ab jetzt möglich.

Und dann der Schock, als Cengiz die Tür öffnet. Zombies sind dagegen richtig sexy. Du musst dir einen Spruch

verkneifen, Mann, ein Spruch würde jetzt echt nicht gut kommen.
Cengiz' schräge Augen sind keine schrägen Augen mehr. Es sieht aus, als hätte er sich anstatt einer Brille zwei Donuts aufgesetzt. Und die Lippen, oh Mann, die Lippen sind der pure Alptraum, geschwollener geht's nicht. Wenn ihn jetzt jemand küsst, dann wird Cengiz' Kopf platzen. Mensch, haben die ihn fertiggemacht. Riechen tut er auch nicht gut. Ein wenig nach Pisse.
Du versorgst ihn mit einem Küchentuch voller Eiswürfel, du versorgst ihn mit der Knarre, dann fragst du wie nebenbei, was hier so nach Pisse stinkt.
– Keine Ahnung, sagt Cengiz und wartet noch eine Minute, bevor er sagt, er müsste sich schnell mal duschen.
Während du auf ihn wartest, schließt du die Augen. Mann, was würdest du für einen guten Plan geben? Du hast Cengiz die Knarre gebracht, weil es deine Art ist, dich zu entschuldigen. Ihr seid quitt. Typen wie Cengiz stehen auf Knarren, das sind die Spinner, die freiwillig zur Bundeswehr gehen und sich Silvester vor Freude in die Hosen machen. Du magst das Gefühl, eine Knarre zu halten, aber wenn du ehrlich bist, dann macht sie dir Angst. Nee, du brauchst so was nicht, was du brauchst, ist ein Plan. Einen ganz großen. Einen für Cengiz und dich. Rache. Es muss was getan werden, so eine Nacht darf nicht vorüberziehen, ohne dass was geschieht. Blöd, dass du die Clique nicht reinziehen kannst, aber Cengiz hat Recht, wenn Marco erfährt, was passiert ist, seid ihr die Lachnummer überhaupt. Und wie steht ihr dann da? Nee, lass mal stecken. Aber was willst du tun? Du bist doch nur ein Hemd mit einer Locke auf der Stirn. Du hast nichts zu bieten. Dein Musikgeschmack ist der letzte Mist, deine Klamotten kommen aus dem Quelle-Kata-

log; die neueste Welle zieht an dir vorbei und du paddelst ihr hinterher. Du bist nicht in, du bist nicht out. Du passt rein, das ist alles. Man sieht dich nicht zweimal an, niemand stößt sich daran, wenn du bei Rot über die Straße rennst, und niemand würde sich daran stoßen, wenn es dich nicht mehr geben würde. Sogar die Macker bleiben dir fern. Sie halten dich für ein wenig irre, mit so einem legt man sich nicht an, vergiss ihn. Das ist alles, mehr hast du nicht zu bieten. War schon clever, dass du an Cengiz drangeblieben bist, Mann, dass dich nichts davon abgehalten hat, hierher zu kommen. MC ist cool, MC hat Stil. MC am Mikro und du lässt die Scheiben kreisen. Auch wenn du ihn beim ersten Mal enttäuscht hast, wirst du es nächstes Mal wieder gutmachen. Die Knarre ist der Anfang. Dein Geschenk an ihn.
Als er dir wieder in der Küchennische gegenübersitzt, legen sich seine Hände um den Griff der Waffe. Er schwenkt sie nach links, zielt aus dem Fenster, er schwenkt sie nach rechts, zielt auf die Tür, dann richtet er den Lauf auf dein Herz.
– Bumm! kommt es dumpf zwischen seinen geschwollenen Lippen hervor.
Du greifst dir an die Brust und stirbst, wie es sich gehört. Sexy and cool.
– Wir brauchen einen Plan, sagt Cengiz und senkt die Waffe.
– Dasselbe habe ich auch gedacht, Mann, Plan wäre gut.
– Ist die überhaupt geladen? fragt Cengiz.
– Klar, die ist immer geladen.
– Mach keinen Scheiß!
– Ich mach keinen Scheiß. Mein Alter hat mal einem damit den Schädel weggeblasen. Der wollte die Bankfiliale

ausrauben und mein Alter hat ihn mit einem Kopfschuss zum Stehen gebracht.
– Zum Stehen ist gut. Hast du denn noch Muni?
– Noch zwei Clips.
– Ist das die Sicherung?
– Das ist sie.
Cengiz bewegt die Sicherung auf und ab, auf und ab.
– Die Knarre gehört dir, sagst du schließlich.
Cengiz sieht dich an. Er sieht dich lange an. Du hältst seinem Blick stand, dann sagt Cengiz trocken:
– Ich verstehe.

Ihr trennt euch ohne Plan. Ihr wollt die Sache nach Gefühl angehen. Dein Gefühl ist, dass ihr heftigst aufpassen müsst. Was Cengiz fühlt, ist dir nicht ganz klar. Eines ist aber sicher, er hat sich in die Knarre deines Vaters verknallt, alles andere ist ihm scheinbar nicht mehr so wichtig.
– Scheiß auf die Yugos, sagt er.
– Mach ich, sagst du und lachst.
Es ist kurz vor drei, als du die Wohnung verlässt. Draußen ist es so was von heiß, dass dir für einen Moment schwindelig wird. In der Danckelmannstraße holst du zwei eiskalte Pepsi und trinkst die eine mit drei Schlücken leer, danach bestellst du einen Döner und isst ihn im Laufen.
Dir kommt der letzte Tag vor wie der Startschuss für ein neues Leben. Angefangen mit dem Einbruch bis hin zu dem Moment, in dem ihr die Pillen geklinkt habt und euch die Yugos auflauerten. Daraus sollte mal jemand einen Film drehen, den würdest du dir sofort ansehen.
Zu Hause räumst du auf und füllst die Waschmaschine mit den Klamotten, die deine Mutter in der Badewanne

angehabt hat. Dann fällt dir ein, dass du ja noch den BH und den Slip in deiner anderen Hose hast. Du riechst an dem Slip und haust dich auf dein Bett, um dir einen runterzuholen. Danach schälst du Kartoffeln und legst sie in Salzwasser. Es ist beinahe ein Tag wie jeder andere. Du atmest noch, du fühlst dich gut, du legst die neue CD von *Underworld* auf und zappelst für ein paar Minuten durch die Wohnung. Nachdem du dir die Zähne geputzt hast, nimmst du den weißen Trainingsanzug mit den roten Streifen aus dem Schrank und ziehst ihn an. Als du aus der Haustür trittst, legst du einen betont lässigen Gang an den Tag.
Deine Clique wartet.

– Wir müssen reden, ist das Erste, was Marco zu dir sagt, als er eine Stunde später im Park auftaucht.
Mann, bist du froh, dass er seine Töle nicht dabeihat. Immer, wenn du die siehst, kriegst du eine Gänsehaut.
Marco entfernt sich mit dir ein paar Meter von der Clique. Die Blicke der Jungs folgen euch. Du bist dir sicher, dass Marco sich gleich entschuldigen wird, weil er mit Kollok einfach verschwunden ist. Du wirst die Entschuldigung mit Würde annehmen, mach dabei einen auf lässig und lass ihn sehen, dass dir so was nichts ausmacht.
– Was hast du für einen Scheiß gebaut, Mann? fragt Marco.
– Was---
– Denkst du, so ein Alarm geht von alleine los, was hast du nur für einen Scheiß gebaut!?
Du schluckst, du kannst es ihm nicht sagen, erwähn bloß nicht dein blödes Klopfen gegen die Scheibe.
– Nichts habe ich getan, sagst du.
– Bist du gegen eines der Fenster gekommen?

– Nee.
– Scheiße, Mann, was hast du nur getan?
Marco spuckt aus und steckt sich eine Zigarette zwischen die Lippen, er bietet dir keine an.
– Uns hätten die Bullen beinahe erwischt, sagt er, Ist dir das klar?
Uns erst, willst du antworten, hältst aber den Mund. Das mit dem Alarm war ein dummer Unfall, viel schlimmer ist, dass Marco und Kollok euch im Stich gelassen haben. Bring das mal an. Auch wenn du es verstehen kannst, ist es nicht fair gewesen. Marco ist der Boss, der Boss muss zu dir stehen, was auch passiert. Sie hätten zumindest abwarten können, was mit euch los ist und ob---
– Ich könnte dir die Fresse polieren, unterbricht Marco deine Gedanken, Weißt du das?
– Sorry.
– Und was sollte der Anruf? Du rufst mich mitten in der Nacht an und legst auf, was soll das? Warst du breit? Hast du dir was reingezogen und gedacht, jetzt verarsch ich mal den Marco oder was?
Sein Gesicht ist dir ganz nahe. Du kannst seinen Atem riechen.
– Was genau ist passiert?
Du spuckst es aus, auch wenn du Cengiz versprochen hast, deinen Mund zu halten, spuckst du es aus. Sonst verpasst Marco dir eine, hier und jetzt, so ein Gefühl hast du, wenn du in seine Augen siehst.
– Die ... die Yugos haben uns aufgelauert, die ... eins von ihren Mädchen muss sich Cengiz' Gesicht gemerkt haben, Mann, das ... das war eine Scheiße, sag ich dir. Die ... die haben Cengiz aufgemischt und mich laufen lassen. Der sieht jetzt aus, als wäre er in einen Mähdrescher reingeraten. Das ist passiert, Mann.

– Die Yugos haben ihn erkannt?
– Das eine Mädchen. So 'ne Kleine mit 'nem Leberfleck am Kinn. Sie war dabei, sie muss ihn gesehen haben, vor der Disko, glaube ich.
– Und wo ist er jetzt?
– Zu Hause. Mit der Fresse wagt der sich nie raus.
– Scheiße.
Marco schnippt seine Kippe weg und schaut zur Clique rüber. Du glaubst, seine Gedanken arbeiten zu hören, bis du kapierst, dass es ein Kinderwagen ist, der über den Schotter geschoben wird.
– Ich kümmer mich darum, sagt Marco, Aber wenn auch nur ein Mensch von dem Einbruch hört, dann könnt ihr was erleben, ist das klar?
Er sieht dich an.
– Klar, sagst du.
Damit lässt er dich stehen und kehrt zu den Jungs zurück. Du starrst auf den Boden und rammst die Spitze deines Turnschuhs unter einen losen Pflasterstein, wieder und wieder, bis er sich löst und du ihn in die Gegend kicken kannst.
Wieso hast du deinen Mund aufgemacht?
Weiß nicht.
Tickst du noch ganz richtig?
Keine Ahnung.
Als du zu den Jungs rübersiehst, ist Marco verschwunden.

MARCO

DU KOMMST DIR SEIT GESTERN ABEND pausenlos vor wie ein Idiot. Erst der vermasselte Einbruch, dann redet Elke nicht mehr mit dir, weil du sie im Dunkeln in der Wanne hast sitzen lassen, und schließlich das hier – Cengiz und Locke wurden von den Yugos hopps genommen. Schlimmer kann es nicht kommen. Wenn einer von denen die Klappe aufmacht und den Yugos steckt, dass Willi und du was mit der Ballerei vor der Disko zu tun hatten, dann mal gute Nacht. Und was, wenn Cengiz schon geplappert hat? Ja, was dann? Vergiss es, die Yugos hätten dich schon längst am Sack, wenn das so wäre. Dennoch hast du Panik, was nicht ist, kann ja noch werden. Am liebsten würdest du cool bleiben und nichts unternehmen, aber du hast kein Verlangen danach, von den Yugos ins Visier genommen zu werden. Das wäre absolut das Falsche. Auch dass du jetzt vor Kolloks Wohnung stehst und Sturm klingelst, geht dir mächtig an die Nieren. Kolloks Handy ist ausgeschaltet und sein Anrufbeantworter leiert immer wieder dieselben zwei Sätze herunter.

– Nun mach schon, Kollok, mach schon auf.

Du hämmerst gegen seine Tür, klingelst erneut, hämmerst vielleicht eine Minute wie blöd vor dich hin und dann ist mit einem Schlag die Luft raus. Du lehnst die Stirn gegen das Holz und gibst auf. Die Clique darf dich

nie so erleben. Dir ist zum Heulen, irgendjemand muss dich verflucht haben.
– Scheiße, sagst du und willst abhauen, da öffnet sich die Tür.
– Ach, du bist das.
Kollok ist nackt, er hat sich nur ein Handtuch um seine Hüfte gewickelt. Das Haar klebt an seinem Kopf und Wasser perlt ihm von der Brust und den muskelbepackten Armen.
– Warum machst du nicht auf? fragst du.
– Wie sieht das für dich aus? fragt er zurück. Ich hab geduscht.
– Scheiße, Mann, sorry.
Du schiebst dich an ihm vorbei, wirfst dich aufs Sofa und wartest, dass Kollok sich anzieht. Erst als er dir eine Dose Eistee in die Hand drückt, beginnst du zu erzählen.

– Und wieso kommst du damit zu mir? fragt Kollok danach.
Du siehst ihn an, als hätte er dir eine gescheuert.
– Wie ... wie meinst du das?
– Ich meine, wieso gehst du nicht zu Willi oder René? Du und René, ihr seid doch die Obermacker, macht es unter euch aus. Was habe ich schon mit der Schießerei vor der Disko zu tun?
Nichts, würdest du ihm am liebsten antworten, *außer dass ich gestern Nacht wegen dir zwei von meinen Jungs habe hängen lassen, beide danach von den Yugos geschnappt wurden und mich mächtig in die Scheiße reiten könnten, falls sie das Maul aufreißen.* Du sagst aber nichts davon. Du siehst Kollok nur an, dann antwortest du:
– René kommt erst im August aus Holland zurück und Willi hat genug mit seiner Familie zu tun, da kann ich

nicht hin. Vergiss es, wenn du glaubst, dass du damit nicht zu tun hast ...

Du setzt die Dose mit einem Knall auf dem Tisch ab und stehst auf. Kollok lacht und sagt:

– He, mach mal langsam. War doch nicht so gemeint, setz dich wieder, komm schon, setz dich wieder.

Du zögerst, denn du weißt, dass du in Kolloks Ansehen gerade um zehn Zentimeter geschrumpft bist. Die Balance stimmt nicht mehr, alles stimmt nicht mehr, dennoch setzt du dich, während Kollok sich ein Bier holt, dir gegenüber Platz nimmt und ihr zusammen überlegt, wie ihr die Chose am besten angeht.

Eine Stunde später hast du zwei Anrufe hinter dir und wartest im Park. Der linke Arm liegt auf der Rückenlehne, die rechte Hand auf dem warmen Holz der Parkbank. Einige Meter entfernt steht Tadi mit ein paar Jungs aus seiner Clique und diskutiert so laut, dass du beinahe jedes Wort verstehst. Würdest du die Sprache kennen. Nein, danke.

Tadi ist älter als du und kam vor zwei Jahren mit seinem jüngeren Bruder und der Mutter nach Berlin. Du weißt nicht, ob ihn hier seine halbe Verwandtschaft erwartet hat oder ob sich die Clique rein zufällig um ihn herum bildete. Auf jeden Fall hat Tadi bei den Yugos das Sagen.

Ihr habt euch vom ersten Tag aneinander gerieben. Tadi ist ein Macker und findet, dass ihr Deutschen in Charlottenburg nichts verloren habt und lieber nach Spandau ziehen solltet. Ausgerechnet nach Spandau, Mann. Und du bist genau so ein Großkotz, der keine Lust auf eine Clique von Yugos hat, die sich aufspielen, als wären sie die Kings.

Aber nicht nur dir geht es so. Seit die Flüchtlinge in Berlin reingeplatzt sind, hat keiner mehr ein gutes Wort für die Yugos übrig. Besonders in Charlottenburg haben sie sich breit gemacht. Macker durch und durch. Sie stehlen euch die Show, wollen eure Mädchen und das Sagen im Bezirk haben. Nee, mit den Yugos wirst du nur warm, wenn ihr euch schlagt.
Natürlich gibt es auch witzige Momente, Mensch, das sind ja auch nur Typen, aber die witzigen Momente werden schnell zu gar nicht so witzigen. Wie zum Beispiel letzten Sommer auf dem Platz im Lietzensee. Alles relaxt. Hier kam mal einer dazu, da kam mal einer dazu, und plötzlich hattet ihr zwölf Mann auf dem Platz, der dafür viel zu eng war, aber was sollte es, der Ball rollte; und wer es genau nahm, konnte sagen, dass links die Yugos standen und rechts eure Clique. Es hatte sich so ergeben, und das Spiel lief klasse und bestand aus dem üblichen Rumgeschubse, den üblichen Beleidigungen – bis einer das Falsche sagte. Keine Ahnung, wer das war. Einer von euch, einer von denen, war auch egal. Ein Foul, dann ein zweites, ein aufgeschürftes Knie, jemand humpelte, jemand fluchte. Die Schüsse landeten von da an nicht mehr im Tor, sondern in den Gesichtern, aus Beleidigungen wurden Drohungen und zum Schluss seid ihr mit hochgezogenen Schultern und geballten Fäusten vom Platz gegangen.
Trotz der unzähligen Zusammenstöße und Keilereien sitzt du jetzt hier und wartest darauf, dass Tadi sich von seiner verdammten Clique löst und zu dir rüberkommt. Dein Problem ist, dass dir der berühmte Arsch ernsthaft auf Grundeis geht. Dein kleiner Auftakt mit der Uzi war im politischen Sinne eine brillante Aktion, die sich an Dämlichkeit nicht übertreffen lässt. Angst. Du wolltest

Angst verbreiten und du weißt, dass es gewirkt hat. Jetzt ist aber eine Angst daraus geworden, die in zwei Richtungen arbeitet. Der Wagen hatte getönte Scheiben, nur Cengiz' Fenster war runtergekurbelt.
Was aber, wenn ihr dennoch erkannt wurdet?
Hätten die Yugos so lange stillgehalten?
Und was, wenn Cengiz gestern doch gesungen hat?
Um das herauszufinden, sitzt du hier und checkst die Lage.
Du schaust nach links. Kollok steht irgendwo am Gefallenendenkmal. Auch wenn du ihn jetzt nicht sehen kannst, ist es beruhigend, ihn dort zu wissen. Du schaust wieder nach vorne, Tadi trennt sich von seiner Clique und schlendert rüber. Er setzt sich neben dich auf die Parkbank, ohne Hallo zu sagen. Nur ein kurzes Nicken, dann weichen seine Augen wieder aus.
– Alles okay? fragt er nach einer langen Pause.
– Geht so, sagst du.
– Aha.
Du beißt dir auf die Unterlippe. Wie würde Tadi reagieren, wenn du ihm jetzt erzählen würdest, dass du bei der Schießerei mit dabei warst? Ja, was würde er tun, wenn er wüsste, dass die ganze Chose deine Idee gewesen war? Und wie das kam? Ein wenig Mut angetrunken, ein wenig Mut angekifft, so kam das. Angst, alles der Angst wegen. Angst und Respekt und eine Uzi, die du billig bekommen hast.
– Geht um den Chinesen, was? sagt Tadi.
– Mongole, antwortest du.
– Oh.
Pause. Schweigen. Noch mehr Schweigen, dann sagt Tadi:
– Sag mal, stell ich hier die Fragen oder du?
– Ich, sagst du.

– Dann mach mal.
Du nickst, obwohl er es nicht sehen kann, denn er schaut auf den Spielplatz, als würde ihm eines der Kinder dort gehören. Vielleicht ist das so. Wieso sollte er mit einundzwanzig kein Kind haben? Du versuchst zu erraten, welches es sein kann, dann fällt dir ein, weswegen du eigentlich hier sitzt. Mensch, bist du fertig. Vielleicht solltest du mit dem Kiffen etwas kürzer treten, Mann, dein Gedächtnis erinnert an ein durchlöchertes Moskitonetz.
– Ich wollte nur sagen, dass ich mich um den Jungen kümmern werde.
Tadi hebt die Schultern.
– Haben wir schon, sagt er.
– Ja, aber---
– Mit dem sind wir quitt, vergiss es.
Und was ist mit den anderen? möchtest du fragen, hältst aber deinen Mund.
– Um den andern, sagt Tadi und spuckt zwischen seine Füße, Um *den* werden wir uns noch kümmern, da kannst dir sicher sein.
– Welchen andern? fragst du naiv.
– Na, der aus dem Auto. Oder denkst du, die Karre fuhr von alleine?
– Nee, sagst du und möchtest vor Erleichterung laut ausatmen.
– Falls du Hilfe brauchen solltest ...
Du sprichst nicht zu Ende, denn Tadi lacht.
– Wieso lachst du?
– *Du* willst *uns* helfen, sagt er, Alter, in welcher Zeit lebst du eigentlich? Geh und grab dir ein Loch.
Damit steht Tadi auf und kehrt zu seiner Clique zurück. Du siehst ihnen hinterher, wie sie im Park verschwinden. Mensch, bist du erleichtert. Diese verdammte Yugos wis-

sen nichts, rein gar nichts. Auch wenn du nicht völlig aus der Schusslinie bist, geht es dir schon viel besser.

– Und?

Kollok ist von links aufgetaucht, Schultern hochgezogen, die Hände tief in den Taschen seiner Jacke.

– Wir müssen mit Cengiz reden, sagst du.

– Und was ist mit dem Pickelgesicht?

– Locke hält dicht, den habe ich im Griff, aber bei Cengiz weiß ich nicht Bescheid, der ist mir ein Rätsel. Kommst du mit?

– Geht mich eigentlich nichts an ...

– Lass mich nicht hängen, Mann.

– ... aber ich tu's für Willi, okay?

Kollok und Willi sind Familie. Willi ist mit Kolloks Schwester zusammen, und seit der Geburt des Babys nennt sich Kollok Patenonkel.

– Danke, sagst du und stehst auf.

– Und wo wohnt Cengiz? fragt Kollok.

– Gute Frage.

DU ERWACHST MIT EINEM SCHRECK, als irgendwo in der Wohnung eine Zimmertür zuschlägt. Für einen langen Moment weißt du nicht, warum du im Bett liegst oder was für ein Tag heute ist. Dann kriecht die letzte Nacht aus deiner Erinnerung hervor und du stöhnst ungewollt auf.

Scheiße.

Draußen ist es noch hell. Du siehst auf die Uhr. 17:44. Wann ist Locke gegangen? Du stehst auf. Dein Gesicht fühlt sich noch immer roh an, der Rest scheint fit. Und hungrig bist du, Mensch, du hast das Gefühl, seit einer Woche nichts gegessen zu haben. Zieh dir aber erst mal was Vernünftiges an, du siehst aus wie der letzte Penner. Dein Hemd ist vom Schlaf völlig zerknittert.

Du ziehst dich um und verlässt dein Zimmer. In der Wohnung riecht es nach Gulasch, hinter der verschlossenen Tür deiner Schwestern dudelt Musik und das Wohnzimmer ist leer. Du findest deine Mutter in der Küche, wo sie gerade dabei ist, das Waschbecken auszuwischen.

– Hi, sagst du.

Sie dreht sich nicht um. Krummer Rücken, Tuch überm Haar, keine Strähne schaut hervor. Manchmal hast du das Gefühl, deine Mutter ist hundert Jahre alt. Auf dem Esstisch steht ein Teller mit Besteck, ein Brotkorb mit

Fladenecken und zwei Töpfe auf Untersetzern. Du hebst die Deckel an. Nudeln. Gulasch.
– Habt ihr schon gegessen? fragst du.
Endlich. Deine Mutter wendet sich dir zu. Sie sagt:
– Du isst allein.
– Was?
Sie trocknet sich die Hände am Geschirrtuch ab und sieht dich dabei unverwandt an. Das Rascheln des Stoffs in ihren Händen ist erschreckend deutlich zu hören. Irgendwas stimmt hier nicht, Mann, das ist ja der reinste Horrortrip. Diese Frau sieht dich an, als würde sie dich nicht kennen. Du willst sagen: *He, Mama, ich bin's, dein Cengiz!* Doch das wäre albern, wer sagt denn so was zu seiner eigenen Mutter? Also was zieht die Alte denn für eine Nummer ab, hat sie Twin Peaks einmal zu oft gesehen oder was?
– Iss, sagt deine Mutter und geht an dir vorbei.
Dazu fällt dir nichts ein. Du hörst, wie der Fernseher im Wohnzimmer anspringt, und stehst verloren in der Küche. Dein Hunger ist verschwunden, automatisch setzt du dich an den Tisch und beginnst zu essen. Du hast kein gutes Gefühl und hoffst, dass sich der Stress in den nächsten Tagen legt. Lange hältst du das nicht aus. Dein Magen brennt jetzt schon und da ist der Geschmack von Galle in deinem Mund. War doch klar, dass es Auswirkungen hat. Niemand legt sich mit deinem Alten an, ohne dass es Folgen gibt. Deine Mutter wagt es ja nicht mal, ihm gegenüber auch nur ihre Stimme zu erheben. Und du hast mehr getan, Mann, du hast dem Alten eine verpasst. Das war ein Treffer, den wirst du nie vergessen und den wird *er* nie vergessen. Was ist los, macht dich der Gedanke nervös, dass er es nie vergessen wird? Keine Panik, Mann, du bist MC, eine neue Ära hat angefangen, soll der Alte mal ruhig kommen. Oder?

18:04 und du sitzt wieder in deinem Zimmer und hast irgendwie Schiss vor der Knarre. Und irgendwie willst du sie am liebsten auseinander nehmen, wie das die Typen im Film immer machen. Auseinander nehmen und dann ölen oder so und dann wieder zusammenbauen. Aber, Scheiße, Mann, wie du dein Glück kennst, nimmst du die Knarre auseinander und bekommst sie nie wieder zusammen. Und das wäre peinlich. Stell dir vor, du musst diesen Spinner Locke anrufen, um ihn zu fragen, wie man das macht. No. Verdammt peinlich. Lass die Knarre lieber so wie sie ist.
Trainieren ist dagegen okay. Das kannst du auch mit einer Waffe machen, die nicht geputzt ist. Du willst herausfinden, wo du die Knarre am besten tragen sollst. Hinten stört dich. Du hast das Gefühl, sie rutscht dir jeden Moment in die Arschritze. Das muss ja nicht sein. Und vorne ist es dasselbe Gefühl. Außerdem ist dir das zu nahe am Sack, du willst dein Ding noch eine Weile behalten, Mann.
Du probierst es mal links, mal rechts. Du klemmst die Knarre zwischen Hose und Hüfte und ziehst. Schneller und schneller. Nicht übel, was? Aus dir kann noch was werden. Yo. Als du aber versuchst, mit der Knarre an der Hüfte im Zimmer rumzulaufen, kapierst du, dass das Schwachsinn ist. Es drückt wie Hölle und sieht auffällig aus. Also am besten doch hinten. Du ziehst den Gürtel enger, jetzt klappt es ganz gut, da hättest du auch früher drauf kommen könnnen.
18:17 und du steckst dir den Lauf in die Nase. Die Knarre riecht gut. So nach Metall und ein wenig nach Schießpulver. Das ist also die Knarre, die mal einem Typen den Kopf weggeblasen hat. So einen Schuss kriegst du nie hin, außer du setzt dir das Ding an die eigene Schläfe. No.

Du schiebst die Knarre unter deine Matratze, nimmst sie wieder raus, legst sie in deinen Kleiderschrank, nimmst sie wieder raus, und entscheidest dich für dein Kissen. Du willst auf dem Ding schlafen. Du willst die Träume der Knarre teilen. Ja, das ist gut, die Träume einer Knarre teilen, das hat Stil.
18:29 und es ist so weit. Dein Vater kommt um halb sieben von der Arbeit, da könnte Gott die Uhr nach stellen. Du hörst durch die Zimmertür, wie die Stimmen deiner Schwestern laut werden, hörst sie mit deinem Vater reden. Deine Mutter kommt hinzu und dann hörst du Lachen und musst für einen blöden Moment ein Heulen unterdrücken. Scheiße, bist du wütend. Dein Gesicht ist ein Massaker, dein Stolz im Keller und die da draußen lachen. Um dich abzulenken, legst du eine CD von *Mind Fuck* ein. Das ist gut, das zieht, das hämmert den Arschgeigen die Gehirne weg. Sollen die mal ruhig lachen. Du schmeißt dich aufs Bett und verschränkst die Hände hinterm Kopf. Du bist bereit. Du kochst. Kommt nur.
Niemand kommt.
Deine Finger tasten über die Schwellungen in deinem Gesicht. Ein paar Tage wirst du es schon aushalten müssen, bevor du dich auf die Straße wagst. Vorhin hast du im Bad vor dem Spiegel gestanden und dir hier und da Creme draufgeschmiert. Keine Ahnung, ob das was hilft, auf jeden Fall hat es gekühlt und das war prima. Yo, höchstens drei Tage gibst du der ganzen Chose, mehr nicht. Dann ist das Wochenende vorbei und du musst in die Schule. Das Wochenende über bleibst du am besten im Bett, hörst Musik und schiebst einen Lockeren. Und solltest du dich langweilen, dann hast du ja die Knarre.
Du grinst.
Ja, ich hab die Knarre.

Du bist weggenickt und wachst auf, weil die Musik abrupt endet. Dein Vater steht im Zimmer. Er trägt nicht seine labbrigen Unterhosen, er hat auch nicht seine Arbeitsklamotten an. Schwarze Bundfaltenhose, gestreiftes Hemd, dunkle Weste. Der Alte ist auf dem Weg in seinen Klub, um Karten zu spielen.
– Hi, kommt es beinahe krächzend aus deinem Mund.
Vorhin warst du bereit. Wut. Du wolltest es mit dem Alten aufnehmen, ihm Paroli bieten, Scheiße, du bist ja nicht mehr zehn, dich soll keiner mehr rumstoßen, dem verpasst du eine und das war's für ihn. Yo. Da kann dein Alter so lange auf dich eintreten, wie er will, das juckt dich nicht mehr, da stehst du jetzt drüber. Besonders nach der letzten Nacht, da muss schon ein verdammter Panzer auf dich zurollen, damit du Angst bekommst.
All diese Zuversicht ist jetzt verschwunden. Sie hat sich in ein winziges Tier verwandelt und ist unter dem Türspalt nach draußen geflohen. Du spürst, wie dir der Unterkiefer zittert und dein Puls sich beschleunigt.
Scheiße, der Alte macht mich fertig, der---
Dein Vater zieht den Stuhl unter deinem Schreibtisch hervor. Er kehrt die dreckige Wäsche auf den Boden und stellt den Stuhl direkt vor dein Bett. Du richtest dich auf den Ellenbogen auf und rutschst so weit hoch, dass dein Kopf die Wand berührt. Unter deinem Hintern spürst du die Knarre hart durch das Kissen hindurch.
Der Alte setzt sich. Er sitzt nach vorne gebeugt, Hände verschränkt, und nimmt keine Sekunde den Blick von dir.
– So sehen die Dinge aus, sagt er, So und nicht anders.
Und dann beginnt er die Dinge an seinen Fingern abzuzählen:
– Wer auch immer du warst, das kannst du jetzt vergessen. Deine Mutter wird für dich kochen, deine Wäsche

waschen und dir Geld hinterlegen. Du hast kein Recht mehr, mit uns am Tisch zu sitzen. Du hast kein Recht mehr, dich mit uns zu unterhalten. Sobald du achtzehn bist, packst du deine Sachen und verschwindest von hier. Bis dahin verhältst du dich unauffällig. Du warst mein Sohn, du warst der Sohn deiner Mutter und der Bruder deiner Schwestern. Ab jetzt kennt niemand mehr deinen Namen und niemand wird ihn mehr aussprechen. Sollte einer der Verwandten davon erfahren, bringe ich dich eigenhändig um. Wage es nicht, den Namen der Familie in den Schmutz zu ziehen. Ich denke, das ist alles.

Ja, das ist alles. Dein Vater ist beim zehnten Finger angelangt. Er steht auf, schiebt den Stuhl wieder unter den Schreibtisch und verlässt dein Zimmer.

Du starrst auf die Stelle, wo er gesessen hat. Nur der Haufen dreckiger Wäsche auf dem Boden erinnert noch daran. Du starrst so lange, bis die Dämmerung sich in das Zimmer schleicht und die Wände blau färbt. Stunden sind vergangen. Zögernd wird es Nacht, während du noch immer auf dem Bett sitzt und dich versteinert fühlst.

Irgendwann löst sich der Bann. Es ist dunkel in deinem Zimmer. Du greifst unter das Kopfkissen und holst die Waffe hervor.

– Ich heiße Cengiz, sagst du leise, Ich heiße Cengiz, MC Cengiz, verdammt noch mal!

An diesem Abend kommt niemand mehr in dein Zimmer.

Keine deiner Schwestern stürmt rein, um dich was zu fragen; deine Mutter will nicht wissen, ob du schon schläfst; und falls das Telefon klingelt und jemand dich sprechen will, erfährst du es nicht. Es ist die erste Nacht in deinem Leben, die du mit einer Waffe an deiner Wange verbringst. Es ist die erste Nacht, in der du ihre Träume teilst.

IHR PENNT VOR LANGEWEILE BEINAHE EIN, während *Lenny Kravitz* aus den Boxen schreit. Es ist halb sieben und Simon schlägt vor, sich auf die Wiese zu setzen und eine Runde Karten zu spielen. Doch keiner hat Lust, sich von der Parkbank wegzubewegen. Eric sagt, heute Abend gibt's schon wieder nichts Gutes im Fernsehen, worauf du ihn fragst, wann es mal was Gutes im Fernsehen gegeben hat. Alles, was ihr euch ansehen wollt, holt ihr aus der Videothek, da kann das Fernsehen euch mal von hinten sehen.

– *Fight Club* war klasse, sagt Alex.

– Der war irre, sagst du.

– Vielleicht seid ihr alle nur meine Fantasie, sagt Ulrich.

– So viel Fantasie hast du nicht, sagt Eric.

– Nie im Leben, sagt Simon.

Ihr seid zu sechst und es ist kein Mädchen in Sicht. Es ist zu heiß, um durch die Gegend zu laufen; es ist zu heiß, um sich zu unterhalten; was man auch tut, es ist zu heiß. Alex hat die Schnauze voll von *Kravitz'* Gejammer und fummelt eine neue Kassette in den Ghettoblaster, den Rico mit der linken Hand auf dem Geländer der Parkbank balanciert.

– Wenn dir das Ding runterfällt, Alter, sagt Alex.

– Was dann? will Rico wissen.

– Dann haben wir keine Mucke mehr, Mann.
– Ist mir doch egal.
– Wem gehört denn das Ding, dir oder mir?
– Mir, sagt Rico.
– Na siehst du.
Du kannst es kaum glauben, was die Jungs heute für einen Schwachsinn reden. Etwas Funkiges hämmert aus den Boxen, Alex schnippt mit den Fingern, eine Oma ruft euch irgendwas zu, Ulrich wackelt mit den Hüften und setzt sich wieder.
– Scheißgegend, sagt er.
Keiner reagiert, du unterdrückst ein Gähnen. Dann umfliegt einen Wespe einen nach dem anderen, und ihr habt nicht den Nerv, sie zu verscheuchen. Eric probiert, sie wegzuspucken, und Simon haut ihm dafür auf den Hinterkopf.
– Hör mal auf rumzusabbern, Mann, davon wird einem ja schlecht.
Eric zieht ein Gesicht, ihr anderen kichert vor euch hin und macht Würgegeräusche. Schließlich verkündet Rico, das wäre es gewesen, er hätte so einen tierischen Durst, das könntet ihr euch gar nicht vorstellen, nee, das könntet ihr nicht. Kaum hat er es ausgesprochen, spürt jeder von euch, was für einen tierischen Durst er hat, und ihr versucht einander mit Sprüchen zu überbieten.
Vier Minuten später lauft ihr durch die klimatisierten Gänge von Kaisers und kauft ein. Deine Trainingsjacke ist ideal dafür, der Bund straff und dehnbar. Du kannst dir eine ganze Ladung in die Ärmel schieben und es fällt nicht auf. Nur mit den Armen rumwedeln geht nicht mehr, sonst fliegt die Chose durch den Raum.
Links kommen drei Lion rein, dazu ein paar Packungen Big Red und ein Faserstift, den du schon immer mal aus-

probieren wolltest. Rechts hast du den Platz für eine Dose Pepsi und eine Packung Käsestangen reserviert. Scheiße, ist die Pepsi kalt. Du rammst dir die Hände in die Hosentaschen, so ist der Einkauf gesichert, und checkst deine Frisur in einem der Spiegel. Locke okay, alles okay.
Jeder kümmert sich beim Einkauf um seinen Kram. Der eine um Zigaretten, der andere um Süßes oder was ihm auch liegt. Wenn ihr einkauft, ignoriert ihr einander. Das ist professionell, Mann. Alex schleppt immer nur Obst an. Wegen der Vitamine, sagt er, denn ohne Vitamine wäre bald Feierabend, was auch immer das heißt. Einmal hat er eine Ananas unterm Pullover rausgeschmuggelt, aber lecker war die nicht.
Der Alibieinkauf ist immer eine Kleinigkeit pro Person. Ihr wollt ja nicht auffallen, ne. Du nimmst ein Duplo, vor dir steht Simon mit zwei Äpfeln auf dem Fließband.
– Hast du jetzt 'ne Macke wie Alex? fragst du.
– Nee, die sind für meine Mutter.
– Mutter an meinem Arsch, meldet sich Ulrich hinter dir.
– Pass auf, was du sagst, warnt ihn Simon.
– Jaja.
Du siehst nach rechts zu den anderen Kassen und verschluckst dich.
– Na, ihr Penner?! sagt einer der Jungen.
Sie sind zu fünft, gegeltes Haar und fetzige Trainingsanzüge. Sie stehen genauso blöd wie ihr in der Schlange. Zum Glück wartet ihr nicht an derselben Kasse.
– Na, ihr Wichser, begrüßt sie Alex, Seid ihr mal wieder am Klauen?
Einer der Yugos zeigt ihm den Finger und fragt zurück:
– Und ihr? Habt ihr wieder Ausgang oder was?
– Nee, wir wollten nur schauen, ob ihr noch atmet.

– Atem gut.
– Das riecht man, sagt Eric und hält sich die Nase zu.
– Blöde Pisser!
– Wichser!
– Scheißdeutsche!
– Scheißyugos!
Ihr rückt in der Schlange ein Stück vor.
– Ihr macht 'n Einkauf für Mami, was? sagt einer der Yugos.
– Nee, wir sammeln für Bosnien, antwortet Rico und ihr bepisst euch vor Lachen.
– Äpfel für Bosnien, sagt Simon und hält seine zwei Äpfel in die Luft.
– Willste eins auf die Fresse, Alter? Ich wart draußen auf dich, okay, hörst du, okay?
– Klar, sagt Eric grinsend. Wir alle warten draußen auf dich, Yugo.
– Könnten wir mal? fragt die Kassiererin.
Simon legt die Äpfel wieder auf das Fließband.
– Dich kenn ich doch, sagt einer der Yugos.
Du senkst den Blick und studierst dein Duplo ganz intensiv, als würde dein Leben von dem neuesten Abziehbild abhängen.
– He, Locke, der meint dich.
Du zuckst mit den Schultern und siehst die Kassiererin an. Sie wartet, dass Simon sein Geld herauskramt, und bemerkt deinen Blick. Du schaust schnell wieder weg. Ulrich schnipst gegen dein Ohrläppchen und sagt zu den Yugos:
– Klar kennst du Locke, das ist unser Mann bei Unicef. Locke ist stadtbekannt für seine Dienste, ihr könnt ihn mieten, vielleicht bringt er euch ja etwas Deutsch bei.
– Sehr komisch, sagst du.

– Scheißdeutsche! sagen die Yugos beinahe gleichzeitig.
– Scheißyugos! murmelt ihr zurück.
– Ey, schauen Sie mal, Frau Kassiererin! ruft plötzlich einer der Yugos laut. Die klauen alle, die haben die Taschen voll, checken Sie die mal!
– Nee, werfen Sie mal lieber einen Blick in die Jacken von den Pennern dort! ruft Ulrich der anderen Kassiererin zu. Die haben da den halben Laden drin.
– Neenee, gucken Sie mal, wie komisch die laufen---
– Passen Sie auf, die klauen mehr, als sie tragen kön---
– Könntet ihr mal die Schnauze halten!
Es wird still, eure Kassiererin sieht erst die Yugos, dann euch an.
– Wie soll ich bei so einem Lärm arbeiten?
– Sorry, murmelt ihr.
– Wäre das alles? fragt dich die Kassiererin und zieht das Duplo durch den Scanner. Oder hast du dir auch die Taschen voll gepackt?
Du wirst feuerrot und schüttelst den Kopf, du findest sie nett und bereust es, dass deine Ärmel voll mit Zeugs sind.
– Nee, sagst du, Nur das Duplo.
– 35 Pfennig.
Du gibst ihr eine Mark, spürst, wie ihre Finger deine Finger berühren, als sie dir das Wechselgeld zurückgibt, dann bist du weg von der Kasse und stehst draußen. Simon wartet schon auf dich. Er hat sich eine Lift aus dem Jackenärmel geschüttelt und knackt sie.
– Auch einen Schluck?
– Nee, ich hab Pepsi.
– Scheißyugos.
– Da kommen sie.
Und sie kommen mit deinen Jungs im Schlepptau. Rumgeblödel und Sprüche. Aber niemand berührt sich. Ihr

könnt einander ins Gesicht schreien, ihr könnt so wüst reden, wie ihr wollt, aber berühren ist nicht. Einer der Yugos wirft dir ein paar Groschen vor die Füße, damit sollst du zum Friseur gehen. Die anderen Yugos wiehern und du trinkst von deiner Pepsi und kneifst die Augen zusammen, als ob dich die Sonne blenden würde. Ulrich ruft was, Alex kickt die Groschen über die Straße und dann steht einer von den Yugos ganz nahe bei dir. Du hast es überhaupt nicht mitbekommen und verschluckst dich an deiner Pepsi. Der Yugo zwinkert dir zu. Du kannst ihn riechen. Irgendein teures Parfum. Der Yugo beugt sich vor, bis du seine Stimme an deinem Ohr hörst.
– Sag deinem Kumpel, wir sind quitt, okay?
Du siehst ihn verwirrt an, wovon redet er?
– Ist besser, als von den Bullen erwischt zu werden, kapiert?
Und in dem Moment kapierst du. Es ist wie eine Erleuchtung. Du nickst und nickst, als wärst du einer von diesen religiösen Idioten, denen Jesus auf den Fuß getreten ist. Die Yugos haben die Sache auf ihre Art gelöst. Keine Bullen, nur eine Abreibung und ihr seid quitt.
– Danke, murmelst du, und der Yugo verschwindet in seiner Clique.
– Alles okay? fragt Eric. Was wollte der Penner?
– Vergiss es, sagst du, Hauen wir hier ab.
Die Yugos pfeifen euch hinterher, ihr dreht euch nicht um.

Im Park breitet ihr die Beute auf einer der Tischtennisplatten aus und jeder nimmt sich, worauf er Lust hat.
– Eines Tages mischen wir die auf, sagt Alex.
– Jaja, red mal, sagt Rico.
– Ich red nicht nur, Alter, ich bin bereit.

– Scheiße bist du.
– Was soll das, denkst du, ich lass mir alles bieten?
– Mach mal halblang, ich bin nicht dein Feind, okay?
– Okay, okay.
Du kaust auf einem Lion herum und fragst dich, ob du das alles Cengiz erzählen solltest. »Wir sind quitt«, hat der Yugo gesagt. Quitt, zieh dir das mal rein. Doch mit jeder verstreichenden Minute spürst du, wie die Erleuchtung von dir weicht. Eine halbe Stunde später bist du auf dem Weg nach Hause und kannst dich nicht erinnern, was du daran so fair fandest, dass die Yugos euch *nur* aufgemischt haben. Als ob Cengiz oder du Angst vor den Bullen hätten. Als ob.

Die Wohnung riecht normal. Angebratene Zwiebeln und der Duft von heißem Käse. Deine Mutter steht auf dem Balkon und raucht. Für einen Moment hast du die Chance, sie einfach nur zu betrachten, wie sie dort am Geländer lehnt und auf die Straße hinunterschaut. Sie hat garantiert gesehen, wie du ins Haus reingekommen bist.
Erst als sie ihre Kippe von sich wirft, klopfst du gegen den Türrahmen und sie dreht sich zu dir um. Ihr Gesicht ist starr, ohne eine Regung. Du wartest darauf, dass all die Mimik zurückkehrt. Es geschieht nur zögernd, dann lächelt deine Mutter plötzlich und Falten bilden sich um ihre Mundwinkel herum.
– Du bist ja schon hier, sagt sie.
– Bin grad rein.
– Genau richtig zum Essen.
– Prima, sagst du und wendest dich schnell ab. Es schmerzt dich, ihre Einsamkeit zu sehen.

Nach einer halben Portion bist du so voll, dass dein Magen schmerzt. Du stocherst im Auflauf herum und schiebst die Kartoffeln zum einen und die Champignons zum anderen Tellerrand. Deine Mutter redet. Sie erzählt, was heute passiert ist. Sie regt sich dabei immer mehr auf, bis du zum Schluss hörst, was geschah, als sie auf dem Nachhauseweg war.
– Er hat mich wieder abgepasst, sagt sie und verstummt.
– Wer? fragst du, ohne fragen zu wollen. Aber Schweigen läuft nicht, das hast du gelernt. Immer, wenn du zu schweigen versuchst, bricht deine Mutter in Tränen aus und ist den Rest des Abends ein Wrack.
– Wer? ahmt sie dich nach. Wer wohl? Dein Vater natürlich. Er hat wieder gebettelt. Er hat sich an meinem Kleid festgehalten. »Wie gut du riechst«, hat er gesagt. Dann fing er an mich zu betatschen. Und gejammert hat er: »Nimm mich bitte zurück, ich kann nicht ohne dich und Matthias leben, bitte, nimm mich wieder zurück.« Aber einen Teufel werde ich tun. Ich bin doch nicht verrückt. Das nächste Mal gehe ich zur Polizei.
Bei dem Wort Polizei denkst du sofort an Cengiz. Deine Mutter bemerkt, dass etwas nicht stimmt.
– Glaubst du mir etwa nicht? fragt sie.
– Doch, ja, natürlich.
– Das sah aber anders aus.
– Nein, Mama, wirklich.
– Denn wenn du mir nicht glaubst, dann ... Du weißt, wie mich das treffen würde, Kleiner. Wir haben nur uns beide. Das ist alles, was zählt. Du und ich und mehr gibt es nicht. Dein Vater kann nicht zurück, er hat so vieles kaputtgemacht, er kann einfach nicht mehr zurückkommen, verstehst du das?
– Ja, Mama.

– Nimm es mir nicht übel.
– Mama, ich nehm es dir nicht übel.
Deine Mutter lächelt. Du lächelst auch. Die Traurigkeit dieser Welt schließt sich um euch.
– Du hättest ihn heute sehen müssen, sagt deine Mutter. Wie er da gekniet hat, ganz erbärmlich war das, also wirklich, wie das aussah.
Du blickst auf deinen Teller hinunter und unterdrückst ein Würgen. Seit Jahren ist es die gleiche Geschichte. Dein bettelnder Vater. Dein hilfloser Vater. Dein erbärmlicher Vater. Manchmal denkst du, dass sich im Kopf deiner Mutter ein ganz privates Kino befindet, in dem nur ein Film gespielt wird.
– Ich bin froh, dass du so anders bist, sagt sie und berührt dein Gesicht.
– Ich auch, sagst du automatisch und stehst auf.
– Genug gegessen?
– Ich bin satt.
– Gehst du heute noch weg?
Der Klang ihrer Stimme. Das versteckte Flehen. Geh weg und du findest mich in der Badewanne mit aufgeschnittenen Pulsadern und dann siehst du, was du davon hast.
– Muss für Chemie büffeln, lügst du und wirfst die Reste des Auflaufs in den Müll. Sorgfältig kratzt du den Teller sauber, sorgfältig stellst du ihn in die Spülmaschine, deine Bewegungen sind reinste Zeitlupe. Alles, nur um deine Mutter nicht anzusehen. Die Freude in ihrem Gesicht. Diese verdammte Freude über ihren Sohn, der den Donnerstagabend mit ihr verbringen wird.
Was tust du nur? Was tust du dir nur an, Locke?

Zweiter Teil

FREITAG

CENGIZ

DER TAG VERGEHT WIE EIN GANZER MONAT. Du bist der Aussätzige, der Parasit in einem sauberen System. Sie weichen dir aus. Sie reden nicht mit dir. Zweimal stehst du vor deiner Mutter und heulst los, weil sie durch dich hindurchsieht. Du weißt nicht, wie du es angehen sollst; du hast einfach keine Ahnung. Am Nachmittag sind deine Schwestern gleich nach der Schule zu Hause. Sie kommen in dein Zimmer gerannt, wo du wie der Überrest eines Mumienfilms im Bett liegst und dich selbst bemitleidest.

– He, Cengiz, flüstert Aygen.

– He, wach auf, flüstert Özlem.

– Warum flüstert ihr? fragst du sie.

Sie erzählen dir, dass es ihnen Leid täte, aber der Vater hätte nun mal beschlossen, dass sie nicht mit dir reden dürfen.

– Verrat uns nicht, flüstert Aygen.

– Bitte nicht, flüstert Özlem.

– Haut ab, sagst du.

– Das hört sicher bald auf, flüstern deine Schwestern beinahe gleichzeitig.

– Haut bloß ab, sagst du und drehst dich auf die anderen Bettseite.

Du weißt, dass es nicht bald aufhören wird. Du kennst

deinen Vater, du versuchst in der Erinnerung eine Erklärung zu finden. Was hast du falsch gemacht? Wann bist du falsch abgebogen, dass er es wagt, dir das hier anzutun? Es ist so verdammt unfair. All die Male, die du zu ihm gestanden hast, du erinnerst dich an sie. Und es bleibt unfair.

Einmal warst du mit der Clique in der Stadt unterwegs und hast deinen Vater im Wienerwald gesehen. Er saß an einem Fensterplatz. Du hast dich gewundert, was dein Alter so weit weg von zu Hause in einem Restaurant verloren hat. Also bist du rübergeschlendert und wolltest eben gegen das Fenster klopfen, als die Frau an den Tisch kam. Sie muss wohl auf dem Klo gewesen sein, und jetzt war sie wieder zurück und setzte sich deinem Vater gegenüber. Jung, höchstens zwanzig. Sie war stark geschminkt, das Haar rollte in künstlichen Locken über ihre Schultern, die Brüste waren von der engen Bluse hochgepusht. Sie war eines von den Mädchen, vor denen dich deine Mutter immer warnte. Tussis. Deine Mutter hätte lieber deinen Vater warnen sollen.

Du hast nicht an die Scheibe geklopft, du bist einen Schritt zurückgetreten und wolltest verschwinden, genau da blickte dein Vater nach links und sah dich auf der Straße stehen. *Jetzt kommt er gleich raus,* hast du gedacht, *jetzt kommt er gleich raus und erklärt mir alles. Vielleicht ist sie eine meiner vielen Cousinen, wer weiß?*

Dein Vater kam nicht raus, er machte eine knappe, ruckartige Bewegung mit dem Kopf. Du solltest verschwinden. Schnell. Und du bist verschwunden.

Später am Abend kam er in dein Zimmer und sagte:

– Du hast heute nichts gesehen, haben wir uns verstanden?

– Okay, hast du ihm geantwortet.
– Gut, sagte er und wandte sich wieder ab. Bevor er aber die Tür schloss, gab er dir noch einen guten Rat:
– Bleib ja von solchen Tussis fern, hörst du?

Dann der Streit mit den Velders, die sich immer darüber aufregten, dass ihr den Müll vor eurer Wohnungstür stehen lasst. Ihr wohnt ja im vierten Stock, Mann, wegen einer Tüte rennt doch keiner runter und hoch, das ist kein Spaß. Ihr fandet nicht, dass das irgendwie unhygienisch sei, der Müll stand ja nur ein paar Stunden oder über Nacht da rum, also was sollte das? Herr Velders hat bei euch geklingelt und die Mülltüte hochgehalten und gefragt, ob ihr denn nicht euren Müll wie jeder normale Mensch runterbringen könnt, vielleicht wäre das ja in der Türkei so üblich, aber hier in Deutschland gäbe es extra Tonnen für den Abfall. Deine Mutter hat die Tür geschlossen, ohne ihm zu antworten. Das hat dir gefallen. Dann verlor sie wochenlang kein Wort darüber, bis sie es eines Tages deinem Vater beim Essen erzählte. Das war uncool. Erst reagierte der Alte nicht. Er brach sich ein Stück Brot ab und aß weiter, schließlich fragte er, was deine Mutter jetzt tat. Sie sagte, sie bringe den Müll immer runter, sobald die Tüte voll war, genau das tat sie. Dein Vater hat den Kopf geschüttelt. »Nein, nein, das ist nicht der richtige Weg«, hat er gesagt und ist aufgestanden, um ein Wort mit Herrn Velders zu reden. Und du musstest mitkommen. »Damit du lernst, wie man sich benimmt«, hat dein Vater gesagt. So bist du also mitgegangen und hast vor der Tür der Velders gestanden und gewartet, dass jemand öffnet. Es war Herr Velders selbst. Er sah dich an, als ob du geklingelt hättest. Schließlich schaute er zu deinem Vater und sagte: »Guten Tag, kann ich Ihnen helfen?« – »Klar«, hat dein Vater geantwortet und zugeschlagen. Einmal, zweimal in den Magen. Dann packte er den zusammengekrümmten Herrn Velders an den Haaren und beugte sich zu ihm runter. Du konntest nicht hören, was dein Vater ihm zuflüsterte, deine Ohren klingelten und das Atmen fiel dir schwer, als hättest du die Schläge bekommen und nicht Herr Velders. Du standst einfach nur da, während euer Nachbar nach Luft schnappte und dein Vater ihm ins Ohr flüsterte. Als er damit fertig war, richtete er Herrn Velders wieder auf und ging mit dir in die Wohnung zurück. Ihr habt euch an den Tisch gesetzt, dein Vater nahm sich ein Stück Brot und aß weiter. Niemand stellte Fragen, nicht einmal deine Schwestern wagten es zu sprechen, und am selben Abend sagte deine Mutter, dass du die Mülltüte vor die Tür stellen solltest. Um ihre Lippen spielte ein Lächeln, und dir war das peinlich. Du hast dich geschämt und warst dir sicher, dass du Herrn Velders und seiner Familie nie wieder in die Augen sehen konntest.

All das hast du mitbekommen und deinen Mund gehalten. So oft. Wieder und wieder. Als dein Vater einem Taxifahrer aus der Straße klammheimlich die Reifen durchstach, weil der im Winter zwanzig Mark für die Starthilfe nahm. Schweigen. Als dein Vater eine Dose Katzenfutter mit nach Hause brachte, weil die Katze des Hausmeisters in euren Keller gekackt hatte, und man sie eine Woche später vergiftet auf dem Hof fand. Schweigen. Und als er dich mit acht Jahren in Siemensstadt am Straßenrand stehen ließ, weil du bei einem Freundschaftsspiel einen Elfmeter verschossen hattest. Niemand durfte davon erfahren. Die Polizei hat dich aufgesammelt und nach Hause gebracht. Dein Vater sprach eine Woche

lang kein Wort mit dir, und in den Verein durftest du auch nicht mehr.
All das und du hast geschwiegen. Hast es ertragen. Dämlicher geht es nicht. All das und dennoch lässt er dich jetzt fallen. Einfach so.
Scheiße.
Mitten in der Nacht packst du deine Sachen und haust ab. Du bist der Dieb, der durch die Wohnung schleicht und sein eigenes Leben davonstiehlt. Leise und unauffällig. Mach, dass du wegkommst, mach schon.

Da ist die Nacht und da bist du. *MC* on the run. Wo willst du hin? Was denkst du, wo du hinwillst? Willst du auf der Straße schlafen und tagsüber vor Kaisers rumhängen und um Geld betteln? *No.* Was hast du vor?
Du hast keinen Schimmer. Deine Kopfhörer sitzen sicher, der Beat bringt dein Gehirn zum Vibrieren. Wozu an später denken, genieß den Augenblick. Dein Rucksack ist voll mit Klamotten, Lockes Knarre drückt dir gegen den Rücken. In deiner Jacke sind eine Hand voll Scheine, die du dem Alten aus dem Portemonnaie geklaut hast.
MC on the run and the world sucks, yo.
Eine Weile lang läufst du den Kaiserdamm runter in Richtung Zoo. Einfach nur weg von hier. Dann hast du aber bald die Schnauze voll von dieser öden Straße und biegst nach links in die Kaiser-Friedrich, schlägst einen Bogen und kehrst, ohne es zu wollen, in den Kiez zurück. Die Schustehrus runter, in die Christ rein, vorbei an dunklen Kneipen, vorbei an irgendwelchen Mondsüchtigen, die ihre Hunde zum Scheißen ausführen.
Du könntest die ganze Nacht so laufen, der Rhythmus treibt dich voran, lässt dich shaken, lässt dich breaken, lässt dich mit den Fingern schnipsen. Wann warst du das

letzte Mal alleine unterwegs? Immer gemeinsam mit der Clique, immer einer von vielen. Aber jetzt bist du der Boss, jetzt hast du das Sagen. Ab dafür.
Es ist nach Mitternacht. Du siehst die Straße hinunter. Da sitzt ein Mädchen in einem der Hauseingänge. Ohne dass du es verstehst, schließt sich der Kreis und du gehst auf sie zu.

Später kehrst du dorthin zurück, wo alles anfing. Hätten dir die Yugos keine Abreibung verpasst, hättest du nie deinen Alten geschlagen und wärst bestimmt nicht von zu Hause abgehauen. Dabei hat es eigentlich früher angefangen, schon vor einer Woche. Mit Marcos Anruf und diesem Schwindelgefühl, das dich überfiel, als du seine Stimme hörtest. Es war nicht die Disko, es war nicht der Einbruch, es war der Moment, in dem Marco dich und Locke auserwählte.
Der Hinterhof ist verlassen. Kein Lagerfeuer brennt heute, alles ist dunkel und still. Du dachtest, ein schlechtes Karma würde über dem Hof hängen. Als du ihn aber betrittst, hast du das komische Gefühl, angekommen zu sein. Die umgeworfene Parkbank steht wieder an ihrem Platz unter der Kastanie und du siehst kein erhelltes Fenster in den umliegenden Häuserfassaden. Etwas huscht durch die Büsche, dann ist es wieder still.
Hier bleibe ich.
Du wirfst einen Blick in den Papiercontainer und nimmst dir ein Stück Pappe heraus. Dann setzt du dich an die Feuerstelle und legst ein paar Äste über die Pappe. Du schüttelst dein Feuerzeug. Es ist windstill, trotzdem ist dein Daumen am Glühen, bevor das Feuer entfacht ist. Scheiße, du hast nichts zu trinken, du hast nicht mal was zu essen dabei. Und was machst du morgen? Was wirst du tun?

Du wünschst dir, dass diese Nacht ewig währt. Dass sie tausend Stunden lang ist und du dieses wohlige Gefühl von Angekommensein nicht verlierst. Berlin ist verschwunden, du sitzt mitten in der Steppe an einem Feuer und kein Mensch ist in der Nähe. Der einsame Mongole. Es ist wie in einem deiner Träume. Allein auf der Welt, keine Sorgen, keine Gedanken, alles dreht sich nur um dich. Denn natürlich hast du Angst, natürlich fürchtest du dich vor dem Morgen. Aber hier und jetzt ist alles okay. Solange es Nacht ist und die Fenster in den Häuserfassaden um dich herum nicht erhellt sind, kann dir nichts passieren.
Mit dem ersten Morgenlicht schläfst du ein.

JASMIN

KRCA GING MIT DIR SPAZIEREN, nachdem sie den Chinesen fertig gemacht hatten. Er war aufgeregt, er war high, er lachte ohne Grund, er machte dir Angst.

– Wir haben ihn fertig gemacht, sagte er. Wir haben ihn so sehr fertig gemacht, dass der *peder* uns nie wieder quer kommen wird.

Er sprach enthusiastisch und hielt deine Hand fest in seiner. So seid ihr am frühen Donnerstagmorgen den Lietzensee entlangspaziert, die ersten Menschen, Adam und Eva aus Kroatien. Dann hat sich Krca mit dir auf eine Parkbank gesetzt und dich geküsst. Du hast sein Gesicht gestreichelt, die Narbe unter seinem Auge berührt. Dir war richtig heiß im Herzen vor Romantik. Du wolltest, dass er nicht so aufgeregt ist. Du wolltest, dass er aufhört an den Jungen zu denken, den sie zusammengeschlagen hatten.

Krca schob dir seine Hand unter die Bluse und drückte deine Brust.

– Nicht ...

– Bitte, Jasmin, sagte er, Ich brauche das jetzt, ich bin voll aufgedreht.

Er schob deine Bluse hoch, kalt strich die Morgenluft über deine Haut. Du hast zwar zischend eingeatmet, aber du hast Krca machen lassen. Du sahst es als Geschenk.

Krca hatte sich für dich geschlagen, er hat dir stolz das Blut an seinen Händen gezeigt, er war so stolz und so süß und sank vor der Bank auf die Knie und drückte seinen Kopf an deinen Bauch. Wie ein Kind. Das hat dir gefallen. Wie ein kleines Kind. Du hast ihm durchs Haar gestrichen, er war dein kleiner Junge und du so was von verliebt, dass es nicht verliebter ging. Bis er dich auf das feuchte Gras hinunterzog, da erst begannst du dich zu wehren.
– Jasmin, Jasmin, murmelte er.
– Krca, bitte nicht, sagtest du.
Er hörte nicht, biss in deine Brüste, fummelte an deiner Jeans. Du hast ihn an den Haaren gezogen und dann schlug er dich. Einmal reichte. Dein Gesicht wurde von dem Schlag taub und du warst so geschockt, dass du regungslos dalagst. Von da an versuchtest du, dich an deiner Liebe festzuhalten. Du wusstest, wenn sie verschwand, würdest du dich in nichts auflösen und Krca allein auf dieser Wiese zurücklassen. So kamst du dir vor, als er in dich eindrang, als er schwer keuchend auf dir lag und in dein Ohr flüsterte:
– Jasmin ... Jasmin ... oh, Jasmin ...
Du hast dir danach gewünscht, dass er weinte und sich wieder in den kleinen Jungen zurückverwandelte. Du warst wirklich bereit, alles zu entschuldigen. Er aber sagte nur, wie gut ihm das getan hätte, und sein Keuchen war ein Keuchen und kein Weinen.
Später brachte er dich nach Hause, und du lagst so lange in der Badewanne, bis du wieder das Gefühl hattest, dich in nichts aufzulösen. Jetzt wäre es dir recht gewesen, du hättest dich keine Sekunde lang gewehrt. Die Liebe war zwar verschwunden, aber du hast dich nicht aufgelöst. So einfach war das nun auch nicht.

Krca meldete sich nach der Schule und lud dich zum Essen ein. Er kümmerte sich um dich. Für ein paar trügerische Stunden kehrte die Liebe wieder. Sie war jetzt ein süßer Bonbon mit einem salzigen Kern. Du hast sie beobachtet. Du hast dich selbst beobachtet. Dein Lächeln, wenn er dir Komplimente machte; deine Küsse, wenn er dich küsste; dein Streicheln, wenn er danach verlangte. Dabei schienen deine Gedanken und Gefühle unter einem gewaltigen Wattebausch zu liegen.
Am folgenden Morgen hast du vor dem Spiegel gestanden und dich gefragt, wer du eigentlich bist. Das war der Tag, an dem du dich von ihm getrennt hast.
– Krca, ich muss dir was sagen ...
Ihr habt euch nicht im Park getroffen. Du bist vor der ersten Schulstunde bei ihm vorbeigefahren und hast geklingelt. Er kam runter und lächelte verlegen, wahrscheinlich dachte er, du würdest es vor Sehnsucht nicht mehr aushalten. Du hast ihm einen Kuss auf die Wange gedrückt und gesagt, du wärst nicht mehr in ihn verliebt. Dann hast du dich abgewandt und bist zur Schule gegangen und hast geglaubt, das wäre es gewesen.

Am Nachmittag hörtest du von Vesna, dass Krca nach dir gefragt hatte. Auch Taja klingelte durch und wollte wissen, was du denn da für eine Show abziehst.
– Was meinst du damit? hast du zurückgefragt.
– Na, der ist doch heiß auf dich, wieso lässt du ihn nicht?
– Weil ich nicht mehr verliebt bin, war deine Antwort.
– Ja und? Gestern verliebt, heute nicht. Das kommt doch wieder.
– Ich glaube nicht.
Taja atmete laut aus und dann konnte sie sich nicht mehr zurückhalten und sagte:

– Mensch, bist du bescheuert oder was? Ich an deiner Stelle wäre---
– Vielen Dank, Taja, hast du sie unterbrochen und aufgelegt.
Keine deiner Freundinnen wusste, was vom Mittwoch zum Donnerstag auf den Hinterhöfen passiert ist. Die Clique hatte dir verboten, darüber zu reden. Das war eine Angelegenheit, die euch Mädchen nichts anging. Und wie solltest du Vesna und Taja erklären, dass Krca dich danach vergewaltigt hatte? Krca hat so was doch nicht nötig, hätten deine Freundinnen gesagt. Nicht Krca, nein.

Und jetzt steht er vor deiner Tür. Heute Morgen hast du ihm gesagt, das wäre es gewesen, und jetzt steht er an diesem Freitagabend um neun vor deiner Tür und fragt, ob er dich kurz sprechen kann.
– Kurz, antwortest du und ziehst dir eine Jacke über.
Der Abend ist angenehm, die Straße riecht nach aufgeheizten Pflastersteinen, Gesprächsfetzen kommen aus geöffneten Fenstern, irgendwo bellt ein Hund. Du hast nicht vor, mit Krca spazieren zu gehen, und setzt dich demonstrativ auf die Treppe vor der Haustür. Das ist ein sicherer Ort. Wenn Krca dir was will, dann schreist du und dein Bruder Daniel ist sofort unten.
– Okay, sagst du und siehst Krca an.
Er erzählt, wie sehr du ihm fehlst und dass er bereut, was er getan hat, und dass er sich ändern kann, du bist so süß, er vermisst dich und was denn überhaupt dein Problem wäre?
– Es ist, weil ich kein Kondom genommen habe, was?
Du schüttelst den Kopf und antwortest:
– Ich bin nicht mehr verliebt, Krca, es tut mir Leid.

Das reicht ihm nicht, er wird laut, er wird wütend und steht auf, er beschimpft dich, nennt dich eine *kurva*, die es mit jedem treibt, und rennt dann weg.
Du sitzt da und bist ganz leer im Kopf. Krca ist aus deinem Leben verschwunden, deiner erste, große Liebe ist verschwunden und du fragst dich, ob jetzt alles wieder sein wird wie vorher.
Eine Stunde vergeht, dann steht Krca plötzlich erneut vor dir.
– Du sitzt ja noch immer hier, sagt er.
Du hast das Gefühl, als wären nur ein paar Minuten vergangen.
– Hast du es dir überlegt? fragt er.
– Was überlegt? fragst du zurück.
– Blöde Schlampe, sagt er und rennt weg.
Es ist so, als ob er nie da gewesen wäre.
Und du sitzt da und denkst immer wieder: *Lass es so sein wie vorher, lass mich von vorne anfangen.* Du versinkst in diesem Gedanken. Einmal ruft dein Bruder aus dem dritten Stock nach dir, und du winkst ihn weg. Wie viel Zeit vergeht, weißt du nicht. Was zählt, ist die harte Steinstufe unter deinem Hintern und der dunkle Hausflur in deinem Rücken. Es ist gut, das alles zu spüren, es hält dich davon ab, dich in Selbstmitleid aufzulösen. Das ist alles, was bleibt, nachdem Krca verschwunden ist. Dämliches Selbstmitleid.
Als du irgendwann Schritte hörst und aufblickst, bist du dir sicher, dass es wieder Krca ist. Aber er ist es nicht. Es ist der Junge, der mit der Maschinenpistole auf die Disko geschossen hat. Die Clique hat ihn so übel zugerichtet, dass er dir Leid tut. Du bereust es, ihn verraten zu haben. Wahrscheinlich ist ihm dasselbe passiert wie dir – ihr seid in eine Situation geraten und habt die Kontrolle ver-

loren. Auch wenn seine Angst eine andere Art von Angst gewesen ist, glaubst du ihn zu verstehen.
Er kommt auf dich zu, er sieht dich an.
Ob er mich wiedererkennt? fragst du dich und lächelst unsicher.

– Okay, da ist er.
Du legst den Gang ein und beginnst langsam daran zu glauben, dass da was dran ist an Marcos Panik. Cengiz war am Donnerstag nicht in der Schule aufgetaucht und ließ sich auch sonst nirgends blicken. Die Telefonnummer war kein Problem, Marco hatte sie irgendwo rumliegen, und bei der Adresse hat euch Janko geholfen. Dreimal habt ihr abends bei Cengiz angerufen. Das eine Mal erklärte eine Frau, sie würde keinen Cengiz kennen. Die anderen Male nahm ein Mädchen den Hörer ab. Sie sagte, ja, Cengiz wäre ihr Bruder, aber eigentlich auch nicht. Dann fing das Mädchen an zu schluchzen und legte auf. Mach dir daraus mal ein Bild.
Auch Marco hatte keine Idee, bis er schließlich einfach an der Haustür klingelte. Es knackte in der Gegensprechanlage und Marco fragte, ob Cengiz da wäre. Eine Männerstimme sagte, es gäbe hier keinen Cengiz.
– Hören Sie, hat Marco darauf gesagt, Ich weiß doch, dass Cengiz hier wohnt, was soll der Scheiß?
Daraufhin hat der Mann Marco so was von zusammengebrüllt, dass sogar du Panik bekommen hast.
– Mein Sohn ist tot! hat der Typ gebrüllt. Und er wird tot bleiben!
Ja, mach dir daraus mal ein Bild.

Auf jeden Fall habt ihr es nicht sein lassen. Die ganze Geschichte klang verdammt suspekt, und als Marco vorschlug, einfach mal rund um die Uhr Wache zu schieben, warst du damit einverstanden.
– Aber nicht heute Nacht, hast du gesagt. Lass uns morgen damit anfangen.
Du warst am Abend mit der Kellnerin aus dem *Chaos* verabredet und wolltest nicht, dass was dazwischenkam. Der Abend verlief auch klasse, du hast die Kleine ins Bett bekommen, der Rest war Party pur. Dann schmiss dich dein Wecker Freitag früh um zehn aus dem Bett. Du hast dich mit Marco getroffen und einen Parkplatz gegenüber von Cengiz' Bude gefunden. Ihr habt euch einen Vorrat an Kassetten, Knabberzeug und genug Getränke für eine Belagerung mitgebracht. Ihr habt mit Hunger, Durst und Langeweile gerechnet, nur nicht mit der Hitze. Um den Mittag herum begann der Wagen zu köcheln. Um drei habt ihr in der eigenen Soße geschmort und gegen sechs konntet ihr kaum euren Herzschlag spüren. Es war die garantiert dämlichste Aktion, die du je mitgemacht hast. Als es dann kühler wurde, wollte Marco das Handtuch schmeißen und du hast ihn angeranzt, er sollte sich nicht rühren, du würdest doch nicht den ganzen Tag in dieser verdammten Hitze rumsitzen, nur um am Abend, wo es endlich kühler wurde, aufzugeben. Nee, nicht mit dir.

Das ist der Preis dafür: Es ist kurz vor Mitternacht, Marco kommt eben vom Pinkeln zurück und der Mongole verlässt das Mietshaus. Rucksack auf den Schultern, Kopfhörer über den Ohren. Bingo.
– Was machen wir jetzt? fragt Marco.
– Ich folg ihm, mal sehen, wo er hin will.
Cengiz geht die Saldernstraße links hoch, läuft bis zum

Kaiserdamm und überquert ihn. Hektisch gibst du Gas. Wenn der kleine Scheißer euch jetzt abhängt, weißt du nicht, was du anstellst. Ecke Messedamm wendest du und fährst den Kaiserdamm auf der anderen Seite wieder runter. Da ist er.
– Was machen wir, wenn er im Park verschwindet?
– Dann schnappen wir ihn uns vorher, antwortest du, Und hör ja auf, so blöde Fragen zu stellen.
Marco hält den Mund, und Cengiz verschwindet nicht im Park. Er bleibt auf dem Kaiserdamm, geht am U-Bahnhof Sophie-Charlotten-Platz vorbei und weiter die Bismarckstraße runter. Ecke Kaiser-Friedrich wechselt er an der Ampel erneut die Straßenseite. Du biegst links ab und tuckerst in Zeitlupe parallel zu ihm die Straße hoch. Eigentlich seid ihr verdammt auffällig, aber das ist dir im Moment so was von egal. Du willst dem kleinen Scheißer eine verpassen, damit er weiß, wo es langgeht, also darf er euch ruhig erwischen. Was du aber noch viel dringender willst, ist herausfinden, was der Typ eigentlich vorhat. Seine Familie sagt, dass er nicht da ist, sein Alter brüllt euch an, sein Sohn wäre tot. Was ist das für ein Quatsch?
– Was?
– Ich sagte, er ist links rein.
– Mist auch.
Du wendest hastig, fährst in die Schustehrusstraße.
– Langsam reicht es, sagt Marco, Wir sollten ihn uns schnappen.
– Noch ein wenig, sagst du und fährst über die Schlossstraße rüber in die Christ hinein und plötzlich steht Cengiz regungslos auf dem Bürgersteig.
– Was mach ich jetzt?
– Fahr weiter, sagt Marco.
– Aber---

– Fahr langsam weiter, ich check das mal von vorne ab.
In Zeitlupe rollst du an Cengiz vorbei, und natürlich muss der sich genau in diesem Moment wieder in Bewegung setzen. Das hier ist wie im Film. Die Kamera bewegt sich mit dem Hauptdarsteller. Vielleicht solltest du Gas geben, sonst sieht der Hauptdarsteller zur Seite und die Szene ist im Eimer.
– Ach nee, sagt Marco.
– Was denn?
– Guck mal, wer da sitzt.
Beinahe wärst du auf die Bremse getreten. Reiner Reflex, denn wer da sitzt, sagt dir gar nichts.
– Seine Freundin? fragst du.
– Nee, sagt Marco.
– Wer ist das?
– Hauen wir ab, sagt Marco.
– Wer ist das, verdammt noch mal? willst du wissen und hältst an der Ecke, Blick in den Rückspiegel.
– Mein Todesurteil, sagt Marco und lässt es so untheatralisch klingen, dass dir kalt wird.
Du denkst nicht daran, jetzt weiterzufahren, das soll dir Marco näher erklären, dafür hast du nicht einen ganzen Tag in dieser Karre gesessen. Doch Marco hat erst mal andere Probleme, er hämmert auf das Armaturenbrett ein und flucht:
– Der Penner! Der gottverdammte Penner! Ich hab's doch geahnt, ich hab's doch im Gefühl gehabt. Der verkauft uns. Der verkauft uns an die verfluchten Yugos.
Er sieht dich an.
– Was mach ich nur? fragt er dich. Alter, was mach ich nur?
Du starrst auf die Straße, du hast im Moment keine einzige Antwort parat.

Dritter Teil
SAMSTAG, SONNTAG & MONTAG

LOCKE

UNTER DER DUSCHE BEKOMMST DU bei dem Gedanken an die Party einen Ständer. Du seifst ihn gut ein und wäschst danach deine Haare zum vierten Mal. Es wäre keine schlechte Idee, mal bei Cengiz vorbeizuschauen. Du Blödmann hast ja nicht mal seine Telefonnummer. Fast zwei Tage lang hat sich dein neuer Kumpel jetzt verschanzt, es wird Zeit, dass er wieder auf die Straße zurückkehrt. Manchmal denkst du, dass es keine gute Idee gewesen ist, die Knarre deines Vaters wegzugeben. Was, wenn sie dein Talisman war und es jetzt mit dir nur noch bergab geht?

Du steigst aus der Dusche. Um fünf will Eric dich abholen. Ihr habt vor, mit den Jungs ein paar Bierchen zu zischen, bevor es zur Party geht. Zum Aufwärmen. Du hast für diesen Abend deine blaurote Trainingshose herausgepickt, die sich auf der Haut wie Wasser anfühlt. Dazu ein knallgelbes Adidas-T-Shirt mit grünen Streifen. Du schielst dich im Spiegel aus allen Blickwinkeln an, Mann, du bist so cool, da kann einem kalt werden.

– Na, machst du dich schick?

Dir bleibt fast das Herz stehen. Über die laute Musik hinweg hast du nicht gehört, dass deine Mutter durch den Flur gekommen ist. Jetzt steht sie im Türrahmen des Badezimmers und grinst dich an.

– Musst ja nicht gleich rot werden.
– Ich werd nicht rot, sagst du und spürst die Hitze bis in die Kniescheiben.
– Wie du meinst, sagt deine Mutter mit einem Schulterzucken und lässt dich wieder allein. Du hörst sie durch den Flur laufen und beschließt, mit deinem Vater zu sprechen. Irgendwie. Und zwar bald.

Kurz vor sechs klingelt es endlich an der Tür. Deine Mutter liegt auf dem Sofa, der Fernseher läuft, ein Glas und eine leere Weinflasche stehen auf dem Beistelltisch.
– Wer ist da? fragst du.
– Eric, Mann.
Du lässt ihn rein, ziehst ihn gleich durch den Flur in dein Zimmer, bevor er auf die Idee kommt, mit deiner Mutter zu quatschen. Einmal hat Eric sie halbnackt gesehen. Da stand er bei euch in der Küche und aß ein Brot, als deine Mutter aus ihrem Schlafzimmer kam. Seit diesem Tag redet Eric unentwegt davon, dass deine Mutter auf ihn steht.
– Ist sie da? fragt er.
– Wer? sagst du.
– Na, wer schon? Deine Alte.
– Sag nicht Alte.
– Mama?
– Halt einfach die Schnauze.
– Schlecht gelaunt, was?
– Mir geht's prima.
– Und warum riechst du dann wie ein Puff, Alter?
– Davidoff.
– Schmavidoff.
– Und was ist mit dir los? lenkst du ab.
– Was soll sein?

– Was ist das denn?
Du greifst ihm ans Kinn, wo zwei Haare vorstehen.
– He, Finger weg.
– Schminger feg, sagst du und tänzelst zur Seite, als er nach dir schlägt.
Du packst ein paar CDs in deinen Rucksack und legst deinen Discman dazu.
– Rico und Alex warten unten, sagt Eric.
– Wir können, sagst du und schleust ihn aus der Wohnung, ohne ihm die Chance zu geben, auch nur einen Blick auf deine Mutter zu werfen.

Ihr sitzt an der Bushaltestelle und kippt jeder euer zweites Bier. Danach ist Feierabend und ihr wollt zur Party.
– Wenn wir das mal finden, sagt Rico skeptisch.
Irgendein Typ feiert am anderen Ende vom Spandauer Damm seine Jugendweihe. Ihr kennt den Typen nicht, aber ihr kennt Irena, und Irena hat euch eingeladen.
– Die wie vielte Party ist das bei dir? fragt Alex.
– Die vierzehnte oder fünfzehnte, sagst du mit einem Schulterzucken.
– Meine elfte, sagt Rico.
– Meine neunte, sagt Eric.
– Nummer einunddreißig! verkündet Alex stolz und hebt die Arme wie ein Sieger.
– Angeber, sagst du, und in genau dem Moment biegt Simon mit einer vollen Alditüte um die Ecke.
– He, Branntwein und Wodka, sagt er.
– Cool, sagt Alex.
– Da kommt auch Ulrich, sagst du.
Ihr seid komplett.

Im Bus nehmt ihr zwei Viererplätze ein, macht euch breit, redet viel zu laut und pfeift den Mädchen hinterher. Gothaallee steigt ihr aus und folgt zwei aufgetakelten Tussen, weil ihr euch sicher seid, dass sie auch zur Party wollen. Das wird eine Niete. Die zwei Tussen verschwinden in einer Villa und ihr steht blöd in der Gegend rum. Schließlich findet ihr das Haus durch Zufall. An der Tür fragt ein Typ, wo ihr herkommt und wen ihr hier kennen würdet. Ihr sagt Irenas Namen und dürft rein.

– Jeder für sich! brüllt Eric und verschwindet in der Menge.

Du nickst. Dir fließt der Schweiß in Strömen an den Armen hinunter, dennoch nickst du. Nur die Fassade bewahren, muss ja keiner wissen, dass das hier deine erste Party ist, oder?

Zwanzig Minuten später bist du betrunken vom Wodka und high von einer Pille, die einem Mädchen runtergefallen ist und die du unauffällig vom Boden aufgeklaubt hast. Die Pille hätte auch ein hochkarätiges Abführmittel sein können, das hätte dich nicht gekümmert. Hauptsache es *war* was.

Nach zehn Minuten bist du dir sicher, dass Abführmittel anders wirken. Du tanzt, du säufst, du triffst deine Jungs, lachst mit ihnen und verschwindest einmal aufs Klo, um zu kotzen. Erst sehr spät entdeckst du, dass das Haus einen Garten hat. Frische Luft, eine sternenklare Nacht, du gehst raus. Draußen wälzen sich ein paar Leute auf dem Rasen, jemand klimpert auf einer Gitarre, ein Mädchen singt schräg dazu. Alex taucht mit zwei Flaschen Bier neben dir auf.

– Pause machen, sagt er und ihr haut euch auf eine Holzbank. Es erinnert dich an die Nacht mit Cengiz, wie klasse

es gewesen ist, die *Es* zu klinken, und dann tauchten diese beschissenen Yugos auf und machten alles kaputt. Wenn du die Augen schließt, hast du es vor dir, spürst die Nacht, die harte Kante der Parkbank, das Klimpern einer Gitarre, das kalte Bier in deiner Hand. Bevor dich Hände packen und nach hinten reißen können, öffnest du die Augen und atmest laut aus.
– Alles okay? fragt Alex.
– Alles okay, sagst du und nimmst einen Schluck von deinem Bier.

Du hast keine Ahnung, wie lange ihr da sitzt. Belangloses Gelaber über dieses oder jenes Mädchen. Schlampen und Schnitten, Süße und Eklige. Natürlich denkst du an Claudi. Ihr Foto in deiner Brieftasche, ein Schatten von einem Schatten von einem Knutschfleck an deinem Hals. Das scheint so verdammt lange her zu sein, wie können drei Wochen nur so lang sein? Und wie Alex so Tinnef labert, du an Claudi denkst und die kleine weiße Pille die Landschaft um dich herum in etwas Geschmeidiges verwandelt, kommt eine Gruppe von Mädchen laut redend aus dem Haus. Sie bleiben ein paar Meter von euch entfernt stehen. Ihre Stimmen sind so klar, als würde jedes einzelne Mädchen direkt in dein Ohr sprechen. Und was du hörst, jagt dir eine Scheißangst ein. Du weißt nicht, ob die Gitarrenmusik oder die Parkbank daran schuld sind; du hast keine Ahnung, ob einfache Erinnerungen böse Geister heraufbeschwören können. Doch als du die Mädchen reden hörst, glaubst du nicht mehr an Zufälle.
– Sie ist tot, sagt die eine, Oh mein Gott, sie ist tot.
– Ich kenn ihren Bruder.
– Ich kenn den auch.
– Das sind doch Yugos, oder?

– Ich glaub ja, von irgendwo da unten.
– Aber sie hat sich doch nicht selbst ...
– Blödsinn, niemand ersticht sich selbst.
– Erstochen?
– Ich dachte, sie wurde erwürgt.
– Nee, erstochen.
– Gero meint, sie wurde erschossen.
– Gero ist doch ein Arsch.
– Er meint aber---
– Die Bullen checken jetzt die Gegend, habe ich gehört.
– Wo ist es denn passiert?
– Knobelsdorff.
– So ein Quatsch, das war in der Seeling.
– Nee, Knobelsdorff und zwar schon gestern Nacht. Die Bullen haben's geheim gehalten.
– Ich glaub's nicht.
– Ich glaub's. Die vertuschen doch alles, wenn sie wollen.
– Ob Montag Schule ausfällt?
– War die bei euch im Semester?
– Ich glaub, die war auf der Jordan.
– Stell dir vor, tot.
– Scheiße.
– Was ist denn mit dem?

Du rennst an den Mädchen vorbei in die Büsche. Wer hätte gedacht, dass du heute ein zweites Mal kotzen würdest. Vielleicht ist es Intuition, vielleicht ist es ein kleines, verkümmertes Teil deines Reptilienhirns, das dir sagt, wer das tote Mädchen ist. Cengiz' Worte klingen in deinem Kopf nach: *Ich hab mir ihr Gesicht gemerkt* ... Sofort hast du ihr Gesicht vor Augen. Den Leberfleck am Kinn, den langen Zopf und dann ihre Stimme: *To je on.* Und du hast beschissene Angst um Cengiz.

Sie glauben es dir nicht, sie denken, du hast eine Macke.
– Alter, die Party hat eben erst angefangen.
– Ich weiß, aber mir ist schlecht.
– Trink noch ein Bier, Mann.
– Nee, ich hau ab.
Sie sehen dich schief an. Du kannst an ihren Blicken erkennen, dass sie sich fragen, warum sie sich überhaupt auf dich eingelassen haben. Wahrscheinlich gehen ihnen all die Geschichten durch den Kopf. Dass du ein Spinner bist, dass du einen Schuss weghast. Ihr Problem. Deins ist, hier so schnell wie möglich wegzukommen.

An der Bushaltestelle sitzt ein Mädchen mit angezogenen Knien auf dem Bürgersteig. Sie hat die Arme um die Beine gelegt und heult. Das ist genau das, was du gerade brauchst. Du stellst dich hin, als würdest du den Fahrplan lesen. Ihr Geschluchze wird immer lauter, dann zieht sie die Nase hoch und es ist für eine Weile still.
– Alles okay bei dir?
Sie sieht dich an. Rotz unter der Nase, verquollene Augen.
– Verpiss dich.
– Jaja, schon gut.
Ihr Schluchzen und deine Gedanken – fünfundzwanzig Minuten lang. Dann kommt der Bus. Du setzt dich nach vorne, sie geht nach hinten. Ein paarmal glaubst du ihren Blick zu spüren, doch als du dich umdrehst, hat sie den Kopf gesenkt und ihr Gesicht ist hinter den strähnigen Haaren verschwunden. *Blöde Schlampe,* denkst du und starrst auf die vorbeiziehenden Häuserfassaden.
Viertel vor elf verlässt du den Bus und läufst die Königin-Elisabeth hinunter. Links in die Knobelsdorff, an der Autobahn entlang in die Saldern und dann links in

die Philippistraße. Du weißt, dass es spät ist, aber du musst ihn sehen. Einmal klingeln reicht.
– Wer ist da? fragt eine blecherne Mädchenstimme.
– Locke, sagst du.
– Wer ist Locke? fragt das Mädchen.
Sie hört sich an, als wäre sie auf einem anderen Stern. Die Gegensprechanlage knackt.
Wer ist Locke? fragst du dich.
– Ich bin ein Kumpel von Cengiz, ist er da?
Schweigen, dann beinahe flüsternd:
– Er ist nicht da.
– Weißt du, wo---
Die Leitung verstummt. Sendeschluss.
– Vielen Dank, sagst du halblaut und wendest dich ab.
Was ist, wenn es gar keine Tote gibt? Du hättest doch heute Morgen schon davon gehört. Aber was, wenn die Bullen echt dichtgehalten haben? Was dann?
Was mach ich nur?
Du läufst durch das Viertel. Du siehst in die Imbissbuden, fragst im Park einige von der Clique, ob sie Cengiz gesehen hätten, und läufst weiter.
Kurz vor Mitternacht hast du genug. Der Samstagabend ist versaut. Du machst dir Gedanken um deinen Kopf, der sich von der kleinen Pille immer noch anfühlt wie ein Ballon, der in den Wolken verschwinden will. Unter den Achseln riechst du wie ein Pferd. Jetzt eine Dusche, dann Kopfhörer auf und Fernseher an. Das ist es. Du hoffst, deine Mutter pennt schon. Auf keinen Fall hörst du dir heute Geschichten von ihr an. Auf gar keinen Fall.

Er liegt schlafend im Hausflur. Er weiß zwar, in welchem Haus du wohnst, er weiß aber nicht, wie du mit Nachnamen heißt. Und als du ihn da liegen siehst, wird dir klar, dass alles wahr ist. Alles. Cengiz' Anwesenheit ist wie eine Zeugenaussage. Da ist er, da liegt er, Akte zu. Scheiße.

Du überlegst, ob du leise über ihn hinwegsteigen solltest. Ruf die Bullen, versteck dich in deinem Zimmer, verhalt dich ganz still. Er wird am Morgen garantiert nicht mehr hier sein. *Okay* ... Aber, Alter, einen Moment mal, das hier ist dein Kumpel, bau keinen Mist, weck ihn.

– He, Cengiz!?

Du schüttelst ihn leicht an der Schulter und siehst im dämmrigen Flurlicht, dass sein Gesicht etwas abgeschwollen ist.

– He, wach auf!

Er blinzelt und sieht dich an.

– Locke?

– Genau der, sagst du und versuchst zu lächeln.

– Hab ich dich endlich gefunden ...

Seine Stimme lässt dich zusammenzucken.

– Wie ein Spürhund, sagst du, Komm, steh auf.

Du hilfst ihm auf die Beine, er weicht zurück, als du seinen rechten Arm berührst, dann steht er und lehnt sich gegen die Wand.

– Was ist passiert? fragst du und kommst dir scheinheilig vor.

– Ich musste weg von zu Hause, hab's nicht mehr ausgehalten, verstehst du?

Du nickst, obwohl du keine Ahnung hast, wovon er spricht.

– Das Mädchen, sagst du.

– Was?

– Das Mädchen, sie ist es, nicht wahr?

– Sie ist was?

– Die uns gesehen hat. Eine von den Yugos.

– Ich hab keine Ahn---
– Cengiz.
Er verstummt. Seine Augen haben ihn längst verraten. Als du *das Mädchen* gesagt hast, ist er in sich zusammengesunken.
– Kann ich heute Nacht bei dir pennen? fragt er.
– Okay, sagst du und gehst die Treppe hoch. Seine Schritte folgen dir und du hast das Gefühl, seit langer Zeit etwas Richtiges zu tun.

CENGIZ

NACHDEM LOCKE DIE TÜR AUFGESCHLOSSEN HAT, hebt er die Hand und flüstert, du sollst kurz warten. Er verschwindet in der Wohnung, du wartest, ein paar Sekunden später winkt er dich rein. Cool.
– Alles klar, meine Mutter schläft.
Ihr schleicht auf Zehenspitzen durch den Flur. Es riecht hier gut. Ein wenig nach Essen und ein wenig nach Parfum. In Lockes Zimmer aber stinkt es heftig nach Räucherstäbchen, der hat bestimmt ein Jahr lang nicht gelüftet. Grelle Plakate an den Wänden, Klamotten auf dem Boden und auf der Rückseite der Tür rekelt sich eine schweißfeuchte Pamela Anderson. Die Jalousie ist runtergelassen, in der einen Ecke blubbert ein blaues Lavalicht.
– Ist das echt okay mit deiner Mutter? fragst du und setzt deinen Rucksack ab.
– Kein Problem, sagt Locke, aber du hörst, dass er sich nicht ganz sicher ist, ob es ein Problem geben wird. Mal sehen, was morgen passiert.
– Wieso ...
Locke bricht ab, schüttelt den Kopf, du siehst ihn fragend an, er sagt:
– Ich meine, hast du Hunger?
– Ein wenig, sagst du und dein Magen fängt sofort an zu rumoren.

Locke lässt dich allein und du haust dich in einen von diesen hässlichen, alten Sesseln, die sonst bei Rentnern rumstehen, und blätterst in einer Computerzeitschrift herum. Zwei Minuten lang, dann wirfst du die Zeitschrift auf den Boden und gähnst. Mann, bist du erleichtert, dass dich Locke reingelassen hat. Noch eine Nacht wie die letzte muss echt nicht sein. Du hat zwar gut geschlafen, aber als du aufgewacht bist, wurde dir klar, in was für einer Klemme du da steckst. *Fuck it.* Nach Hause willst und kannst du nicht mehr. Es gibt keinen Verwandten, dem du traust, denn die rufen sofort deinen Alten an. Viel Wahl hast du also nicht. Und dann ist da das tote Mädchen. Scheiße, Mann, dann ist da das tote Mädchen, von dem jetzt jeder spricht.
– Hau rein, sagt Locke und stellt ein Tablett auf seinen Schreibtisch.
Kalte Kartoffeln, Kräuterquark, Brot, Butter und Käse, zwei Äpfel und eine Flasche Fanta.
– Keine Wurst? fragst du, um ihn zu nerven.
– Wir essen kein Fleisch, sagt Locke, als ob das nicht jeder in der Clique längst wüsste.
– Ach nee, sagst du, Auch keine Cheeseburger? Die sind doch mit Käse.
– Hahaha, macht Locke.
Du kicherst und tust dir von den Kartoffeln auf und isst wie schon lange nicht. Zwischen den Bissen erzählst du, was passiert ist. Wie dich dein Alter verbannt hat, weil du ihm eine verpasst hast. Mit dir kann man nicht scherzen, Mann, nicht mit dir, no. Dass keiner mehr mit dir redet, nicht deine Mutter, nicht deine Schwestern, und was das für ein Scheißgefühl ist.
– Also habe ich meine Sachen gepackt, verstehst du? Alles hat seine Grenzen. Bin mitten am Abend verschwun-

den. Die saßen alle vor der Glotze und ich bin ausgeflogen. Einfach so, kannst du das verstehen?
Locke versteht das sehr gut. Er sieht dich an, und du erwähnst das Mädchen besser mit keinem Wort, sondern erzählst, wie du letzte Nacht rumgeirrt bist, um schließlich auf dem gleichen Hinterhof zu landen, auf dem die Yugos euch aufgemischt haben.
– Ich wurde wie von einem riesigen Magneten angezogen, das war echt unheimlich. Und da habe ich dann gepennt. Hab ein Feuer gemacht und bin davor eingepennt. Am Morgen war mir dann so was von arschkalt, das kannst du dir nicht vorstellen. Also habe ich mich in die Sonne gesetzt, bis mir wieder warm wurde. Dann bin ich spazieren gangen und hab am Lietzensee rumgehangen. Am anderen Ufer aber, weil ich keinem von der Clique in die Arme laufen wollte. Nicht mit dem Gesicht, verstehst du?
– Und dann bist du hier aufgetaucht, stellt Locke fest.
– Richtig.
– Und hast gewartet.
– Genau.
– Und das Mädchen?
– Scheiße.
Du schiebst den Teller von dir weg und sagst langsam:
– Ich will jetzt echt nicht darüber reden, Locke, okay? Morgen früh, ja? Ich will eigentlich nur noch pennen, mehr will ich nicht.
– Kein Problem.
Locke räumt die Sachen wieder aufs Tablett. Er sieht dich dabei nicht an. Du bist ihm dankbar für sein Schweigen. Alles, was du jetzt willst, ist deinen Kopf abstellen. Einfach nicht mehr denken.
– Wenn du willst, kannst du meine Zahnbürste benutzen, sagt Locke und wirft dir ein Handtuch zu.

– Bin ich schwul oder was? fragst du zurück.
Ihr lacht, dann verschwindet Locke wieder im Bad und du legst die Knarre unter das Kissen, schließt die Augen und denkst nicht an das Mädchen.

Am Morgen begrüßt dich Lockes Mutter, als würdest du jeden zweiten Tag hier übernachten. Sie ist nicht mal überrascht, wie dein Gesicht aussieht. Ihr bekommt Kaffee serviert, aufgebackene Brötchen warten, dann verschwindet seine Mutter im Wohnzimmer und zwinkert dir zum Abschied zu. Was für ein Sonntag! War ja wohl alles Schwachsinn, was sich die Jungs erzählen. Das ist echt eine nette Frau, gut sieht sie dazu auch noch aus. Wenn du da an deine Mutter denkst ... nee, mach mal lieber nicht.
– Coole Mutter, sagst du.
– Ich weiß, sagt Locke und beißt von seinem Brötchen ab.
Er drängt dich noch immer nicht. Die ganze Nacht über kam kein Wort von ihm. Ihr habt euch auf dem schmalen Bett gedrängt, bis Locke sich auf den Boden verzogen hat.
– Harte Nacht, was? sagst du.
– Hauptsache, du hast gut geschlafen, antwortet er und grinst.
Das Radio läuft, ihr seht aus dem Fenster, weicht einander aus, ohne dass es peinlich ist. Nachdem ihr das Geschirr in die Spüle gestellt habt, setzt du dich in Lockes Zimmer aufs Fensterbrett und rauchst eine. Du hast dir eine Schachtel von Lockes Tisch geklaut, der soll sich mal nicht so haben. No. Die Kippe klemmt sicher zwischen deinen abgeschwollenen Lippen. Vorhin warst du überrascht, als du dich im Spiegel sahst. Etwas Schatten unter den Augen, etwas blau ums Kinn, ansonsten wirkst du

recht passabel. Eine Menge ist geschehen und du bist nicht mehr der Alte, nee, das ist vorbei.
– Okay, sagt Locke in die Stille hinein und lässt sich in seinen Sessel fallen. Er hat beide Beine über die Lehne gelegt und sieht aus wie ein Idiot ohne Rückgrat.
– Erzähl, was passiert ist.
Du ziehst an deiner Zigarette.
Erzähl, was passiert ist ...
Na los, erzähl schon.
– In der Nacht, als ich abgehauen bin, da saß sie draußen, weißt du? Vor einem der Häuser in der Christ. Alleine. Ich lief da so die Straße runter, einfach so. Das war wie mit dem Hinterhof. Ein Magnet hat mich angezogen und direkt zu ihr geführt. Es passierte einfach. Und sie hat gelächelt. Und ich ...
Locke sieht aus, als würde er die Luft anhalten.
– Atme mal aus, sagst du.
Locke lacht nicht, er atmet auch nicht aus, er sagt ganz leise:
– Und?
– Ich hab ihr meine Meinung gesagt, sagst du, Genau das habe ich getan.
– Und dann ...
Du sprichst nicht für ihn weiter, siehst ihn nur an.
– Und dann war sie tot? sagt Locke beinahe flüsternd.
– Und dann war sie tot, antwortest du und deine Stimme klingt dabei ganz normal.

Er lässt dich in Ruhe. Er fragt nicht nach der Knarre. Er ist eigentlich der Kumpel, den du dir schon immer gewünscht hast. Einer, der weiß, wann er die Klappe halten muss.
Dir ist schlecht von der Zigarette, du spuckst aus dem Fenster und zeigst dann auf den Computer.

– Was hast du da drauf?
Die nächsten Stunden verbringt ihr vor *Myst* und beschließt danach rauszugehen. Raus auf die Straße, rüber in den Park, wo die Jungs warten. Dass dein Gesicht niemanden zum Lachen bringen wird, kümmert dich nicht. Sollen die Jungs ruhig sehen, was dir passiert ist. Dir ist so vieles egal geworden, dass es keinen Grund mehr gibt, auf Feinheiten zu achten. *Auf alles scheißen,* ist dein neues Motto. Yo.
– Bist du dir sicher? fragt Locke.
– Die warten schon auf mich, antwortest du und fühlst dich zwei Meter groß.

Die Jungs sitzen auf den Rückenlehnen, mit den Füßen auf den Sitzflächen der Bänke. T-Shirts und Kapuzenjacken, Jeans und Trainingshosen, offene Turnschuhe mit breiten Schnürsenkeln, Goldkettchen, Arm- und Schweißbänder und hier und da ein Ohrring. Sie hängen vor dem Teerplatz herum und schauen zu, wie ein paar Kids den Ball rumdreschen, sie rauchen und nippen von ihren Energydrinks, sie haben den Tag für sich gepachtet und so muss es sein.
Du steigst mit Locke über den Zaun und rutschst die Böschung hinunter. Als ihr den Weg erreicht, seht ihr einander nicht mehr an. Das ist die Stelle, an der du dich von Locke trennst. Jeder hat seine Jungs. Das mischt sich nicht, das sind zwei verschiedene Klubs. Und dein Klub kann es kaum glauben, wie du aussiehst, Mann. Sie brechen in eine leichte Hysterie aus und ein paar von den anderen Jungs kommen dazu, und plötzlich stehst du im Rampenlicht, ohne zu wissen, was du da verloren hast.
– Was'n passiert?
– He, was is'n gewesen?

– Hast du ’ne Bulldogge gefüttert oder was?
– Hat dich dein Alter gequetscht, mh?
– Oder ist dir deine Puppe quer gekommen?
– Wenn er mal eine hätte.

Sie verarschen dich, wollen die Geschichte aus dir rauskitzeln, doch du hältst dicht, glaubst Lockes Blick im Rücken zu spüren, drehst dich nicht um.

– Bin gestolpert, sagst du.
– Gestolpert an meinem Arsch, sagt Janko.
– In ’nen Mähdrescher oder was? sagt Ali und boxt dir leicht in den Magen.
– He, lass mal, sagst du.
– Was is’n wirklich passiert? wollen sie wissen.
– Bin gestolpert, wiederholst du.

So feixt ihr herum, greift euch an die Ärsche und seid so albern, als wärt ihr auf einem Kindergeburtstag. Das ist das Wetter, das macht gute Stimmung, das ist die Freiheit, die dir gefehlt hat. Und niemand, nicht einer spricht über das tote Mädchen. Das ist gut, das ist das Beste.

– Warum erzählst du nicht, was wirklich passiert ist? sagt plötzlich eine neue Stimme.

Die Jungs drehen sich um. Marco steht da und hat seine Töle dabei. Und Marco sieht überhaupt nicht happy aus, Mann, nee, überhaupt nicht.

MARCO

ES GIBT KEINEN GRUND, happy zu sein. Der Sonntagmorgen beginnt nach einer unruhigen Nacht damit, dass du um vier Uhr früh zum Bahnhof Zoo fährst, um Zeitungen zu holen.

Schon von Freitag zu Samstag hast du kein Auge zugetan. Dein Körper hat unermüdlich sein ganz eigenes Koffein produziert, während ein Verrückter auf deinen Nerven einen zähen Blues zupfte, ohne dir eine Minute Pause zu gönnen. Du wolltest niemanden sehen, du wolltest niemanden sprechen. Der Tod des Mädchens umgab dich wie eine schlechte Aura.

Ein paarmal war Elke gestern auf deinem Anrufbeantworter und bat dich zurückzurufen. Zum Glück kam sie nicht auf die Idee, dich zu besuchen. Nur deinen Hund konntest du ertragen. Dreimal warst du mit Trine draußen, so kurz, wie es nur ging, dann wieder hoch in die Wohnung, Fernseher an und abwarten, abwarten, abwarten. Der erste Bericht kam spät am Samstagabend in der Tagesschau. Die Kriminalpolizei hat sich Mühe gegeben, den Mord unter Verschluss zu halten. Jetzt war es raus. Ernste Gesichter, verwirrte Gesichter und die Christstraße so völlig fremd, als wärst du noch nie dort gewesen. Dann die heulende Mutter, das starre Gesicht des Vaters, daneben ein Junge, der andauernd seine Brille ab-

nahm, um sich die Tränen aus den Augen zu wischen. Du kanntest ihn vom Sehen, Charlottenburg ist ein Kaff, der Junge der Bruder von dem Mädchen. Von der Berichterstattung bekamst du kaum was mit, nur Schlagwörter über Bandenkriege und Ausländerfeindlichkeit. Sogar die Schießerei vor dem *Partisan* wurde erwähnt, die Kripo fahndet nach einem Zusammenhang.
Danach erst hast du etwas Schlaf gefunden, auch wenn er unruhig war, konntest du wenigstens für eine Weile die Augen schließen und in einer bodenlosen Schwärze versinken. Mehrmals bist du schweißgebadet aufgewacht, du hast im Bad Wasser getrunken und bist deinem Spiegelbild ausgewichen. Schließlich fuhrst du um vier Uhr zum Bahnhof Zoo, um dir den *Tagesspiegel*, die *Berliner Zeitung* und die *Morgenpost* zu kaufen, und sitzt jetzt wieder in deiner Wohnung. Die Artikel liegen ausgebreitet vor dir auf dem Boden und sind so nichtssagend wie zehnmal aufgegossener Kaffee. Als wäre all das vor Jahren geschehen. Nur das Foto des Mädchens erscheint dir erschreckend klar. Der winzige Leberfleck am Kinn, ihr lächelnder Mund und diese Augen, die dich direkt ansehen.
Du versteckst die Zeitungen unter deinem Bett und ziehst einen Stuhl ans Fenster. Dort sitzt du mit einer unangezündeten Zigarette zwischen den Fingern und dem Kopf voller Löcher.
Wie konnte es so ausarten? fragst du dich. *Wie konnte ich es so ausarten lassen?*

Und wieder fährst du zu Kollok, und wieder willst du seinen Rat. Der Kreis ist enger geworden, du kannst nicht mehr mit jedem Beliebigen darüber sprechen. Willi ist völlig aus dem Spiel raus, und René, der sonst mit dir die

Clique zusammenhält, kommt erst im August aus Holland zurück. Wie willst du ihm dann den ganzen Mist erklären, ohne dein Gesicht zu verlieren?
– Kollok, ich bin's!
Er kommt nicht an die Tür, obwohl sein Wagen vor dem Haus steht. Du weißt, dass er da ist.
– Kollok!
Du klingelst, du klopfst, du trittst sogar gegen das Holz. Der Nachbar von gegenüber macht seine Tür auf.
– Weißt du eigentlich, wie spät es ist? fragt er dich.
– Wie spät? fragst du zurück.
– Kurz nach sechs und das am Sonntag.
An jedem anderen Tag hätten dir zehn Sprüche auf der Lippe gelegen, heute siehst du diesen traurigen Kerl in seinem Schlafanzug nur an und rennst die Treppe runter. Kollok kann warten, alles kann warten, wichtig ist, dass du erst mal auf die Reihe kommst.

Es ist um diese Uhrzeit beinahe unmöglich, einen Parkplatz am Savignyplatz zu finden. Du stellst dich auf den Bürgersteig neben einen Ford K und läufst die zweihundert Meter zu den *XII Aposteln*. Außer dir sitzt nur ein altes Pärchen im hinteren Teil des Cafés. Du nimmst dir vorne einen Fensterplatz mit Aussicht auf den S-Bahneingang. Die Kellnerin bringt dir einen Milchkaffee, von der Theke holst du dir zwei Schokocroissants und beginnst zu essen.
Der Tag bricht an, Leute kommen zum Frühstück herein, die Musik wird etwas lauter gedreht, jemand setzt sich dir gegenüber, immer wieder neue Gesichter und du schaust aus dem Fenster auf die Passage und denkst und denkst, wie es weitergehen soll.
Nach dem Kaffee trinkst du einen Orangensaft, legst

deine Hände um das leere Glas, bist überall, nur nicht hier an diesem Ort.
Um zehn rufst du bei Kollok durch und hinterlässt ihm die Nachricht, dass ihr euch dringend sehen müsst. Du wiederholst deine Handynummer, auch wenn du dir sicher bist, dass Kollok sie auswendig kann. Du bist gerade dabei, bei der Kellnerin zu bezahlen, und wartest auf dein Wechselgeld, als dir etwas aus den Augenwinkeln auffällt. Dort draußen vor dem S-Bahneingang, neben dem Typen, der Zeitungen verkauft. Es ist das erste Mal, dass du diese Szenen im Film verstehst. Diese Momente, in denen sich die Zeit ganz träge und langsam bewegt, in denen die Menschen langsamer gehen, langsamer atmen und die Hauptpersonen sich außerhalb der Realität befinden. Du und das Mädchen dort draußen. Wie sie neben dem Zeitungsverkäufer steht, Hände in den Taschen ihrer Jacke, Haar nach hinten gebunden, Augen auf dich gerichtet.
Wie lange steht sie schon da? fragst du dich. *Wie lange beobachtet sie mich schon?*
Das Mädchen kommt näher, es bleibt vor der Glasfront des Cafés stehen und beugt sich vor. Du siehst den Leberfleck an ihrem Kinn, du siehst, wie sie die Hände abschirmend neben ihre Augen hält, um besser reinschauen zu können. Ihr seht euch an, und dann lächelt sie.

Fünfzehn Minuten später stehst du unter der Dusche, deine Stirn gegen die Fliesen gedrückt, die Haut knallrot von der Hitze. Aber was du auch anstellst, du bekommst diese beißende Kälte nicht aus deinen Knochen. Und wie lange du dich auch mit zugekniffenen Augen unter der Dusche versteckst, irgendwann musst du das Wasser abdrehen und die Augen wieder öffnen.

Natürlich war sie verschwunden, als du das Café verlassen hast. Draußen schien die Sonne, niemand stand an der Glasfront und den Zeitungstypen hast du auch nicht nach dem Mädchen gefragt. Alles hat seine Grenzen, dein Schädel ist einfach übermüdet und du musst sehen, dass du diesen Spuk so schnell wie möglich beendest. Übermüdet, überlastet, überalles.

Du stellst das Wasser ab, öffnest die Duschkabine und greifst dir ein Handtuch. Der Spiegel ist beschlagen, du wischst ihn sauber und erschreckst vor dem Anblick. Junkie durch und durch. Blutgeränderte Pupillen, harte Falten um Augen und Mundwinkel, gar nicht witzig.

Du beschließt, noch ein paar Stunden zu schlafen, dich regelrecht dazu zu zwingen. Nackt betrittst du dein Schlafzimmer, wo das Mädchen schon auf dich wartet. Kissen hinter dem Rücken, Beine auf dem ungemachten Bett.

– Bitte nicht, sagst du kaum hörbar.

Sie lächelt. Du beginnst zu flennen, drückst dir für eine Minute schmerzhaft die Handballen auf die Augen. Als du sie wieder herunternimmst, ist nur der Hauch eines Abdrucks in den Kissen zurückgeblieben.

Du greifst dir deine Decke und legst dich auf das Sofa im Wohnzimmer. Und da liegst du dann die nächsten zwei Stunden mit zugekniffenen Augen und findest keinen Schlaf.

Am Nachmittag suchst du überall nach ihr. Siehst sie in jedem Schatten, siehst sie in jedem Gesicht. Du hast Trine an deiner Seite, dein Hund gibt dir ein Gefühl von Sicherheit. Mit Trine kann dir nichts passieren. Das sagte dein Vater, als er sie dir schenkte, und das ist bis heute wahr.

Kollok macht noch immer nicht auf, sein Handy ist auf Mailbox gestellt und du sprichst ihm einen zweiten Spruch drauf. Für einige Minuten stehst du abwartend auf dem Bürgersteig vor seiner Wohnung und hoffst, dass er jeden Moment nach Hause kommt. In den zwei rastlosen Stunden auf dem Sofa hast du einen Entschluss gefasst. Cengiz muss aus dem Verkehr gezogen werden, irgendwie musst du an ihn rankommen, er *muss* verschwinden. Aber find ihn erst mal.

Du beschließt in den Park zu gehen. Du willst rumhören, ob irgendjemand weiß, wo Cengiz steckt. Vielleicht hat Locke eine Idee, wo du ihn finden kannst, und vielleicht hast du Glück und es gibt eine harmlose Abkürzung zu dem ganzen Mist, der sich zusammengebraut hat.

Und wie du Glück hast.

Du siehst nicht nur Locke, sondern auch Cengiz hängt mit der Clique herum. Jetzt reiß dich zusammen, bleib cool und lass dir nichts anmerken. Das ist das Wichtigste, lass dir ja nichts anmerken.

Du stellst dich an den Rand des Kreises, der sich um Cengiz herum gebildet hat, und hörst dem Gerede zu. Als du deinen Mund öffnest, ist deine Stimme wieder deine Stimme. Keine Schwäche ist dahinter zu hören, du bist der Boss. Du hast das Sagen, und du sagst:

– Warum erzählst du nicht, was wirklich passiert ist? fragt Marco und setzt sich auf eine der Bänke. Die Töle hockt sich auf den Boden zu seinen Füßen, Zunge draußen, Augen aus Eis, fieser Dobermann mit Stummelschwanz.
– Bin gestolpert, wiederholst du zum dritten Mal, aber deine Stimme klingt jämmerlich und du bereust es sofort. Was war denn das? Bist du gerade aus einem Ei geschlüpft oder was? No.
– Erzähl schon, sagt Marco und legt die Arme links und rechts auf die Lehne der Bank. Ganz fit sieht er nicht aus. Als hätte er die Nacht nicht gepennt, Schatten unter den Augen und so verdammt blass, dass du durch ihn durchsehen könntest, würde die Sonne auf ihn scheinen. Niemand setzt sich neben Marco, sie halten Abstand, als hätte er eine ansteckende Krankheit. Mann, haben die einen Schiss vor ihm. Du aber nicht. Nicht du.
– Es waren die Yugos, sagst du.
Schweigen. Die Jungs sind so was von still, du wusstest nicht, dass das überhaupt geht. Ihre Gesichter. Ihre Augen. Sie wechseln untereinander Blicke, ihre Gedanken wandern als Funkwellen durch die Gegend und jeder Blinde könnte sie aus der Luft ablesen: Die Yugos. Das Mädchen. Tot.

– Erzähl, was passiert ist, fordert dich Marco erneut auf. Und du erzählst, erzählst im Detail und lässt den Einbruch weg. Das ist deine Feuerprobe. In dieser Geschichte gibt es keinen Marco oder Kollok. Es gibt keine Villa mit Alarmanlage und auch keinen Locke, der mit dir durch die Nacht rennt. Es gibt nur dich allein. Den, der die Arschkarte zog.
– Und was glaubst du, warum dich die Yugos aufgemischt haben? will Marco wissen.
Du spürst, wie deine Mundwinkel zucken, als müsstest du lächeln. Musst du nicht. Dir ist eher zum Heulen. Will Marco dich auf den Arm nehmen? Ist das ein Test? Was denkt er, was er hier tut? Denkt er, du verpfeifst ihn?
– Weiß nicht, sagst du und siehst, wie ein alter Mann auf euch zukommt. Er bemerkt die Clique, weicht auf die Wiese aus und macht einen großen Bogen um euch.
– Da habe ich was anderes gehört, sagt Marco und beugt sich vor. Seine Hände zittern, das kannst du sehen. Er verschränkt sie ineinander, die Töle zu seinen Füßen gähnt, Marco spricht weiter:
– Am Donnerstag hatte ich ein kleines Gespräch mit Tadi. Ist ja nicht gerade so, dass wir Brüder wären. Aber ab und zu ist das nötig, um die Balance zu halten. Er hat seine Yugos, ich hab euch, und manchmal ist es notwendig, dass wir uns zusammensetzen, um ein Problem zu besprechen, klar?
Die Jungs nicken, das ist klar, jeder von ihnen hat die Filme gesehen, wo genau dasselbe passiert ist. Robert De Niro. Harvey Keitel. Joe Pesci. Das hier aber ist kein Film, das hier ist dein verdammtes Leben.
– Die Yugos haben die Schießerei vor ihrer Disko nicht vergessen, spricht Marco weiter, Viel zu viel Blut, viel zu viel Panik. Sie glauben, dass Cengiz mit dabei war.

Warum sie das glauben? Weil er gesehen wurde. Von einem ihrer Mädchen, das jetzt tot ist.
Marco schüttelt den Kopf.
– Wer auch immer die Kleine abgeknallt hat, Jungs, sagt er, Wir stecken in der Klemme. Nicht nur die Bullen werden bald hinter unserem kleinen Mongolen her sein, sondern auch die Yugos haben ihn im Visier.
– Er war's nicht, sagt Locke.
– Natürlich war er es nicht, du Blödmann, fährt ihn Marco an.
– Aber---
– Der Mongole könnte nicht mal eine Orange schälen, ohne dabei Gewissensbisse zu kriegen, also halt mal die Luft an, ja? *Das* ist nicht unser Problem, unser Problem ist---
Marco bricht ab, alle sehen dich an. Dich und deinen Mund und dein Gesicht und diese glitzernden Augen.
– Wieso lachst du? fragt Marco.
– Weil ihr so beschissen dämlich seid, sagst du.
– He!
Marco ist sofort auf den Beinen, seine Bewegung flüssig, die Rastalocken schwingen um seinen Kopf. Die Töle ist so überrascht, dass sie zwei Sekunden zu spät reagiert, dann steht sie sprungbereit neben Marco und fletscht die Zähne.
– Ruhig, Trine! sagt Marco.
Du weichst einen Schritt zurück. Deine Stimme ist so angenehm kalt, dass du dich in ihr verkriechen möchtest:
– Denkt ihr, ich lass mich einfach so zurichten? Denkt ihr, so eine Schlampe darf mich verpfeifen? Bin ich denn blöd oder was? Die hat es verdient. Die hat es echt verdient.
Du stehst zitternd da, deine Hände eine flackernde Bewegung, du hast das Gefühl, von innen her zu leuchten.

– Red keinen Scheiß, sagt Locke.
– Ja, Mann, red keinen Scheiß, sagt Ali, So spricht man nicht über 'ne Tote.
Die anderen Jungs nicken und schweigen und warten, denn sie haben schon kapiert, wovon du eben gesprochen hast, sie wollen es aber klar und deutlich von dir hören. Du gibst es ihnen klar und deutlich:
– Ich war's, sagst du leise, Es ging ganz einfach.
Du ziehst die Knarre von Lockes Vater aus dem Hosenbund und lässt sie locker an deiner Seite herabhängen. Du hältst sie an deinen Oberschenkel gepresst, als wäre sie eine Verlängerung deines Armes. Alles Übung, du machst das gut.
– Ach nee, rutscht es Ulrich raus.
– Scheiße, sagt Marco und blickt sich um, dann winkt er dich zu sich rüber und sagt zischend:
– Gib mir die Knarre, bevor sie jemand sieht.
Du schüttelst den Kopf. Das wäre das Letzte, was du jetzt tun würdest. Da kann er gleich nach deinem Ohr oder deiner Nase fragen.
– Die bleibt bei mir, sagst du und schiebst die Waffe wieder in deinen Hosenbund.
Du siehst Marco, dann die Jungs an. Niemand wird probieren, dir die Knarre wegzunehmen, das weißt du jetzt. Nicht Marco, nicht die Clique, nicht die Bullen und auch Gott kann dich mal von hinten sehen.
– Es tut mir nicht Leid, sagst du und schüttelst den Kopf, Es tut mir kein bisschen Leid.

ES TUT IHM WIRKLICH NICHT LEID. Der Blick verrät es, dieses Zucken seiner Schultern. Es ist ihm egal. Und dann wendet Cengiz sich von euch ab und geht. Einfach so. Lässig.

– Bleib sitzen, sagt Marco.

Die Töle zu seinen Füßen zittert, sie rührt sich aber nicht von der Stelle.

– Was jetzt? fragt Ulrich.

– Lasst ihn abkühlen, dann wird er wieder auftauchen, sagt Marco ohne die Augen von Cengiz zu nehmen.

Du glaubst nicht daran. Der ist am Kochen, einer wie der kühlt nicht einfach ab, Mann. Nee, Cengiz wird was anstellen, was Schlimmes. Aber was willst du dagegen tun? Ausgerechnet du, Hemd durch und durch.

Du siehst Cengiz hinterher, wie er mit hochgezogenen Schultern zum Wasser hinuntergeht. Was würdest du dafür geben, an seiner Stelle zu sein. So zu gehen, so zu reagieren. *Zack* die Knarre draußen. Scheiße, der ist ein Killer, und du findest das okay?

Weiß nicht.

Oder meinst du, er hat getan, was er tun musste?

Na ja.

Scheißmacho.

Na und?

– Was ist los? Habt ihr nichts Besseres zu tun? blafft Marco plötzlich die Jungs an. Sie maulen und verstreuen sich, einige nur ein paar Meter weit weg zur nächsten Parkbank, auf der sie sich wie verscheuchte Tauben niederlassen. Du willst auch gerade einen Abgang machen, da sagt Marco:
– Du nicht, Locke. Dich und Alex brauche ich.
Alex kommt angetrottet und macht ein Gesicht, als hätte ihm jemand die zehn Gebote in die Hände gedrückt. Du merkst, wie dein Mund trocken wird.
– Setzt euch.
Ihr seid jetzt allein mit Marco. Alex rechts auf der Parkbank, du links von Marco und alle drei seht ihr über die Wiese, auf der sich Marcos Töle im Gras wälzt. Am Seeufer liegt Cengiz und hat sich seine Kapuzenjacke als Kissen unter den Kopf gelegt. Verdammt lässig. Keine Ahnung, was Marco und Alex denken, doch das kann ihnen nicht entgehen. MC hat alles im Griff. Hinter euch spielen die Kids weiter Fußball und dreschen den Ball gegen den Maschendrahtzahn, als wollten sie ihm ein Loch verpassen. Du zuckst jedes Mal unmerklich zusammen.
– Ich hab keine Zeit, mich um den Scheiß hier zu kümmern. Ich muss versuchen mit den Yugos zu reden, bevor die einen Krieg anfangen. Ich muss auch checken, was die Bullen wissen und was sie vorhaben. Oder fändet ihr das witzig, wenn euch die Bullen einen nach dem anderen aufgabeln und ausquetschen?
Alex sagt, nee, das fände er gar nicht witzig, Mann, und du schielst Marco unauffällig von der Seite her an. Die letzten Worte waren garantiert an dich gerichtet. Marco muss noch immer einen Schwitzer haben, dass sie euch wegen der Ballerei auf die Disko schnappen. Als wenn

Cengiz und du nicht dichthalten könntet. Als wenn Cengiz keine anderen Probleme hätte, Mann.
– Ich will, dass ihr euch um den Mongolen kümmert, spricht er weiter, Keine Ahnung, was der Spinner vorhat, aber behaltet ihn im Auge. Ich will nicht, dass er noch irgendwas Bescheuertes anstellt, bevor ich mit den Yugos gesprochen habe. Wo hat er überhaupt die Knarre her?
Alex hebt die Schultern, du hörst auf zu atmen.
Schweigen.
– Ich kann heute nicht, sagt Alex schließlich und spuckt aus.
– Was?
– Ich sagte---
– Denkst du, ich hör schlecht? fragt Marco gereizt.
– Mein Alter, sagt Alex.
– Dein Alter was?
– Geburtstag.
– Scheiße.
Marco sieht dich an.
– Du hast doch 'nen Draht zu Cengiz, oder?
– Na ja ...
– Glaubst du, du packst das allein?
Was auch immer Marco von dir will, nick erst mal.
– Okay, häng dich an ihn ran und find heraus, was das alles soll, hörst du? Du bist mir was schuldig, vergiss das nicht.
Als ob du das vergessen könntest. Du erwiderst Marcos Blick. *Was bist du für ein Arsch.* Wenn er sehen könnte, was du denkst, wärst du aufgeschmissen.
– Dann ist ja alles geregelt, sagt Marco und steht auf. Ich will morgen hören, was gelaufen ist, Locke. Und ruf mich nie wieder nachts an, hast du verstanden?

– Okay.
Marco pfeift kurz. Die Töle kommt angehechelt und nimmt sofort Kurs auf dich, dass du dir wünschst, Cengiz hätte ihr auch eine Kugel verpasst.
– Aus! sagt Marco scharf.
Die Töle erstarrt und behält ihren hungrigen Blick auf deinen linken Turnschuh gerichtet. Wie gerne würdest du ihr in die Fresse treten. Einmal kurz und fest. Mann, würdest du das gerne tun.
– Ab mit dir! sagt Marco, und die Töle setzt sich in Bewegung und folgt ihm.
Als Marco außer Hörweite ist, sagt Alex:
– Haste aber Glück gehabt.
– Scheißtöle, sagst du und schaust zu Cengiz rüber. MC ist so cool, dass dir vor Neid ganz heiß wird.
– Ich mach, dass ich wegkomme, sagt Alex und steht auf. Auch er sieht jetzt zu Cengiz rüber.
– Verdammt cool, was? sagst du.
– Zu cool, um lange am Leben zu bleiben, antwortet Alex, dann haut er dir auf die Schulter: Und lass dich ja nicht auch noch abknallen, ist nämlich schlecht für die Gesundheit, hahaha.

Was für ein toller Tipp. Das wäre der dümmste Tod, den du dir vorstellen kannst. Abgeknallt von deinem Kumpel mit der Kanone deines Vaters. Was für ein Heldentod. Kein Tod ist der beste Tod, so siehst du das.
Du verstaust die Hände in den Hosentaschen und schlenderst zum Wasser runter. Die Blicke der Jungs folgen dir, was auch immer sie denken, sind doch alles Memmen, die sich nichts trauen. Klar packst du das allein.
Dein Kumpel macht nicht mal die Augen auf, als du neben ihm stehen bleibst. Hat er denn gar keine Panik, dass

die Yugos ihm auflauern? Was, wenn jetzt ein paar vorbeikommen? Die sind bestimmt schon auf der Suche nach ihm, Mann, und er liegt hier rum und sonnt sich.
– Pennst du?
Cengiz antwortet nicht, keine Regung im Gesicht, liegt da wie eine Mumie. Du setzt dich neben ihm ins Gras und schaust aufs Wasser. Gegenüber ist das Hotel Seehof. Was das wohl kostet, ein Zimmer mit Blick auf den Lietzensee? Frühstück umsonst und Minibar. Du kratzt dich am Knie. Eine Ameise läuft über deine Hand, du versuchst sie abzuschütteln, doch sie hält sich hartnäckig fest.
– Ich hab keinen Schiss, sagt Cengiz.
Überrascht siehst du ihn an. Mehr hat er wohl nicht zu sagen, also antwortest du:
– Hat auch keiner behauptet, dass du Schiss hast. Ist aber nicht gerade clever, hier so rumzuliegen, Alter, wenn die Yugos vorbeilaufen, machen die Mus aus dir.
Cengiz öffnet sein rechtes Auge.
– Ach, sagt er.
– Ja, ach.
– Sollen sie mal. Ich bin unsterblich.
– Ach.
– Ja, ach.
Du grinst, er grinst zurück und setzt sich auf, so dass du sehen kannst, dass die Knarre die ganze Zeit über in seiner Hand lag, entsichert. Cengiz lässt sie locker zwischen den angezogenen Beinen baumeln. Ihr seht beide auf den schwarzen Lauf. *Damit,* denkst du, *damit.*
– Die sollen mal kommen, Locke, die sollen mal ruhig kommen.
– Worauf du wetten kannst, sagst du.
– Ich wette nie.
– Feigling.

– Nee, der geborene Sieger, Mann. Hast du was zu rauchen dabei?
Du schüttelst den Kopf.
– Na, dann nicht, sagt Cengiz und sieht zum Hotel rüber, Prima Sommer, was?
– Kann mich nicht beschweren.
– Ich erst recht nicht, sagt Cengiz und beginnt zu heulen.

Du sitzt nur da. Was sollst du auch tun? Ihm den Arm um die Schulter legen? Mann, der verpasst dir doch eine. Außerdem würden das die Jungs sehen, nee, lass mal.
Cengiz heult ein paar Minuten lang vor sich hin, ohne dass dabei viel passiert. Er sitzt einfach nur da, sieht übers Wasser, während ihm Tränen und Rotz das Gesicht runterlaufen. Und du hast nicht mal ein Taschentuch bereit.
Als er sich ein wenig beruhigt hat, sagst du:
– Weißt du, was ich denke? Ich denke, ich weiß, was passiert ist.
Du machst eine Pause, siehst zu Cengiz rüber, wartest auf eine Reaktion, es kommt aber keine, also sprichst du weiter:
– Du hattest nicht vor, die Kleine zu erschießen, Mann. Du hattest nie vor, irgendjemandem was zu tun. Ihr ... Ich glaube, ihr seid aneinander geraten. Durch reinen Zufall, mitten auf der Straße, weißt du? Genau wie in diesem öden Film, wo der kleine Rapper mitgemacht hat. Mensch, wie hieß denn der Film? Wo alles irgendwie zusammenhing und einen Sinn machte, obwohl es keinen Sinn gab, erinnerst dich? Genau das ist dir und ihr passiert. Ihr hättet auch aneinander vorbeilaufen können und alles wäre anders gekommen, ihr seid aber nicht aneinander vorbeigelaufen, oder? Und dass du abgedrückt

hast, Mann ... ich versteh das, ich versteh das, ohne dass du es mir erklären brauchst. Ich könnte das zwar nie, aber du bist anders, du bist MC und---

– *Magnolia,* unterbricht dich Cengiz.

– *Mag*-was?

– Der Film, er hieß *Magnolia.*

– Nee, der hieß anders.

– Der hieß *Magnolia*, Locke, glaub's mir.

– Vergiss es, ist auch nicht wichtig, du weißt ja, was ich meine, oder?

Cengiz wischt sich die Nase am Handrücken ab, sieht dich noch immer nicht an.

– Wäre ich an deiner Stelle gewesen, sagst du und meinst es auch so, Hätte ich dasselbe getan, glaub mir das.

– Alter, sagt Cengiz, Du weißt gar nicht, was du für eine Scheiße redest.

– Weiß ich nicht?

– Nee, weißt du nicht.

– Wenn du das sagst.

– Ich sag das.

Endlich sieht er dich an.

– Und ich geb dir mal einen Tipp, okay? Falls du denkst, ich bin dämlich oder so, dann hast du dich geschnitten. Und falls du denkst, ich weiß nicht, dass du hier rumhängst, weil Marco dir das aufgetragen hat, dann hast du dich schon wieder geschnitten.

Du willst den Mund aufmachen.

– Jetzt lass mich mal reden, Locke. Ich werd hier abhauen, in Tegel wohnt mein Onkel Karim, bei dem werde ich untertauchen, kapiert? Bis dahin will ich nicht, dass du mit mir rumhängst, ich will dich da nicht reinziehen. Geh zurück zur Clique. Wenn sich das alles gelegt hat, sehen wir uns vielleicht mal wieder, okay? Mach also

keinen Scheiß und geh mir aus dem Weg, das ist das Beste.
– Aber wir sind Kumpels, rutscht es dir mit quäkiger Stimme raus.
– Nicht bei so was, da kann ich dich nicht gebrauchen, du stehst nicht zu mir.
– Steh ich doch.
– Würdest du die Knarre nehmen und jemanden bedrohen?
Du schluckst, denn du weißt, dass du das nicht könntest. Davon zu träumen und es zu tun sind zwei verschiedene Planeten. Du sitzt auf dem ersten Planeten fest und der zweite ist Lichtjahre entfernt.
– Vergiss es, sagt Cengiz und schaut übers Wasser.
Du stehst auf. Du weißt nicht, ob du wütend oder enttäuscht sein sollst.
– Da kommst du alleine nie durch, sagst du.
– Das werden wir noch sehen, antwortet dir Cengiz, Und jetzt mach mal, das du dich verpisst, bevor ich dir eine verpasse.

WOW, DAS IST JA EINE LÄSSIGE NUMMER, die du da abziehst. Und der naive Locke fällt doch glatt drauf rein und verpisst sich wirklich. Schon lange hast du keine so platten Sprüche gemacht. Da erblasst ja jeder Gangster. Prima Leistung. Jetzt hast du nicht nur deine Familie und die Clique auf der falschen Seite, sondern auch noch den einzigen Jungen, der dich bewundert hat. Was willst du als Nächstes tun? Eine Kirche anzünden oder so?
– He, Locke?
Locke dreht sich um, hoffnungsvoller Blick, an ihm ist ein Hund verloren gegangen.
– Ja?
– Ich brauch meinen Rucksack.
– Dann hol ihn dir.
– Bist du denn nachher da?
Er schüttelt den Kopf und lässt dich zappeln. Fair ist fair.
– Wenn du nicht da bist, wo steckst du dann? fragst du ihn.
– Bei meinem Alten.
– Oh.
– Ja, du mich auch.
Locke wendet sich wieder ab und geht an der Clique vorbei aus dem Park. Du schaust ihm nicht hinterher, denn du willst die Blicke der Jungs nicht auffangen. Endlich

bist du allein. Endlich. Du hast vor, auf den Abend zu warten. Hier an diesem Ufer. Niemand wird sich dir nähern, und die Yugos können dich mal von hinten sehen, du hast keine Angst. Sieh es dir an, wie du dich streckst und gähnst. Unantastbar. Du hast noch immer das Gefühl, dass dich ein gewaltiger Magnet anzieht.
Stunden vergehen, dein Kopf ist leer, die Zeit zittert mit langen, dürren Beinen über dem Wasser. Du pennst immer wieder weg, nichts weiter geschieht. Dann bricht die Dämmerung plötzlich herein und dir wird kalt. Es gibt nicht gerade viele Orte, die du jetzt aufsuchen könntest.
Dein Vater geht dir nicht aus dem Kopf. Du hättest gerne jemanden, dem du das alles erzählen könntest. Jemanden, der sich eine Meinung bildet und dir einen Rat geben kann. Da ist keiner. Und dein Vater hat Mist gebaut. Mit dir.
Jetzt weißt du, wie es weitergeht. Du stehst auf und steckst dir demonstrativ die Knarre in den Hosenbund. Yo. Erst nachdem du dir deine Kapuzenjacke angezogen hast, siehst du dich um. Keiner von eurer Clique sitzt mehr auf den Bänken, ein paar Kids spielen bei dem schlechten Licht noch immer Fußball. Es ist mal wieder Zeit für etwas Action.

Das türkische Café liegt in der Nehringstraße Ecke Seeling. Du beobachtest es von der gegenüberliegenden Seite, lehnst im Schatten eines Hauseinganges und lässt das Café keine Sekunde aus den Augen.
Leute laufen an dir vorbei, ohne dich zu bemerken. So muss das sein. Du könntest ihnen einen Mordsschrecken einjagen, tust es aber nicht. Inkognito ist dein Motto.
Du willst nicht darüber nachdenken, was du hier tust. Du schiebst den Gedanken beiseite, bist nur noch Schatten in

Schatten. Gut, dass du keine Uhr besitzt. Wahrscheinlich würdest du pausenlos draufschauen und den Zappel kriegen. No. So ist es besser, so kannst du dir vorstellen, die Zeit ist aus Honig und kriecht träge eine Treppe runter. Cooles Bild. Du gähnst und für einen Moment verschwimmt die erhellte Fensterfront des Cafés, dann kneifst du die Augen einmal kurz zusammen und siehst wieder scharf.

Diese türkischen Cafés sind dir ein Rätsel. Das Licht da drin kommt von blanken Neonröhren und die Luft ist immer dicht von Zigarettenrauch. Da sitzen Männer an Tischen und spielen Karten oder Backgammon. Sie haben gläserne Teetassen neben sich stehen, einige trinken Kaffee, einige einfach nur Wasser. Frauen haben hier nichts verloren. Aus zwei runden Boxen, die wie ausgekackte Straußeneier in den Zimmerecken kleben, dudelt Folklore und manchmal türkischer Pop, der an deutsche Schlager erinnert. Neben dem Tresen flackert ein Geldspielautomat, und vor den Cafés stehen immer junge Männer herum, als würden sie darauf warten, älter zu werden, um endlich Einlass zu bekommen. Bodyguards oder was. Yo. Du hast noch nie erlebt, dass sich ein Deutscher in so ein Café verirrt hat; du kannst dir auch nicht vorstellen, dass er bedient wird. Die killen ihn mit Blicken und spielen danach weiter Karten.

Mann, sind dir diese Cafés ein Rätsel. Als du klein warst, hat dich dein Vater einmal mit reingenommen. Ein einziges Mal. Um dich rumzuzeigen. Ihr seid nicht lange geblieben, nach ein paar Minuten musstest du nach Hause gehen.

Und wie oft hast du ihn von draußen beobachtet?

Unzählige Male; unzählige Male hast du gesehen, wie er dort drinnen auf seinem Stammplatz saß, Kippe im

Mundwinkel, Karten in der rechten Hand, die linke um das Teeglas gelegt. Er trug immer eine seiner Westen, und die goldene Kette der Uhr hing aus der linken Tasche. Heute wird es nicht anders sein. Für ihn ist es ein Tag wie jeder andere.
Träum weiter, Alter.

IRGENDWANN IM VERLAUF DIESES NACHMITTAGS wird dir endlich klar, dass Kollok dir aus dem Weg geht. Dir wird auch klar, dass du bald durchdrehen wirst, sollte das tote Mädchen dich nicht in Ruhe lassen. Als du den Park verlässt, siehst du sie auf einer der Schaukeln sitzen. Sie winkt dir zu, und du schaust in die andere Richtung. Zu Hause holst du die Zeitungen unterm Bett hervor und legst deinen Zeigefinger auf ihren Namen. Jasmin.

– Ich bin's, Marco.
Schweigen.
– Ich finde, wir sollten uns treffen.
– Okay, sag wann.
– Heute Abend, um sieben?
– Im *Wunderbar*, sagt Tadi und legt auf.

Der Rest der Tages ist eine Bilderflut, die mit einem irrsinnigen Tempo an deinen Augen vorbeizieht. Hastige Bilder, schnelle Bilder, verwackelte Bilder. Du fühlst dich, als hättest du ein LSD-Cocktail zu dir genommen. Bedeutungsschwanger und hypersensibel. Stillsitzen klappt nicht, also nimmst du Trine an die Leine und ziehst mit ihr durch die Stadt. Und siehst das Mädchen, siehst es überall.

Wie sie die Straße vor dir überquert, wie sie in einem Bus vorbeifährt, wie sie aus einem Fenster schaut, während du dir einen Döner holst. Ein einziges Mal gehst du auf sie zu. Trine reagiert überhaupt nicht, als du dich vor das Mädchen stellst und ihren Namen sagst.
– Jasmin?
Deine Stimme ist ein Flüstern, aus dem Namen wird eine Frage. Jasmin sieht dich an, dann legt sie beide Hände über ihren Bauch und du beginnst zu heulen.
– Alles in Ordnung?
Die Frau, die dich angesprochen hat, ist halb so groß wie du und mindestens hundert Jahre älter. Sie stützt sich auf einen Stock und zupft an deinem Ärmel. Trine wedelt mit ihrem Stummelschwanz, die Leute drehen sich nach euch um.
– Alles in Odnung, sagst du und siehst aus den Augenwinkeln wie Jasmin dir zulächelt.

Vor vier Jahren warst du an einer ähnlichen Grenze. Deine Großmutter starb und du hattest keine Lust, fünfhundert Kilometer durchs Land zu reisen, um bei ihrer Beerdigung dabeizusein. Dein Vater nahm es dir übel, deine Mutter sagte, das wäre deine Sache, so sahst du das auch.
In derselben Nacht lagst du vor dem Fernseher und hast einen geraucht, als draußen ein Sturm aufzog. Dachtest du zumindest. Die Fenster fingen an zu klappern und dann hörtest du klar und deutlich, wie die Wohnungstür aufflog. Ein Windstoß fuhr durch die Wohnung und umstrich dich eisig, dann knarrte die Tür zu deinem Zimmer und du zogst dir vor Angst eine Decke über den Kopf. Eine Minute später war alles vorbei. Die Haustür war natürlich verschlossen, der Sturm vor dem Fenster nur eine Brise, dennoch wusstest du, was geschehen war.

Der Geist deiner Großmutter war über fünfhundert Kilometer hinweg zu dir gekommen. Wütend und enttäuscht. Am gleichen Abend hast du eine Kerze für deine Großmutter angezündet, damit sie dich in Frieden ließ.

– Geben Sie mir irgendeine, sagst du, ohne dich im Geschäft umzusehen.
– Eine rote vielleicht?
– Irgendeine, wiederholst du und nickst, als die Verkäuferin eine der roten Grabkerzen hochhält. Du lässt sie dir in Papier einwickeln und gehst, ohne dich zu verabschieden. Vor dem Geschäft machst du Trine los und suchst den nächsten Park auf. Hinter einigen Büschen stellst du die Kerze in ihrer Plastikschale auf. Du ziehst den Docht hoch, zündest ihn an.
– Hier, sagst du leise, Hier, nimm das, bitte.
Jasmin ist nirgendwo zu sehen, Trine gähnt, du gehst und lässt die Kerze einfach stehen. Nach ein paar Metern schaust du zurück. Jasmin ist immer noch nicht zu sehen. Du schaust auf die Kerze, und die Kerze verlischt.

Um halb sechs lieferst du Trine zu Hause ab und legst dich kurz aufs Bett. Dir bleiben noch eineinhalb Stunden, bevor du Tadi triffst. Was hast du vor? Wie willst du dich aus der ganzen Angelegenheit herauswinden? Der Schlaf überkommt dich wie ein Überfall. In deinen Träumen versuchst du immer wieder die Kerze zu entzünden. Es beginnt zu regnen, Wind weht und Hände schlagen auf deinen Kopf ein. Das Feuerzeug sprüht Funken, Regen sammelt sich in der Kerze und deine Ohren schmerzen von den Schlägen.
Du erwachst erleichtert.
Jasmin sitzt im Wohnzimmer und wartet auf dich.

– Nimm dir doch noch was.
Mensch, kommst du dir blöd vor. Da rufst du extra an, da kommst du beinahe schon angekrochen und willst mit deinem Vater reden und was passiert?
– Ich bin satt, sagst du und legst Gabel und Messer auf den Teller.
Die Freundin deines Vaters sieht ratlos zu dir rüber. An ihr ist ein Modell verloren gegangen. Eins von diesen Modells, die immer überrascht in die Kamera schauen. Wie jemand, den man aus dem Nichts fotografiert.
Huch!
– Nachtisch? sagt dein Vater und steht auf, um den Nachtisch aus dem Kühlschrank zu holen.
Das sind Fragen, die keine Antworten verlangen. Als du vor zwei Stunden in die Wohnung gekommen bist, hat dein Vater sofort wissen wollen, was es so Dringendes zu besprechen gibt. Er war nett, er war interessiert und du hast nur mit der Schulter gezuckt und bist seinem Blick ausgewichen. Feiger geht es nicht. Dir sind die Worte im Hals stecken geblieben. Kein klarer Gedanke mehr, nur ein furchtbares Chaos von Gefühlen.
Was genau tue ich hier?
Wahrscheinlich hätte sich das alles gelegt und du wärst auf den Boden gekommen und hättest endlich über deine

Mutter sprechen können, doch da kam die Freundin deines Vaters aus der Küche spaziert und das war es gewesen. Jemand zog die Spülung in deinem Kopf und alles, was du besprechen wolltest, verschwand im Klo.

– Wer will lieber Eis?
Du willst gar nichts. Keine rote Grütze mit Vanillesoße, kein Eis mit Sahne. Nichts. Auch als sich die Freundin deines Vaters nach dem Abendessen ins Wohnzimmer verzieht, um »euch Männer mal allein zu lassen«, hat sich an der Leere in deinem Kopf nichts geändert. Dein Vater sieht dich an, du siehst deinen Vater an. Vielleicht wäre es ein guter Anfang, ihn zu fragen, wo er seine Knarre gelassen hat. Vielleicht solltest du dir seine Hand greifen und an dein Herz drücken und ihn fragen, ob er weiß, wie sehr das wehtut.
Was tut denn weh? würde dein Vater fragen.
Und wieder wüsstest du keine Antwort.
– Was ist nur los mit dir? fragt dein Vater und zündet sich eine Zigarette an. Er will nicht, dass du rauchst. Er findet, dass du dir damit Zeit lassen solltest. Irre, was? Kann es wirklich sein, dass Menschen, die solch einen Müll labern, die Erlaubnis und das Recht haben, Kinder zu zeugen und von anderen Menschen ernst genommen zu werden?
– Nichts ist los, sagst du.
– Mensch, Matthias. Ärger in der Schule?
– Nee.
Geschickt weicht dein Vater einem Problem aus, das er nicht kennt.
– Willst du mal ein Wochenende hier bleiben?
– Nee, wiederholst du, denn das ist schon einmal schief gegangen. Früh am Morgen tauchte die Freundin deines

Vaters plötzlich in der Wohnung auf und deckte den Tisch. Familientag. Sie haben dich in den Zoo geschleppt. Da warst du dreizehn, und es war dir so was von peinlich. Nur Spastis gingen mit dreizehn noch in den Zoo.
– Irgendwas stimmt doch nicht.
– Nee, sagst du, Ist alles in ...
Du verstummst und denkst an dein Zuhause. Der süßliche Duft des Badeschaums hängt plötzlich klebrig in deiner Nase. Du atmest tief ein, der Duft wird vom Gestank der Zigarette verdrängt. Mann, hast du jetzt Lust eine zu rauchen.
– He, Jungs?
Die Freundin deines Vaters hat den Kopf ins Esszimmer gestreckt und fragt, ob ihr nicht Lust hättet, den dritten Teil von *Die Hard* im Fernsehen zu sehen.
– So eine Chance dürft ihr euch nicht entgehen lassen, und jetzt seid mal keine Faulpelze, um neun geht es los.
Dein Vater sieht dich fragend an.
Wenn du jetzt nickst, wird er dich anlächeln, wie man seinen Sohn anlächelt. Dann tickt ihr im gleichen Takt und dein Vater wird zwei Flaschen Bier aus dem Kühlschrank holen. Bier ist okay, aber mit dem Rauchen, nee, da wartest du mal lieber noch ein paar Jahre. Du wirst dich zu der Freundin deines Vaters aufs Sofa setzen, *Die Hard* zum vierten Mal sehen und auf Durchzug schalten. Deine Gedanken werden ihre Flügel ausbreiten und die Wohnung deines Vaters verlassen, sie werden über die Stadt fliegen und zu deiner Mutter zurückkehren.
Was sie jetzt macht? Was sie jetzt wohl denkt?
Du nickst.
Dein Vater lächelt.
Der erste Schluck Bier brennt in deinem Gaumen.

KRCA

SIE WOLLEN DICH DABEIHABEN, weil sie denken, dass du mit Jasmin zusammen warst. Bis zum Schluss, die große Liebe. *Velika ljubav, z'bogom.* Und Daniel will dich dabeihaben, weil ihr befreundet seid. Wenn der wüsste, was für eine *kurva* seine Schwester war. Dass sie dich abserviert hat. Eiskalt. Garantiert hatte sie einen anderen, aber sich dann von dir ficken zu lassen--- Dankeschön. Was soll's. Nutte durch und durch. Aber Daniel ist dein Freund, er muss ja nicht alles wissen.

– Die Bullen bleiben draußen, ist das Erste, was Tadi sagt, als ihr euch alle hingesetzt habt.

Zdenkos Wohnzimmer ist verraucht, die Hälfte der Jungs steht, die anderen sitzen auf dem Sofa, den Sesseln und Stühlen; einige auf dem Boden, Rücken gegen die Wand gelehnt, Beine angezogen. Es ist ein Wunder, dass so viele gekommen sind. Es gibt an einem Sonntagabend bessere Dinge zu tun, als hier rumzuhocken, findest du zumindest. Aber hier sind sie alle und fast jeder hat eine Zigarette zwischen den Fingern, fast jeder will losrennen und irgendwas anstellen. Irgendwas. Wenn ihr nur wüsstet, was.

– Das hier ist einzig und allein unser Ding, spricht Tadi weiter, Und Daniel ist damit einverstanden, dass es so bleibt. Mit seinen Eltern rede ich später, aber ich tippe nicht, dass sie was mit den Bullen zu tun haben wollen. Das hier geht keinen anderen was an. Und sollte einer von euch auf die Idee kommen, den Bullen gegenüber zu plappern, dann mach ich den platt, ist das klar? Kommt zu mir, geht zu Zdenko oder Vlado. Was ihr aber auch tut, bleibt weg von den Bullen, haben wir uns verstanden?

Nicken, Aufglühen von Zigarettenspitzen, Tadi fährt fort:

– Als Erstes checken wir die Gegend. Wir fragen jeden Penner, ob er was in der Nacht gesehen hat. Fragt die Omas, die bei jedem Geräusch ans Fenster rennen. So ein Schuss ist laut. Fragt die Mieter aus Jasmins Haus. Auch wenn sie schon alles den Bullen erzählt haben, fragt sie. Mh, wenn ich darüber nachdenke, ist das keine so gute Idee. Daniel, das machst du am besten allein, die kennen dein Gesicht in der Straße, die wissen, wer du bist. Sobald einer von uns bei denen klingelt, knallen die sofort die Tür zu.

– Okay, sagt Daniel.

– Okay, dann haben wir da noch den Typen, der auf die Disko geschossen hat.

– Der Chinese, sagt Gero und lacht.

– Dem haben wir es gegeben, sagt Sascha. Der sah danach aus wie 'ne verdammte Blutwurst, Mann.

Sascha stößt dich mit dem Ellenbogen an, alle Jungs lachen, während du dich an das wohlige Gefühl erinnerst, als deine Fäuste das Gesicht des Chinesen bearbeitet haben. So schnell wird der in keinen Döner mehr reinbeißen können.

– Schnappt ihn euch, sagt Tadi, Und findet heraus, wo er Freitagnacht gewesen ist.

– Und was ist mit dem andern? fragt Dragan.

– Welchem andern?

– Na, wer da sonst im Auto gesessen hat, was ist mit dem?
Tadi sieht zu Zdenko rüber, Zdenko hebt die Schultern.
– Wir wissen noch nicht, wer das war, aber macht euch keine Sorgen, wir finden ihn schon. Nächstes Mal, wenn ihr den Chinesen in der Mangel habt, fragt ihn, wer mit in der Karre gesessen hat. Darauf hätte eigentlich einer von euch allein kommen müssen. He, ich will jetzt keine Entschuldigungen hören, ich will nur, dass ihr ihn das nächste Mal ausquetscht, *bevor* ihr ihn verprügelt.
Murmeln, Zigarettenrauch, jemand öffnet ein Fenster.
– Das waren bestimmt die Deutschen, sagt Gero, Die haben Jasmin gekillt.
– Vielleicht, vielleicht auch nicht, sagt Tadi, Vielleicht war es ja auch einer von uns.
Das Murmeln verstummt mit einem Schlag, alle sehen Tadi an, dann werden die Jungs richtig laut. Sie fluchen, sie schütteln die Köpfe, werfen ihre Zigaretten in halb gefüllte Gläser, drücken sie hastig in Aschenbechern aus. Tadi hat das Falsche gesagt.
– He, beruhigt euch ...
Sie werden wieder still, sehen ihn wütend an.
– ... und macht, dass ihr rauskommt, sagt Tadi.
Ende der Diskussion.

Im Flur hält er dich auf.
– Hab gehört, du hattest Probleme mit Jasmin?
Du hebst die Schultern. Probleme kann man so und so sehen.
– Vesna hat erzählt, es gab Ärger.
– Vesna ist 'ne Schlampe, sagst du und hoffst, dass es witzig klingt.
– Das ist nicht witzig, sagt Tadi und steht plötzlich viel zu nahe bei dir.

– Was ist los?
– Ich mach mir Sorgen um dich, sagt er.
– Was ...
– Ich meine, irgendwie lief das nicht gut mit dir und Jasmin. Daniel meinte, du wärst am Abend vorbeigekommen, hättest mit ihr geredet und wärst laut geworden, mh?
– He ...
Du versuchst einen Schritt zurückzuweichen, Tadi bleibt an dir dran.
– Was habt ihr geredet? fragt er. Muss ja nichts Schlimmes gewesen sein, oder? Man streitet sich, man freundet sich wieder an. Liebe ist anstrengend, was?
Du spürst, wie dein Kinn zu zittern beginnt.
– Erst ein bisschen streiten und dann--- sagt Tadi und spricht nicht weiter.
Ihr seht euch an, Tadi fügt leise hinzu:
– Du warst es doch nicht, oder?
– Tadi ...
– Ich frag nur, weil ich nicht glauben kann, dass du so was tun könntest. Eiskalt, verstehst du, Schuss in den Magen, das schmerzt, das geht nicht schnell, da leidet man richtig, verstehst du, was ich meine?
– Ich ...
– Könntest du das, Krca? Komm, sei ehrlich. Wenn ich es jetzt von dir erfahre, ist es besser, als wenn ich es später herausfinde. Denn später reiß ich dir dafür die Augen raus, aber jetzt könnten wir die Geschichte auf unsere Weise beenden, verstehst du, es würde in der Familie bleiben.
Du spürst seinen Atem, wie er über dein Gesicht streicht. Dann beißt du dir fest auf die Zunge und die ersten Tränen kommen. Endlich.

– Ich war in sie verknallt, Alter! sagst du mit vollster Überzeugung. Kapierst du das nicht?
Du stößt Tadi vor die Brust und machst, dass du wegkommst.

Gero und Sascha erwarten dich im Keller. Ihr holt die Decke aus dem Versteck und breitet sie auf dem Boden aus. Die Schlagringe und Mercedessterne glänzen matt. Du probierst eines der Schnappmesser aus. Die Klinge fährt mit einem schnalzenden Laut heraus. Irgendwie hattest du Panik, dass euch das Zeug einrostet. Du legst das Messer wieder weg.
– Ich nehm die hier, sagt Sascha und schnappt sich die kleinere Automatic. Gero zögert, sieht dich an.
– Da fehlt eine, sagt er.
– Ich hab meine schon, sagst du und klopfst dir gegen den Bauch, Ich habe sie heute Mittag geholt.
– Aber---
– He, ist das unser Zeug oder ist das unser Zeug? unterbrichst du ihn.
– *Isusse*, Krca, wenn Tadi herausfindet, dass du den ganzen Tag schon mit einer Knarre rumläufst, dann verbannt er dich bis nach Spandau.
Du schüttelst den Kopf.
– Nee, nicht an einem Tag wie heute.
– Gerade an einem Tag wie heute. Mensch, stell dir vor, die Bullen filzen dich, da bist du doch gleich am Arsch.
– Nicht an einem Tag wie heute, wiederholst du.
– Also ich behalt die, sagt Sascha und wechselt die Automatic von einer Hand in die andere, Cooles Gewicht.
– Und du? fragst du Gero.
Er entscheidet sich für einen der Revolver. Dann schlägt er vor, dass ihr die Knarren in seinem Rucksack verstaut.

Das geht dir voll gegen den Strich, aber Gero hält dir die Hand entgegen.

– Nun mach schon, sagt er, Wir können so nicht durch die Gegend rennen, Mann, auffälliger geht es nicht, gib sie schon her.

Du siehst Sascha an, der reicht Gero seine Automatic und sagt, irgendwie würde das schon Sinn machen, so 'ne Knarre reißt einem ja glatt die Hose runter. Du spuckst aus und ziehst deine Automatic aus dem Hosenbund. Gero will sie dir abnehmen, aber du legst sie eigenhändig in den Rucksack. Danach faltet ihr die Decke zusammen und schiebt sie in das Versteck zurück. Keiner hat sich einen der Schlagringe genommen. Ihr habt nicht vor, jemanden aufzumischen. Ihr habt vor, ein für allemal klarzumachen, wer hier das Sagen hat. Zumindest ist das der Gedanke, den du hast, als du den Keller verlässt. In dir tobt dein kleiner persönlicher Krieg. Du hättest nie gedacht, dass dich ein Mädchen wie Jasmin fallen lassen könnte. Nie. Und jetzt wirst du jemanden finden, der dafür bezahlt.

Endlich.
Dein Vater verlässt das Café und bleibt davor stehen. Er zieht sich die Hose hoch, holt sein Zigarettenetui hervor und zündet sich eine an. An der Art, wie er dem Nachthimmel den Rauch entgegenbläst, merkst du, dass er betrunken ist. Dein Vater fühlt sich als der König der Welt. Wahrscheinlich hat er beim Kartenspielen gewonnen. Oder ihm ist eingefallen, dass er einen Sohn weniger hat. Hahaha.
Dein Alter ist die Geduld in Person. Während die Spiele und Gespräche im Café weitergehen, steht er draußen und raucht seine Zigarette, ohne sich von der Stelle zu rühren. Zug – Ausatmen – Warten – Zug.
Falls dein Vater nach der Zigarette wieder reingeht, stehst du ganz schön blöd da. Du stehst jetzt schon ganz schön blöd da. Zähne zusammengebissen, Hände feucht, der Rücken schweißnass.
Du checkst die Straße. Nehring Ecke Seeling ist völlig verlassen. Kein Wagen kommt, niemand führt seinen Hund Gassi, alles ist still. Hinter Vorhängen flackert das Blau von Fernsehern, aus einem der offenen Fenster hörst du das Pochen eines Technosongs und musst an Locke denken. Was der jetzt wohl macht? Ob er stinkig ist? Du bereust es, ihn so angearscht zu haben.

Dein Vater lässt den Zigarettenstummel auf den Bürgersteig fallen und tritt ihn aus. Das Reiben seiner Schuhsohle ist deutlich zu hören. Danach streicht dein Vater seinen Schnurrbart glatt und macht sich auf den Weg nach Hause.
Und du stehst noch immer im dunklen Hauseingang.
Und dein Vater geht an dir vorbei.
Und du stehst noch immer da.
Du verdammter Feigling du. Nun mach schon. Beweg dich.
Du bewegst dich.
In die entgegengesetzte Richtung.

Während du rennst, erinnerst du dich an die Nacht, in der Locke den Alarm ausgelöst hat. Knappe vierhundert Jahre ist das her. Die Welt hat sich schneller als sonst gedreht. Die Jahreszeiten waren in Sekunden gebündelt. Der einzige Unterschied zu der Nacht mit Locke ist, dass du jetzt weißt, wo du hinwillst.
Die Seeling runter, über die Danckelmann, dann links in die Sophie-Charlotten-Straße, schneller und schneller. Du hast das Gefühl, dass dein Schicksal dich peitscht. Da stehst du Idiot über zwei Stunden in diesem bekloppten Hauseingang, um deinen Vater abzupassen, und machst in letzter Sekunde einen Rückzieher. Dein Schicksal hat die Schnauze voll, es legt sich mächtig ins Zeug, stößt dich, kneift dich und will einfach nicht, dass du erneut versagst.
Werde ich nicht.
Und was ist, wenn dein Alter heute einen anderen Weg nimmt, was tust du dann?
– – –
Du willst nicht daran denken. Sobald du vor dem Prob-

lem stehst, wirst du es lösen. Aber erst mal musst du vor dem Problem stehen. Lauf weiter.
Kurz vorm Horstweg bremst du und lehnst dich gegen die Hauswand. Eine Minute lang atmest du heftig ein und aus, bevor du dir einen Ruck gibst und um die Ecke gehst.
Du bist drei Straßen langgelaufen und hast einen Umweg hinter dich gebracht, nur um deinen Vater von vorne zu erwischen. Und was hast du jetzt davon?
Eine zweite Chance ...
Da kommt er. Da kommt er dir die Straße entgegen und läuft, wie er es Abend für Abend macht, immer im gleichen Rhythmus, immer im gleichen Takt. Egal, was für ein Wetter ist, egal, was für ein Wochentag.
Einmal hast du ihn überrascht. Deine Muter hat dich dazu gedrängt. Du solltest mal schauen, wann dein Vater daran dachte, nach Hause zu kommen. Er hat es überhaupt nicht gemocht, dich da stehen zu sehen. Er fühlte sich kontrolliert und hat dir gesagt, du solltest dich um deinen eigenen Kram kümmern. Genau das tust du jetzt.
Du ziehst die Kapuze deiner Jacke tief in dein Gesicht und nimmst die Knarre aus dem Hosenbund. Der Griff schmilzt beinahe in deiner Hand.
Das Gesicht deines Vaters wird für einen Moment von einer Straßenlaterne beleuchtet, dann verschwindet es wieder im Schatten.
Es wird Zeit, dass du den ersten Schritt machst.

Zehn Meter sind eine weite Strecke, wenn du im Schwimmbad auf einem wippenden Brett stehst und dich das Wasser da unten an eine Eisfläche erinnert. Zehn Meter dauern im Fall überraschend lange. Alles um dich herum bewegt sich langsamer, die Gesichter der Baden-

den blicken auf, die Sonne scheint dir in den Nacken und du spürst, wie du dich durch einen scheinbar zeitlosen Raum bewegst.
Und dann der Aufschlag, Mann, dann der Aufschlag.

Aus zehn Metern werden neun, acht, sieben---
Du hörst auf zu zählen und nimmst den Blick von deinen Füßen. Dein Vater kommt näher, du kommst näher, er sieht dich an, du siehst ihn an. Er muss dich erkannt haben. Trotz der Kapuze, auch wenn er dich so noch nie gesehen hat. Vermummt. Ein Fremder. Mit einer Knarre in der Hand. Er muss dich erkannt haben, trotz der Kapuze
Dein Vater bleibt stehen.
Du bleibst stehen.
Ihr seht euch an, dann zieht der Blick deines Vaters an dir vorbei, als hätte er etwas entdeckt, das interessanter ist. Hinter dir oder neben dir. Interessanter als du. Ja. Dann kapierst du, was dein Vater sich ansieht. Deine Hand. Die Knarre darin. Sein Blick fokussiert sich wieder auf dich. Cengiz. Der da steht. Cengiz. Der darauf wartet, was er als Nächstes tun wird.
Dein Vater spuckt dir vor die Füße und läuft an dir vorbei, ohne dich weiter zu beachten.
Du siehst ihm hinterher.
Dein Leben ist eben an dir vorbeigegangen. Und du bist zurückgeblieben und wünschst dir nichts sehnlicher, als tot zu sein.

MITTEN IN EINEM LOCKEREN SPRUCH von Bruce Willis klingelt es an der Tür. Die Freundin deines Vaters sieht ihn an, als hätte er ihr was verheimlicht. Dein Alter zuckt mit der Schulter und steht auf.

– Sicher die Nachbarn, sagt die Freundin deines Vaters, Die vergessen immer den Schlüssel für die Haustür.

Du reagierst nicht, starrst auf den Fernseher.

Seit du hier sitzt, versuchst du dich an die gemeinsamen Abende mit deiner Mutter *und* deinem Vater zu erinnern. Du weißt noch, auf welchem Platz dein Vater saß und dass deine Mutter immer dieselbe blaue Schale genommen hat, um Chips oder Flips oder Popcorn auf den Couchtisch zu stellen. Die Atmosphäre hier ähnelt eurer Vergangenheit. Alles überlappt sich. Die Freundin deines Vaters könnte deine Mutter sein. Deine Mutter von damals. Scheiße, ist das lange her.

– Matthias?

Du schaust vom Fernseher weg und weißt, was dein Vater sagen wird. Es ist passiert. Du weißt genau, dass es passiert ist. Deine Mutter hat es getan. Die Geschichten haben ein Ende, es ist so weit. Dir ist zum Heulen und du bereust es, ihr jemals etwas Böses gewünscht zu haben. Du bereust jedes falsche Wort, jede Geste und jedes Mal, wenn sie geweint hat und du dich abgewandt hast. Vor

der Tür wartet jemand von der Polizei. Wahrscheinlich hat er seine Mütze abgenommen und dreht sie in den Händen, wie man das in Filmen immer sieht.
– Ja, sagst du und stehst gleichzeitig auf.
– Ich glaube, es ist für dich, sagt dein Vater.
– Für mich?
Du setzt dich beinahe wieder.
– Irgendein Junge.
Du gehst an deinem Vater vorbei und drückst den Knopf für die Gegensprechanlage.
– Ja?
– Locke?
– Ja?
– Alter, seit wann heißt du denn Matthias?
Du musst lachen, hörst die Stimmen aus dem Wohnzimmer und musst vor Erleichterung einfach lachen.
– Wieso lachst du?
– Weil du es bist, sagst du und unterbrichst die Verbindung.

Zwei Minuten später trittst du aus dem Hausflur. Cengiz sitzt am Straßenrand, Kapuze über dem Kopf, Arme auf den Knien abgestützt.
– Du hast mich gerettet, sagst du und bleibst vor ihm stehen.
– Vor deinem Alten? fragt er.
– Und seiner Braut, ja.
– Gut.
– Wie hast du mich überhaupt gefunden? willst du wissen.
– 17, sagt er, Deine Glücksnummer. Und die Straße hast du mir auch gesagt.
– Aber nicht den Namen von meinem Alten.
– Nee, den Namen nicht. Ich hab überall geklingelt. Dein Alter hat gleich geschnallt, dass du Locke heißt.

– Wie der bloß drauf kommt, sagst du und lachst.
– Wahrscheinlich hat er ein Foto von dir rumliegen, sagt Cengiz und lacht auch, aber er steht nicht auf und sieht dich nicht an, sondern starrt einfach vor sich hin und knetet dabei seine herabhängenden Hände.
– Ist schon gut, sagst du.
– Was ist schon gut?
– Wegen vorhin.
– Ich war ein Arschloch.
– Du *bist* ein Arschloch.
– Genau das meine ich.
– Vergiss es.
Cengiz nickt.
– Kann ich heute wieder bei dir pennen?
– Ich dachte, du wolltest zu deinem Onkel nach Tegel. Die Yugos werden dich kriegen, wenn du weiter so durch die Gegend rennst.
Was du damit sagen willst, ist eigentlich und ehrlich, dass du Panik hast. Du willst nicht, dass die Yugos deinen Kumpel bei dir zu Hause finden. Du willst da nicht tiefer reingezogen werden. Während dein Vater beim Essen Konversation gemacht und seine Freundin dich falsch angelächelt hat, ist dir das klar geworden. Du hast genug, auch wenn du von der ersten Minute an ein Teil davon warst, hast du echt genug. Angeln ohne Köder läuft nicht. Und du hast dafür gesorgt, dass Cengiz die gesamte Ausrüstung bekommen hat.
– Hast du die Knarre noch? fragst du.
– Blöde Frage.
– Wäre vielleicht clever, sie loszuwerden.
– Nee.
– Aber---
– Die gebe ich nicht her. Wenn die mich kriegen, geh ich ballernd unter, verstehst du? Und die letzte Kugel ...

Jetzt sieht er dich an und tippt sich gegen die Schläfe.
– ... setz ich hier rein. Höchstpersönlich.
– Red keinen Scheiß, Mann.
– Ich red keinen Scheiß, ich mein das so.
Cengiz steht auf und reibt sich die Arme, als wäre ihm kalt.
– Ist dir kalt? fragst du.
– Nee. Wie war's denn bei deinem Alten?
Du zuckst mit den Schultern. Was auch immer du an einem Tag wie heute bei deinem Vater verloren hast, es war die Mühe nicht wert. Kein vernünftiges Wort kam über deine Lippen, und zum Abschied eben hat dir dein Vater einen Fünfzigmarkschein in die Hand gedrückt und dich angesehen, als ob er genau verstehen würde, was an dir nagt. Wie du das hasst. Wie sehr du das hasst. Das Geld ist jetzt in deiner Jeans, und falls Cengiz will, dann---
– Wie wär's mit einer Pizza? fragst du.
– Was quatschst du da, Mann, hast du vor, mich zu adoptieren? Erst fragst du, ob mir kalt ist, dann willst du mir 'ne Pizza kaufen, was kommt denn als Nächstes, darf ich deinen Pulli tragen?
– Nee, meinen Pulli kriegst du nicht, aber ich schulde dir noch was und mein Magen knurrt.
Cengiz grinst.
– Am Stutti? sagt er.
– Na, wo denn sonst?
– Cool.
Er leckt sich über die Lippen, als könnte er die Pizza schon riechen, dann zieht er die Schultern hoch und ihr geht Seite an Seite die Straße hinunter in Richtung Stuttgarter Platz.

Wiederholung. Jetzt wachen garantiert alle im Kino auf, weil sie die Szene schon kennen, und rufen *Buuuhuuuh.*

Dabei stimmt die Uhrzeit nicht, es ist viel zu früh und auch eure Klamotten sind nicht dieselben. Eure Sprüche waren beim ersten Mal lockerer, und was ihr in der Nacht vom Mittwoch zum Donnerstag in euren Köpfen hattet, war ein vollkommen anderer Soundtrack. Okay, der Weg ist derselbe, die Brandenburgische runter, an den Büschen vorbei, du rechts und Cengiz links. Der Verkehr ist typisch toter Sonntagabend mit irgendwelchen rumnuckelnden Golffahrern und ihren Bräuten, die sich zu Salsa-Rhythmen einen abwackeln.

Unter der S-Bahnunterführung riecht es noch immer nach Urin, obwohl kein Besoffener an der Wand lehnt und pinkelt. Vor deinen Augen ziehen die Bilder der Mittwochnacht wie hastige Dias vorbei. Licht an, Licht aus.

– Eine Margherita, eine Schinken und zwei Cola, sagst du und zahlst sofort.

Auf dem Spielplatz sitzt ein Pärchen. Sie auf seinem Schoß, sein Gesicht an ihrem Hals vergraben. Ihr setzt euch so hin, dass ihr in die andere Richtung schaut.

– Wenn ich ein Mädchen hab, sagt Cengiz und hebt eines der Pizzadreiecke hoch, Dann lass ich die nie mehr los. Dann ...

Er beißt von der Pizza ab, verdreht die Augen vor Lust. Licht an, Licht aus.

– ... werde ich sauber, dann bau ich keinen Scheiß mehr, verstehst du?

Du verstehst, nippst von deiner Cola, beißt in das nächste Pizzastück.

– Der schenke ich den Himmel, wenn es sein muss.

– Das denkt jeder, sagst du und bereust es sofort.

– Was soll denn das heißen?

– Am Anfang, da denkt das jeder.

– Du auch? will Cengiz wissen, und mit einem Mal

fühlst du dich unbeschreiblich alt. Einmal verliebt, zwei Monate lang, gierige Zungenküsse, ihre Hand zwischen deinen Beinen, deine Hand auf ihrer Brust, der Geruch ihrer Haare, der Abschied am Telefon. Claudi.

– Nee, ich war clever, sagst du, Ich wusste ja, was lief.

– Hast deine Hausarbeiten gemacht, was?

– Klar.

– Arschloch.

– Türke.

– Nenn mich nicht Türke, Mann.

– Wie soll ich dich sonst nennen?

– Bin ein Mongole, siehst du das nicht?

Cengiz zeigt auf sein Gesicht. Du gehst näher ran, als müsstest du es genauer betrachten. Cengiz rülpst und dann lacht ihr. Licht an, Licht aus.

Als ihr auf die Kantstraße kommt, ist es kurz nach zwölf. Morgen will Cengiz zu seinem Onkel. Rauf nach Tegel, ist ja besser als Spandau, wo er auch einen Onkel hat, nee, Tegel ist besser. Cengiz sagt auch, dass er vor den Bullen keine Angst hat. Wenn du wüsstest, dass er dich eben zweimal hintereinander angelogen hat, würdest du jetzt nicht so verständnisvoll mit dem Kopf nicken.

– Die Bullen können mir nichts, sagt Cengiz, Verstehst du?

Es macht dich traurig, dass es morgen mit euch vorbei ist. Sein Mackertum wird dir fehlen. Ihr ergänzt euch wie ein Fenster und ein Fensterrahmen, das eine macht ohne den anderen nicht viel Sinn. Wäre da nicht der Mord, wären da nicht die Yugos und Marco, der dich auf Cengiz angesetzt hat, dann würdest du gerne weiter mit MC durch die Straßen ziehen. Ihr zwei würdet schon klarkommen, ihr könntet zusammen Handzettel austeilen oder so. Das

machst du jeden Sommer, totaler Idiotenjob, aber besser als gar kein Job. Cengiz und du, ihr wärt ein Klasseteam. Aber nein, der Penner verpisst sich nach Tegel.
– Dich seh ich doch nie wieder, sagst du, als ihr an der Ampel stehen bleibt.
– Wovon redest du? fragt Cengiz.
– Na, wenn du nach Tegel ziehst, da kannst du gleich in ein schwarzes Loch springen.
– Was hat denn Tegel mit 'nem schwarzen Loch zu tun?
Du siehst ihn an und sagst:
– Schwarzes Loch ist Science-Fiction.
– So wie *Star Wars?*
– Nee, anders.
– Vergiss es, ich komm wieder, versprochen.
Die Ampel schaltet um und ihr schlendert betont lässig rüber, während der Verkehr stillsteht und euch anstarrt, als ob ihr das absichtlich machen würdet. Aber ihr könnt nicht anders. Ihr seid so. Cool & sexy.
– He, guck mal, da ist unser Bus.
Cengiz zeigt nach links.
– Sind doch nur vier Stationen, sagst du, Den brauchen wir nicht.
– Komm schon, sei keine Lusche, den kriegen wir. Die nächste Haltestelle ist vor dem Taschenladen beim Amtsgericht, das ist gar nicht weit, nun komm schon.
Die Ampel hinter euch schaltet um, der Bus und die Autos fahren an euch vorbei. Du bist dir sicher, das schafft ihr nie. Vergiss es. Und wie du den Fahrer einschätzt, erreicht ihr den Bus mit dem letzten Atemzug und *dann* schließen sich die Türen direkt vor eurer Nase. Busfahrer haben so eine perverse Ader, denen macht das Spaß.
– Okay, rufst du plötzlich und ihr rennt grölend die Kantstraße runter.

IHR HALTET AUGEN UND OHREN OFFEN. Steht auf der Straße rum, fahrt mit der U-Bahn durch die Gegend, checkt eure Handys nach SMS und eure Frisur in jedem Autofenster. Es geht von Wilmersdorf nach Schöneberg und runter nach Mariendorf. Ihr fragt in Neukölln, fragt in Kreuzberg und redet mit den Türken und den Koreanern. Ein Plan wäre nicht schlecht.

An einem Imbiss esst ihr Falafeln, bevor ihr euch wieder in die U-Bahn setzt. Eure Augen sind weit geöffnet. Ein paarmal glaubst du, den Chinesen zu sehen. Als du genauer hinschaust, ist er es dann aber doch nicht. Und weiter geht es.

Gegen zehn klingelt das Handy in deiner Hosentasche. Du spürst die Vibrationen trotz des Geruckels bis in die Hoden und fischst den Apparat lässig raus. Es ist Daniel, er will wissen, was läuft.

– Nischt, sagst du und checkst deine Mimik in der Spiegelung des Abteilfensters, als ihr in die Eisenacher einfahrt.

– Und bei dir?

– Ich hau mich jetzt hin, sagt Daniel mit einer Stimme wie zehn Jahre Knast, Kann kaum noch stehen. Meine Alte heult vor sich hin, und mein Alter sitzt betrunken vorm Radio und hört Fußball.

– Ach, du Kacke.
– Und mir ist so schlecht, ich könnte kotzen.
– Mach mal nicht.
– Nee, mach ich nicht. Meldest du dich, falls was ist? Ja? Ich lass mein Handy auf Empfang, okay?
– Kein Problem.
Du unterbrichst die Verbindung, die U-Bahn fährt wieder an, Geros Augen sind geschlossen, Sascha übt sich einhändig eine zu drehen und verteilt Tabak über seinen Schoß. Sonntagnacht in Berlin und du spielst Spürhund. Blöder geht es nicht. Du starrst aus dem Fenster auf die vorbeiziehenden Wände des Tunnels. Weiter geht es.

– Das gehört dazu.
– Ich weiß nicht.
– Das gehört dazu, weil wir da reingehen und nachschauen.
– Aber der wird doch nicht---
– Hör mal, wo soll er sonst stecken? Der schiebt garantiert den Coolen, der tanzt und wir rennen durch die Gegend.
– Falls er es war.
– Was?
– Wir wissen doch nicht---
– Jetzt reicht's aber. Falls er es nicht war, finden wir es heraus, ist doch logo.
– Aber trotzdem ...
Gero verstummt, ihr seht euch an. Er war schon immer ein Nörgler. Mit Sascha allein wärst du schon längst in der Disko. Aber nee, Gero muss nörgeln.
– Willst du Tadi anrufen und fragen? sagst du.
Gero winkt ab.
– Blödsinn.

– Kannst du von mir aus machen.
Du hältst ihm dein Handy entgegen, als hätte er kein eigenes. Gero schiebt sich die geballten Fäuste in die Hosentaschen und sieht dich nicht an.
– Was meinst du denn? sagst du zu Sascha. Prima Schachzug.
Sascha sagt, dass ihr von ihm aus zum Mond fliegen könnt. Ihm ist alles egal, er ist genauso angeödet wie du. Etwas Musik und ein paar tanzende Bräute können da nicht schaden, oder?
– Komm schon.
Du legst Gero den Arm um die Schulter.
– Ich zahl auch den Eintritt.
Gero lacht und sagt, dass du ein Penner bist, du lachst mit ihm und Sascha stellt den Kragen seiner Trainingsjacke hoch. *Let's dance.*

Du fühlst dich wie geölt. Nichts an dir ist mehr trocken, der Schweiß rollt dir von der Nasenspitze, er verdunstet auf deiner Haut und lässt dich schaudern. Der DJ ist aber auch gnadenlos. Er gibt dir keine Pause, haut einen Song nach dem nächsten raus, dass du dich drehst und windest und einfach nicht von der Tanzfläche gehen kannst. Du denkst dabei kein einziges Mal an den Chinesen. Du denkst auch nicht an Jasmin. Du denkst an MTV, wie sie dich filmen und am nächsten Tag als Partyhighlight im Fernsehen zeigen. Du bist nur noch Bewegung und Beat und Schweiß und die Bräute sind verrückt nach dir, während du die Hüften kreisen lässt. Mach weiter so. Weiter so.

Gero zieht dich raus. Wer sonst. *Issuse*, bist du fertig. Da kommt keine Droge ran, Mann, da müsste man eigent-

lich ein Patent drauf anmelden. Tanzentanzentanzen. Gero brüllt dir ins Ohr, du verstehst kein Wort und grinst und folgst ihm durch den Gang und an den sich drängenden Leuten vorbei, überall verteilst du deinen Schweiß und hörst dabei nicht auf zu grinsen. Auf dem Klo reicht dir Gero sein Handy.
– Wer isses? fragst du.
– Tadi.
– Ach nee.
Du willst nicht rangehen.
– *Brate moj,* sagst du in den Hörer hinein und kommst dir besonders clever vor, euren Boss mit *mein Bruder* zu begrüßen. Jedem das seine. Gero verzieht das Gesicht, als er dein Gesülze hört. Er weiß es wohl immer besser. Du wendest dich ab, soll er sich doch deinen Rücken ansehen.
– Was macht ihr in der Disko? fragt Tadi. Kein langes Vorspiel, sofort in die Magengrube rein.
– Checken, ob sich der Penner hier aufhält, antwortest du.
– Verarschst du mich, Krca?
– Nee, ich dachte---
– Krca, du denkst zu viel.
Du lachst über die Beleidigung – hohoho –, als wäre sie ein Kompliment.
– Leider habe ich niemanden, der für einen echt idiotischen Job einspringen kann, spricht Tadi weiter, Zufälligerweise fällt mir aber jemand ein, der zu viel denkt und für diesen Job der Passende ist. Verstehst du?
– Ich?
– Du.
– Wow, okay, sagst du und versuchst, es begeistert klingen zu lassen.

Tadi gibt dir die Adresse des Chinesen durch und sagt, dass er dich in einer halben Stunde vor der Haustür stehen sehen will. Als du ihn fragst, wo er die Adresse herhat, sagt Tadi:
– Der Alte von dem Chinesen. Ackert mit Mickis Altem auf derselben Baustelle. Mickis Alter hat uns die Adresse gesteckt, verdammt kleine Welt, was? In einer halben Stunde stehst du dort, kapiert? Und nimm Gero und Sascha mit, dann könnt ihr euch die Kopfarbeit teilen.
– Welche Kopfarbeit? fragst du.
Tadi legt auf, ohne über deine Frage zu lachen.
– Alles klar, sagst du in das tote Handy hinein, Ich kümmer mich darum ... Ja, was denkst du, er steht neben mir ... Nein, ich habe das im Griff. Verstehe. Was? Na klar kannst du mich immer erreichen. Hast ja meine Nummer, oder? Ja, klar. Nee, ist doch kein Problem, mach ich doch gerne. Natürlich, das---
Gero reißt dir das Handy vom Ohr und schaltet es aus.
– Für wie blöd hältst du mich? fragt er dich.
– Reg dich schon ab, sagst du.
– Und, was will Tadi?
– Wir sollen den Chinesen vor seiner Bude abfangen. Er hat die Adresse von Mickis Altem. Selbe Baustelle, cool, was? Hol mal Sascha, dann verschwinden wir hier.
Deine Stimme gefällt dir. Du hast die Kontrolle, auch wenn Gero dich mit dem Handy durchschaut hat. Tadi wollte speziell dich sprechen, er hat nicht Gero den Auftrag gegeben. So muss es sein. Bevor du das Klo verlässt, klatschst du dir eine Ladung Wasser ins Gesicht und checkst dich im Spiegel. Kurzes, feuchtes Haar, kleine Narbe unterm Auge, Lippen schmal. Du bist schon ein heißes Eisen, Mann, weiter geht es.

Es ist nicht einmal Mitternacht und ihr müsst schon abhauen. Das ist das Einzige, was dir echt gegen den Strich geht. Der Rest ist cool. Du musst ihn nur noch gut verpacken, damit die Jungs ihn schlucken.

– Das ist doch bescheuert, sagt Sascha, Wie lange sollen wir denn vor dem Haus warten?

– Bis Tadi sich meldet, antwortest du, Er wird vielleicht sogar selbst vorbeikommen, um sich den Typen vorzuknöpfen.

Gero sagt nichts, dabei würdest du echt gerne wissen, was er von der ganzen Sache hält. Dass der immer im falschen Moment den Mund hält.

– Ich steh da nicht die ganze Nacht rum, sagt Sascha.

– Denk an Jasmin, sagst du und Sascha verstummt.

Du denkst auch an Jasmin. Mann, das alles wäre nie passiert, hättet ihr euch nicht gestritten. Denk mal darüber nach. Du spuckst aus, nein, es gibt keinen Grund darüber nachzudenken. Du hast getan, was du für richtig hieltest. Sie hatte einen anderen, darauf könntest du wetten.

Ihr nehmt den 194er Richtung Staaken, um am S-Bahnhof Witzleben auszusteigen. Von da aus wollt ihr über den Kaiserdamm laufen und dann rein in die Saldern. Wenn nichts dazwischenkommt, seid ihr in zwanzig Minuten in der Philippistraße.

Beim Einsteigen zeigt ihr eure Monatskarten, geht nach oben und setzt euch hinten in die letzte Reihe. Du döst nach ein paar Minuten weg, das Geschaukel lullt dich ein. Als der Bus an der Wilmersdorfer hält, setzt du dich anders hin, pennen ist echt nicht angesagt. Du steckst die Nase unter deine Trainingsjacke und schnüffelst. Mensch, wann hast du das letzte Mal so gestunken? Dafür brauchst du glatt eine Lizenz, Mann. Sascha sieht, was du da machst.

– Auch mal riechen? fragst du.
Er zeigt dir den Finger und schaut wieder raus.
Das flackernde Neonlicht eines Puffs zieht vorbei, ein Penner, der vor einem Imbiss rumgestikuliert, und ein anderer Penner, der versucht die Montagsausgabe vom *Tagesspiegel* bei jeder Rotphase an die genervten Autofahrer zu verkaufen. Dann hält der Bus und du gähnst und bemerkst zwei Typen, die über die Straße laufen, Penner hat Berlin mehr als genug, auch eine Menge, die in deinem Alter sind. Du willst gerade wieder die Augen schließen, als dir etwas auffällt. Irgendwas am Gang der zwei Typen. Den lässigen Gang hast du doch schon mal gesehen. Dann fährt der Bus wieder an und zockelt an den zwei Typen vorbei. Du drehst dich um und siehst sie von vorne. Das sind doch glatt der Chinese und das Pickelgesicht im Doppelpack! Ist das Schicksal oder ist das Schicksal, Mann?
– Raus hier! rufst du und und schwingst dich aus deinem Sitz.
Sascha und Gero zögern, während du schon die Treppe runterrennst und auf den Haltknopf hämmerst.
– Mach schon, mach schon, du Scheißbusfahrer, mach schon ...
Die nächste Haltestelle ist eine Kreuzung weiter am Amtsgericht. Sascha und Gero springen hinter dir aus dem Bus.
– Alter, mir platzt 'ne Lunge, wenn du nicht ein wenig langsamer machst, keucht Sascha.
– Was war denn? fragt Gero.
– Überraschung, antwortest du und läufst mit ihnen die Kantstraße in Richtung Zoo runter.

DER SCHNELLSTE BIST DU NICHT und wirst du auch nie sein. Einer der Gründe, warum du recht froh bist, dass der Alte dich aus dem Verein genommen hat. Balltreten und Rumalbern ist ja okay, sich aber dafür den Arsch abzurackern, no, nicht mit dir, Mann. Und solltest du diesen Bus wirklich erreichen, dann kann Superman in Rente gehen. Neben dir patschen die Schritte von Lockes Turnschuhen, als würde ein Pinguin dich begleiten. Du schielst rüber. Der Typ sieht aus wie ein Clown.
– Vergiss es, sagt der Clown und bleibt stehen.
Du siehst, was er meint. Die Ampel an der Kreuzung ist eure Bremse. Der Verkehr zischt von links nach rechts an euch vorbei, ein Auto hupt und du zeigst ihm den Finger, bevor du einen Schritt von der Straße auf den Bürgersteig zurückweichst. Was hat hier überhaupt eine Ampel verloren? Und warum muss sie rot sein? Irgendwie liegen dir immer irgendwelche Steine im Weg.
– Scheißampel, sagt Locke und wischt sich den Schweiß von der Stirn am T-Shirt ab. Du kannst seinen Bauch sehen, der Typ hat Muckis.
– Mann, den Bus hätten wir gekriegt, keucht er.
– Jaja, sagst du und musst lachen.
– Lach nicht so blöd. Ich sag dir, den hätten wir gekriegt ...

– Klar, so schnell, wie du warst, wären wir glatt am Bus vorbeigepest.
Locke lacht jetzt auch, dann verstummt er.
– Herzinfarkt? fragst du und siehst, was sein Lachen beendet hat.
– Bleib cool, flüsterst du, als ob dich die zwei Yugos auf der anderen Straßenseite hören könnten.
– Ich *bin* cool, sagt Locke.
– Lass uns unauffällig abhauen.
– Die haben uns schon gesehen, die schnallen das.
– Na und? sagst du.
– Ist zu auffällig, sagt Locke.
– Alter, das hier sind nicht die Bundesjugendspiele, hier gibt's keine Punkte zu gewinnen. Wenn wir wollen, hängen wir die doch mit links ab.
– Nee, vergiss es, sagt Locke, Ich kann echt nicht mehr laufen, ich bin platt.
– Scheiße auch, fluchst du, denn viel besser geht es dir auch nicht.
– Kannst du denn noch? fragt Locke.
– He, ich lass dich nicht hängen, Mann.
– Wenn du noch kannst, dann hau einfach ab.
– Vergiss es.
Die Ampel bleibt rot. Die Yugos auf der gegenüberliegenden Straßenseite fixieren euch. Keine Ahnung, wer die sind. Etwas älter als ihr. Yugos sehen ja alle gleich aus. Ein Chopper fährt knatternd vorbei. Du kneifst die Augen zusammen. Wenn ihr jetzt rennt, kommt ihr zwei Ecken weit und was dann? Dann seid ihr noch fertiger als zuvor, vergiss es.
– Nur locker bleiben, sagst du.
Die Ampel schaltet um.
Die Yugos setzen sich gleichzeitig in Bewegung und

kommen auf euch zu, und ihr steht da wie zwei Topfpflanzen.
– Scheiße! sagt Locke laut, dreht sich um und rennt los.
Auch du machst auf dem Absatz kehrt und folgst ihm. Ein paar Meter weit, dann ist Sense, denn Locke ist einem Typen in die Arme gerannt. Und, Alter, *den* Typen kennst du. Der hat dich bearbeitet, der hat dir auf dem Hinterhof sein Messer ans Auge gehalten, als wollte er schauen, ob man es rauskratzen kann. Mann, wenn das mal nicht eine Falle ist. Und wie du das denkst, haben sie dich auch schon von hinten gepackt. No, da läuft nichts mehr. Zeig's ihnen.
Dem einen rammst du deinen Hinterkopf ins Gesicht, doch der andere duckt sich und hämmert dir seine Faust in den Magen, dass du dich zusammenrollen willst. Der Schmerz lässt dich wimmern, du bleibst auf den Beinen und schickst einen Schwinger auf die Reise. Der Schwinger verfehlt sein Ziel und der Schwung dreht dich einmal im Kreis. Als du wieder stillstehst, klappert etwas und du siehst deine Knarre über den Bürgersteig rutschen.
Dein erster Gedanke ist: *Hoffentlich ist die jetzt nicht zerkratzt.* Dein zweiter Gedanke ist: *Mist auch.* Und dein dritter Gedanke ruft dir warnend zu, dass da zwei Yugos darauf warten, dich fertig zu machen.
Der eine Yugo packt dich links, der andere rechts. Du wirst vom Straßenrand weggeschleppt und gegen eine Häuserwand gedrückt. Deine Knie geben nach, du bist völlig leer gepumpt und hast das Gefühl, ein Alien will aus deinem Magen ausbrechen. Deine einzige Hoffnung ist, dass es bitte nicht so wehtut wie vor drei Tagen.
– Was war'n das? sagt der Yugo links von dir.
– Alter, ist 'ne Knarre oder was? sagt der Typ rechts.
Sie schauen zum Straßenrand. Du senkst den Kopf und

starrst auf deine Turnschuhe, jeden Moment wirst du loskotzen, du spürst es.
– Hol sie, Mann, hol das Ding.
Der Yugo rechts von dir lässt dich los. Das wäre vielleicht deine Chance, einen Abgang zu machen, doch da taucht Yugo Nummer drei auf und drückt dir sein Messer ans Auge. Mann, wie du Wiederholungen hasst.
– Na, wieder da? sagt der Yugo.
– Schöne Scheiße, sagst du.
– Alter, ich find die Puste nicht, hörst du den anderen Yugo rufen.
– Red keinen Scheiß, Sascha, sie muss da liegen, sie kann nicht---
– Da kannst du lange suchen!
Du hebst den Kopf, und da steht er doch wahr und wirklich. Locke mit der Knarre im Anschlag vor einer schwach beleuchteten Telefonzelle. Wie hat er das gemacht? Er sieht aus wie die Silhouette eines Racheengels, fehlen nur die Flügel. Eine Hand an der Hüfte, die Knarre locker mit der anderen nach vorne gerichtet. Dein Retter. Yo.
Der Yugo mit dem Messer packt dich an deinen kurzen Haaren und schiebt dich vor sich. Er legt dir den Arm von hinten um die Brust. Das Messer ist von deinem Auge verschwunden, jetzt bist du ein lebendes Schutzschild. Mal sehen für wie lange. Locke soll bloß keinen Quatsch machen.
– Laß ihn los, sagt Locke.
Der Yugo lacht.
– Alter, sagt Locke und es klingt so was von lässig, dass du applaudieren möchtest, Mit meinem Kumpel kommst du hier nicht weg, dass das mal klar ist.
– Mal sehen, ob ich wegkomme oder nicht, sagt der Yugo und drückt dich fester an sich.

Feuerpause. Alle sehen Locke an. Der Verkehr ist verstummt, und du hast das Gefühl, dass sich ein Vakuum um euch herum gebildet hat. Wenn nicht bald was geschieht, wird euch der Sauerstoff ausgehen. Locke muss das auch spüren, denn er sagt:
– In einer Minute tauchen die Bullen hier auf, weil irgendein Rentner aus dem Fenster gesehen hat. Oder ich verpass dem Schaufenster da einen Schuss, wollt ihr das vielleicht?
Das Schaufenster gehört zur Dresdner Bank. Die haben garantiert mehr Alarmanlagen als Kunden. Du grinst. Locke ist ein verdammter Desperado, der könnte mit dem Teufel Poker spielen, wenn er wollte.
Der Yugo flucht einen Kauderwelsch zusammen und keift dann seine zwei Jungs an, besonders den einen Yugo mit dem Rucksack knöpft er sich vor.
– Wie findst du das? sagt er. Mh, wie findest du das jetzt, du blöder Arsch? Wir können also nicht mit 'ner Kanone in der Hand rumrennen, aber der Chinese hier kann das, was?
Der Yugo lässt dich los. Du taumelst einige Schritte nach vorn und stellst dich an Lockes Seite. Endlich kannst du dir die drei Yugos genauer ansehen. Der eine hält sich das Gesicht, den hast du voll erwischt, der kann Montag gleich zum Zahnarzt gehen, yo. Der mit dem Rucksack ballt die Hände, als würde er Zitronen ausquetschen. Da hilft nur noch Yoga. Am schlimmsten ist aber der Typ mit dem Messer. Mann, der hasst dich, der hasst dich richtig. Verdammt uncool. Wenn ihr euch in einer Arena begegnen würdet, würde er garantiert einen Kerzenständer aus dir machen.
– Und jetzt? Was macht ihr jetzt? fragt er, ohne die Augen von dir zu nehmen. Denkt ihr, ihr kommt weg?

Wir haben drei Kanonen im Rucksack. Drei gegen eine, ist das klar, drei gegen eine.
– Bis du den Rucksack aufhast, sagst du und wunderst dich über deine hohe Stimme, Hat mein Kumpel dir deine Scheißfresse abgeschossen.
Locke sagt dazu nichts, und die Augen des Yugos blinzeln einmal nervös, dann zeigt er auf Locke und dann auf dich.
– Du bist 'n toter Mann. Und du bist 'n toter Mann. Ist das klar?
– Fick dich, sagst du.
– Ich werd dich ficken und dann fick ich dich noch mal, sagt der Yugo, Bis du tot bist, ist das klar? Dann piss ich auf dich rauf, so mach ich das.
– Wichser.
– Arschloch.
– Scheißyugo.
– Scheißdeutscher.
– Red keinen Scheiß, ich bin 'n Mongole, Mann.
– Scheißmongole, Mann.
Der Yugo spuckt euch vor die Füße, dann dreht er sich um und die zwei anderen Yugos folgen ihm. Du kannst es nicht glauben, dass sie einfach so abziehen. War's das etwa? Dann siehst du, wie einer der Yugos ein Handy an sein Ohr drückt. Okay, es wird Zeit, dass Locke und du in die Gänge kommt.
– Weg hier, sagst du.
– Warte noch.
– Aber---
– Warte noch, wiederholt Locke und schaut den Yugos hinterher, Lass sie erst mal um die Ecke verschwinden.
Du wartest und fragst dich, wie du nur so bescheuert sein konntest, die Knarre fallen zu lassen. Ohne Lockes Hilfe

wärst du jetzt längst am Arsch. Knarre fallen lassen ist so was von dämlich.
– Mann, bin ich froh, dass du---
Du verstummst, denn Locke hat die Hand von seiner Hüfte genommen, nass und dunkel glänzt Blut darunter.
– Schei*ßeee*, rutscht es dir schrill raus.
Du merkst, wie Locke schwankt, und stützt ihn. Jetzt erst fällt dir auf, dass dein Kumpel kreidebleich ist.
– Geht schon, sagt Locke und lehnt sich gegen die Telefonzelle, Sie dürfen nur nichts merken, sonst---
– Die kommen nicht wieder, unterbrichst du ihn und nimmst die Knarre aus seiner Hand, Zeig mal her.
Lockes Trainingsjacke hat über dem Beckenknochen einen klaffenden Schnitt. Das Messer hat ihn zum Glück nur gestreift, sonst würde da ein Knäuel aus Gedärmen raushängen.
– Wie schlimm ist es? fragt Locke.
– Fleischwunde, sagst du, ohne zu wissen, wovon du redest.
– Ist es schlimm?
– Nee, mach dir mal keine Sorgen. Kannst du denn laufen?
– Klar, sagt Locke und geht in die Knie.
– He, Mann, mach keinen Scheiß.
Du wirfst dir seinen linken Arm um die Schulter und stützt ihn.
– Lehn dich voll auf mich, sagst du.
– Nee, geht auch so---
– Scheiße, jetzt lehn dich schon voll auf mich.
Er lehnt sich auf dich, und jetzt bist du es, der beinahe in die Knie geht. Alter, jetzt zeig mal Schmackes.
– Ist es wirklich nicht schlimm? fragt Locke, und wie er das fragt, möchtest du am liebsten losheulen. Es klingt so

hilflos. Beinahe flehend. Er will alles, nur keine schlechte Nachricht hören. Zeit für dich, den Helden zu spielen.

– Nur ein kleiner Kratzer, beruhigst du ihn, Und wo wollen wir jetzt---

– Bring mich nach Hause, unterbricht dich Locke, Ich muss das verbinden, dann will ich nur noch die Augen zumachen und ... wenn es morgen früh nicht besser ist, geh ich zum Arzt. Ich ... ich sag dem, ich bin in einen Gartenzaun reingestolpert, genau das sage ich ...

Du widersprichst ihm nicht. Sollte der Arzt blind und blöd sein, dann fällt er garantiert darauf rein. Das sieht niemals aus wie ein Rendezvous mit einem Gartenzaun.

– Prima Idee, sagst du und beginnst, dich mit Locke durch die Gegend zu schleppen.

Mann, tut das weh!
Du wolltest dem Yugo ausweichen, er wollte dich aufhalten und das Messer kam dazwischen. Da war ein Brennen an deiner Hüfte, der Sturz auf den Bürgersteig, ein schrilles Klingeln in deinen Ohren.
Dir kam es wie eine Ewigkeit vor, du hast aber keine zehn Sekunden auf dem Bürgersteig gelegen, bevor du dich wieder hochgerappelt hast. Die Yugos waren gerade dabei, sich Cengiz vorzuknöpfen. Du wusstest nicht, was du tun solltest. Abhauen war eine verlockende Alternative. Einfach Schwanz einziehen und weg. Du hast schon den ersten Schritt nach hinten gemacht und wärst beinahe noch mal auf die Fresse geflogen, weil du auf die Knarre deines Vaters getreten bist. Das hätte dir noch gefehlt. Genickbruch und die Rechnung geht an den Alten.
Wie auch immer die Knarre da hinkam, du hast sie aufgehoben, ohne zu checken, ob sie gesichert war oder nicht. Jetzt war Feierabend mit wegrennen, dein Instinkt übernahm die Kontrolle, du hast so lange darauf gewartet, eine Situation im Griff zu haben, dass es wie ein wilder Trip wurde.
Und so bist du geblieben, die linke Hand an der Wunde, die rechte zitternd um die Waffe geschlossen. Du warst dir sicher, die Yugos würden nie darauf reinfallen, die

würden sofort schnallen, dass dir der Mumm fehlt, um zu schießen.
Sie fielen darauf rein, sie haben sich verzogen, und auch wenn du sie hinter jedem Auto und jedem Baum erwartest und wachsam sein willst, bist du jetzt nur noch Keuchen und Schritte und Schmerz. Cengiz schleppt dich wie einen nassen Wäschesack durch die Gegend, und du willst nichts als dich setzen, dich setzen und die Augen schließen.
– Gib mir die Schlüssel.
– Was?
Du öffnest die Augen, ihr steht vor deinem Mietshaus. Wie konnte das so schnell gehen, eben wart ihr noch an der Kantstraße und jetzt seid ihr hier? Cengiz hat dich gegen die Haustür gelehnt, du spürst das kalte Glas an deinem Rücken und fummelst den Schlüssel aus deiner Trainingshose.
– Rutsch mal, sagt Cengiz.
Du rutschst, Cengiz schließt auf, du spürst, wie du Zentimeter um Zentimeter am Glas der Haustür runtergleitest.
– Komm, den Rest schaffen wir auch noch, sagt Cengiz und packt dich wieder an.
Der Rest sind drei Stockwerke à vierzehn Stufen. Das macht zweiundvierzig. Und du spürst jede einzelne Stufe. Vor der Wohnungstür atmest du erleichtert auf. Cengiz hilft dir rein. Ihr marschiert durch den Flur in dein Zimmer. Leise, damit deine Mutter nicht wach wird. Alles, nur nicht deine Mutter, die aus ihrem Schlafzimmer kommt und dich bluten sieht. Alles, nur das nicht. Du sinkst aufs Bett, Cengiz hebt deine Beine auf die Matratze, der Kopf landet auf dem Kissen und das ist das Ende des Alptraums. Ab diesem Moment weißt du, dass

alles gut werden wird. Du entspannst dich, lächelst sogar. Alles. Wird. Gut.
– Was ist mit den Yugos? sagst du schwach.
– Abgehängt, antwortet Cengiz, Die hatten so viel Schiss, dass die garantiert bis nach Bosnien zurückgetrampt sind.
Du versuchst zu lachen, eine schwarze Wolke legt sich über dich.
– Hast du irgendwo Verbandszeug oder Jod oder so? He, Locke, he, hörst du mich?
Du hörst ihn sehr gut. Mann, MC hat dich hergeschleppt, ihr seid ein verdammt gutes Team. Mühevoll öffnest du die Augen und sagst:
– Im Bad.
Cengiz drückt deine Hand kurz, keine Ahnung, was das soll, es ist wie ein Abschied.
– Rühr dich nicht von der Stelle, sagt er.
– Hahaha, machst du und dann ist er weg.
Du versinkst in der Entspannung, die deinen Körper wellenartig von den Füßen aufwärts überschwemmt. Die Wunde ist ein Kiesel darin, der sich in den Wellen bewegt, der Schmerz ein unangenehmer Gedanke, nicht mehr. Beinahe wärst du eingeschlafen, da packen Hände deine Schultern und schütteln dich durch. Du willst die Augen nicht öffnen. Du weißt, was du sehen wirst, denn das hier ist alles nur ein Traum. Du liegst noch immer auf der Straße und presst die Hände auf deine Hüfte, die gar nicht deine Hüfte, sondern dein Bauch ist. Und der Yugo rennt mit Blut am Messer durch die Nacht und lacht schrill, und ein Krankenwagen parkt am Bürgersteig, seine Lichter blitzen über deine geschlossenen Augen, während ein Arzt versucht dich wachzuschütteln, doch es ist zu spät, vergiss es, es ist zu spät, du willst nicht mehr.

– He, Alter!
Der Arzt schlägt dir ins Gesicht. Du öffnest die Augen. Cengiz sieht dich panisch an.
– Ist alles okay, beruhigst du ihn.
– Alter, deine Mutter! sagt Cengiz und schüttelt dich erneut, *Deine Mutter hat sich die Kante gegeben!*
Er schreit es beinahe, und dir wird wieder bewusst, wo du gelandet bist. Zu Hause. In deinem Bett. MC hat es geschafft, hat dich hergeschleppt, durch ganz Berlin hergeschleppt. Dein Kumpel. Dein Zimmer. Cengiz' Gesicht über dir. Seine Panik. Seine Worte.
– Was? fragst du.
– Deine Mutter ist tot, Alter!
Cengiz lässt dich endlich los und tritt einen Schritt zurück.
– Oh Mann, sagst du und richtest dich auf.
– Ich war's nicht, sagt Cengiz.
– Red keinen Scheiß, sagst du.
– Nicht, dass du denkst---
– Cengiz, halt die Klappe, okay?
Er verstummt, der Raum schwankt einen Moment von links nach rechts, und als er sich beruhigt hat, sagst du mit Bestimmtheit:
– Meine Mutter ist nicht tot.
Hinter deinen Worten steckt der ehrliche Wunsch, dass sie wirklich nicht tot ist. Nicht heute, auch nicht morgen oder an jedem anderen Tag. Sie soll sich nichts antun. Du hast es ihr zwar schon tausendmal gewünscht, aber wenn du ehrlich bist, wünschst du es dir nur, weil du ihr nicht helfen kannst.
– Aber ...
Du lässt Cengiz stehen und schwankst in den Flur, Cengiz folgt dir. Du willst ihm sagen, dass er in deinem Zim-

mer bleiben soll, aber er hat schon gesehen, was es zu sehen gibt, also was soll's.
Im Bad brennt das grelle Deckenlicht. Etwas Schaum glitzert an den Rändern der Badewanne, das heißt, deine Mutter liegt noch nicht lange hier. Sie trägt einen roten Rock und eine helle Bluse, durch die dunkel ihr BH schimmert. Ihre Füße sind bloß, der Mund offen, das Haar hoch gesteckt. Du kannst dir vorstellen, was für eine Panikattacke Cengiz gekriegt haben muss, als er all das sah. Zwar kennst du das Bild, aber erinner dich mal an dein erstes Mal. Wie du geheult hast, wie du versucht hast, die Feuerwehr zu rufen, und dir dabei immer wieder das Telefon aus der Hand fiel.
Das Skalpell hängt lose zwischen ihren Fingern. Es ist ein Wunder, dass es nicht runtergefallen ist.
– Es ist alles okay, sagst du, um Cengiz zu beruhigen, und machst das kleine Licht über dem Badezimmerspiegel an, bevor du das Deckenlicht löschst.
– Hol mir mal ein großes Handtuch, sagst du.
– Wo ...?
– Im Flur, in dem oberen Schrank.
Cengiz kommt mit einem Handtuch zurück, du legst es auf den Toilettendeckel und hockst dich neben die Badewanne, um auf einer Höhe mit dem Gesicht deiner Mutter zu sein. Vorsichtig nimmst du ihr das Skalpell aus der Hand. Es überrascht dich immer wieder, wie friedlich und zufrieden deine Mutter wirkt, wenn sie so in der Badewanne liegt.
– Mama?
Wieso fiel dir der süßliche Geruch des Badeschaumes nicht auf? Du wirst unvorsichtig, Mann. Wahrscheinlich war es der Schmerz von deiner Wunde, der dich abgelenkt hat. Es wird aber auch Zeit, dass du dich mehr um

deine eigenen Angelegenheiten kümmerst, ohne nebenbei die ganze Welt retten zu müssen.

Meine Mutter ist meine Welt.

Falsch, deine Welt bist du, erst einmal du allein, alles andere kommt danach.

Aber - - -

Kein Aber.

– He, Mama?!

Deine Mutter zuckt, sie schließt den Mund, dann bewegt sie wieder die Lippen, als würde sie einen Kuss erwarten. Ihre Augen öffnen sich mit einem Flackern.

– Matthias, sagt sie leise.

– Du musst aufstehen, Mama.

– Mein Matthias.

Du willst ihr aus der Badewanne helfen, kannst aber ihr Gewicht nicht halten. Dein Griff ist zu schwach, der Blutverlust macht sich bemerkbar, und bevor dir deine Mutter aus den Händen rutschen kann, ist Cengiz neben dir und greift zu. Schon wieder ist er der Retter in der Not. Wenn der alte MC nicht aufpasst, stellen ihn die Samariter ein.

– Vorsichtig, sagst du.

– Haben wir Besuch? fragt deine Mutter und lächelt deinen Kumpel müde an.

– Es ist nur Cengiz, sagst du.

– Guten Abend, sagt Cengiz.

– Guten Abend, sagt deine Mutter und steigt aus der Wanne. Zitternd und bibbernd. Du legst ihr das Handtuch um die Schulter, wickelst sie darin ein. Danach führt ihr sie durch den Flur, das Wasser tropft ihr aus der Kleidung und hinterlässt eine Spur auf dem Teppich, die erst nach einem Tag trocknen wird.

– Vorsichtig, sagst du wieder.

Deine Mutter sinkt mit einem Seufzer auf ihr Bett, du siehst Cengiz an.
– Ich geh mal raus, sagt er und lässt euch allein.
Nachdem du deine Mutter ausgezogen und abgetrocknet hast, deckst du sie zu. Nur ihr Gesicht schaut unter der Decke hervor. Du knipst das Licht auf dem Nachttisch aus und willst eben das Zimmer verlassen, als deine Mutter nach deinem Handgelenk greift.
– Er hat sich nicht gemeldet, oder? fragt sie dich.
– Nein, Mama.
– Er soll es nur nicht probieren.
– Schlaf jetzt, Mama.
– Wenn er wüsste, was du für ein toller Junge geworden bist, Matthias, dann---
– Mama, bitte, schlaf jetzt.
– Wenn er das wüsste, Matthias, dann würde er---
– Verdammt noch mal, Mama, halt jetzt die Klappe und schlaf!
Du schreckst vor dir selbst zurück. Für einen Moment sind deine Sicherungen durchgebrannt. Da ist jetzt nur das erschrockene Schweigen deiner Mutter, der kalte Schweiß unter deinen Achseln und heiß, heiß der Schmerz in deiner Hüfte.
– Matthias, sagt deine Mutter leise.
Du wartest und stehst dabei ganz still im Dunkeln. Ihr Griff an deinem Handgelenk wird schwächer, sie will dich nicht gehen lassen, und du willst nichts mehr sagen, du hast genug gesagt, sie muss dich gehen lassen. Sanft löst du den schwachen Griff und legst die Hand deiner Mutter zurück aufs Bett. Sie hat die Lippen zusammengepresst, du glaubst ihren Blick zu spüren und dann erklingt ihr ruhiges, tiefes Atmen und sie ist eingeschlafen.

Du verlässt das Zimmer und schließt die Tür hinter dir. Du gehst durch den Flur ins Badezimmer und nimmst Jod und Pflaster aus dem Medizinschrank. Keine Ahnung, ob ein paar Pflaster reichen werden, dir graut davor, das T-Shirt auszuziehen und die Wunde zu sehen. Und es graut dir auch davor, in dein Zimmer zurückzukehren und Cengiz gegenüberzutreten. All das muss ein Ende haben.

Du setzt dich auf den Klodeckel. Erst als das Stechen in deiner Seite dich daran erinnert, dass es Zeit wird, sich um die Wunde zu kümmern, stehst du wieder auf und löschst das Licht über dem Waschbecken. Bereit oder nicht bereit, es ist Zeit für deinen Auftritt.

DU HAST EINE MENGE HORRORFILME GESEHEN. Köpfe flogen durch die Gegend, Kehlen wurden ratschend durchschnitten und Gehirne wie Joghurt über Wände verteilt. Du hast auch eine Menge abgekriegt und sahst vor drei Tagen aus wie eine stümperhafte Version von Frankensteins Monster, die vom fahrenden Zug gestoßen wurde. Aber einen blutigen Schnitt in der Hüftgegend, der aufklappt wie ein müdes Buch, nee, das hast du noch nie live gesehen und das wolltest du auch nie live sehen. Da muss ein Arzt her, das muss genäht werden. Locke aber winkt ab und meint, er kennt Schlimmeres.

– Red keinen Scheiß, Mann, sagst du, Das sieht nicht gut aus.

– Schau mal hier.

Locke zieht das rechte Bein seiner Trainingshose hoch und zeigt dir eine Narbe auf seinem Oberschenkel. Die Narbe erinnert dich an einen Tausendfüßler und ist so lang wie deine Hand.

– Alter, was ist denn das?

Locke erzählt dir, wie er mit dem Bein durch ein Kellergitter gebrochen ist. Drei Jahre ist das her. Ein spitzes Stück Metall ragte raus und ritzte die Haut seines Oberschenkels an. Das Anritzen reichte, das Fleisch des Schenkels öffnete sich wie eine Blüte.

– Ich hab meinen Knochen gesehen, da war kein Tropfen Blut dran, strahlendweiß sah der aus und drumherum glänzte knallrot mein offenes Fleisch.
Du kneifst das Gesicht zusammen und sagst Locke, er soll mal sein Hosenbein wieder runterziehn, sonst kotzt du. Der Schnitt an Lockes Hüfte wirkt nicht mehr so schlimm, es gibt ja Schlimmeres.
– Habe ich doch gesagt, sagt Locke und beißt auf seine Unterlippe, Mach schon.
Mit einem Wattebausch tupfst du die Ränder sauber und kippst Jod drüber, während Locke zischend einatmet. Danach legst du eine Lage Gaze über die Wunde und verklebst alles mit Pflastern, bis du dir sicher bist, dass sich das nicht in den nächsten zehn Minuten lösen wird.
– Und, wie fühlt es sich an?
Locke schielt auf den Verband. Sein Gesicht ist knallrot.
– Ist okay, sagt er und lässt sein T-Shirt darüberfallen. Langsam sinkt er zurück und liegt dann still auf dem Bett. Du ziehst deine Kapuzenjacke aus und wirfst sie über einen Stuhl. Dabei beobachtest du Locke und wartest, dass er einschläft. Soll er mal pennen, verdient hat er es. Doch Locke denkt nicht ans Pennen. Er hat zwar die Augen geschlossen, sagt aber:
– Sie ... sie macht das öfter, weißt du. Sie ... sie will nicht wirklich sterben, ich glaube, sie will sich an meinem Alten rächen. Irgendwie. Aber weißt du, was das Komische ist? Das Komische ist, sie erinnert sich hinterher nie daran.
– Quatsch.
– Nee, ist wahr. Du kannst sie ja morgen fragen, wenn du willst.
– Vergiss es.
Als ob du morgen hingehen würdest, um die Mutter dei-

nes Kumpels zu fragen, ob sie sich an ihren Selbstmordversuch erinnern würde. No.
– Hast du denn nie Schiss, dass sie---
– Klar habe ich Schiss, dass sie es tut, unterbricht dich Locke, Und manchmal, weißt du ...
Er schweigt, du schweigst, seinen Augen gehen auf und scannen die Zimmerdecke.
– ... manchmal wünsche ich mir, dass es klappt.
Du verstehst das ganz gut, sagst es aber nicht.
– Wie lange geht das schon? fragst du stattdessen.
Locke hebt die Schultern.
– Seitdem mein Alter weg ist. Fünf, sechs Jahre vielleicht. Fühlt sich aber an, als ob es noch nie anders gewesen ist.
Du stellst dir vor, was du machen würdest, wenn du so eine Mutter hättest. Und du stellst dir vor, dein Vater wäre so drauf wie Lockes Alter.
– Was denkst du? fragt Locke.
– An meinen Alten. Dass ihm das gut stehen würde, sich für ein Jahrhundert zu verpissen. Der ist echt durchgeknallt, und wenn der---
Locke ist so schnell über dir, dass du keine Ahnung hast, wie er das gemacht hat. Seine Hände packen den Kragen deines Hemdes und schütteln dich. Nähte reißen, ein Knopf rollt dir über die Brust und Lockes Gesicht ist dir so nahe, dass du ein Äderchen in seinem linken Auge deutlich erkennen kannst.
– MEINE MUTTER IST NICHT DURCHGEKNALLT, KAPIERT?! SAG NIE, DASS MEINE MUTTER DURCHGEKNALLT IST, SONST MACH ICH DICH FERTIG, IST DAS KLAR?!
– He, okay, okay ...
Du hebst die Hände, ohne Locke dabei zu berühren.
– SO EINEN SCHEISS WILL ICH NICHT HÖREN!

– Ja, Mann, alles klar.
Locke lässt dich los, schweißgebadet sinkt er aufs Bett zurück.
– Du hast ja keine Ahnung, wovon du redest, sagt er leise, Überhaupt keine Ahnung.
Langsam nimmst du deine Hände runter und setzt dich woandershin. Locke soll es beim nächsten Mal nicht so leicht haben. No. Du willst noch weiter von ihm weg, denn du fühlst dich bloßgelegt. Als wärst du mit Locke in einem engen Raum und ihr hättet beide nichts an. Du wolltest die Story über seine Mutter nicht hören, sie ist dir unangenehm, wie ein fetter Rucksack, den dir Locke umgeschnallt hat. Du kommst ja auch nicht daher und erzählst von deinem Vater. Das geht niemanden was an.
– Ich meinte nicht deine Mutter, sagst du, Ich meinte nur meinen Alten.
Locke reagiert nicht, er liegt wieder und starrt an die Zimmerdecke. Dir kommt in den Kopf, wie du da auf der Straße gestanden hast und deinen Alten töten wolltest. Du hast keine Ahnung, wann genau es angefangen hat, du kannst dich nur erinnern, dass diese Wut sehr früh da gewesen ist. Sie war keine Überraschung. Die Überraschung war, dass du es tun konntest und es dennoch nicht getan hast.
– Deine Mutter ist klasse, sagst du.
– Jaja, red mal Scheiße.
– Nee, ich mein das so. Wenn ich was sag, dann mein ich das so.
Darauf sagt Locke nichts mehr, und du denkst an morgen. Morgen bist du weg. Wohin auch immer du verschwinden, wo auch immer du dich verkriechen willst, den ersten Schritt machst du morgen. Morgen ist alles vorbei. Bitte.

Mitten in der Nacht weckt dich Lockes Stimme.
– Was ist?
Du musst dich für einige Sekunden orientieren, bevor du kapierst, wo du hier liegst. Der Boden ist unbequem, der Schlafsack stickig heiß.
– Ich blute wieder.
Licht an, Verband gewechselt und diesmal fest um den Rücken herumgewickelt.
– Tut's denn weh? fragst du.
– Es zieht.
Als ihr wieder liegt, starrst du hellwach in die Dunkelheit. Der Wecker auf Lockes Schreibtisch beleuchtet das Zimmer grünlich. 4:17.
– Weißt du, was ich mir immer gewünscht habe?
Du wartest.
– Ich habe mir zwei Sachen gewünscht, spricht Locke weiter, Ich wollte zu meinem Alten ziehen und bei ihm wohnen, doch dafür musste meine Mutter tot sein, verstehst du, sonst ging das nicht.
– Und die andere Sache?
– Dass mein Alter tot ist. Damit wir hier Ruhe haben. Damit meine Mutter nicht an ihn denken muss. Der ist einfach so verschwunden, weißt du. Und sie wartet, weißt du, sie wartet, dass er sich meldet. Seit Jahren wartet sie darauf.
Locke verstummt, spricht dann leise weiter:
– Einer von den beiden muss tot sein, damit ich Ruhe habe. Das habe ich mir die ganze Zeit über gewünscht. Jetzt ist das anders. Ich will nur, dass er verschwindet. Tot muss er nicht mehr sein, verschwinden reicht mir völlig. In ein anderes Land oder so. Ich habe beschlossen, ich will hier bei ihr bleiben, noch ein wenig, dann reicht es, denn das Schlimme ist, ich kann ihr nicht mehr zuhören, so schlimm ist es geworden, dass ich nicht mehr zu-

hören kann, verstehst du? Das ist das Schlimmste. Wenn es dich fertig macht, jemandem zuzuhören. Wie ist das bei dir?
Locke wartet, du wartest, vielleicht vergisst er, was er gefragt hat.
– He, wie ist es bei dir?
– Ich hab keine Wünsche.
– Red keinen Scheiß, Cengiz, jeder hat Wünsche. Was wünschst du dir?
Locke wartet.
– Dass alles vorbei ist, sagst du zögernd, Dass alles vorbei ist und es niemanden mehr auf der Welt gibt.
Du machst eine Pause, wartest auf Lockes Lachen, Locke lacht nicht.
– Alle sind verschwunden, aber alles funktioniert noch. Strom und so. Alles funktioniert und ich bin der einzige Mensch auf der Welt. Das wünsch ich mir. Allein zu sein. Kein Stress mehr, alle Musik und alle Filme der Welt. So denk ich mir das. Und ich kann essen und trinken, was ich will, weil alles da ist. Nur für mich, und gar kein Stress mehr.
– Cool, sagt Locke.
– Na ja, sagst du.
– Du bist schon klasse, Alter.
– Ja, du mich auch, und jetzt penn mal, sagst du.
– Ich werd garantiert davon träumen, sagt er.
– Finger weg, das ist mein Traum, sagst du und hörst Locke lachen.
Als es wieder still ist, sagst du, ohne zu wissen, dass dir die Worte schon seit Stunden durch den Kopf spuken:
– Morgen bin ich weg.
– Ich weiß, sagt Locke.
– Morgen ist alles vorbei, lügst du.

– Ist wahrscheinlich besser so, sagt Locke leise, und das sind genau die Worte, die du nicht hören wolltest. Du vergräbst das Gesicht im Kissen, es ist ein Gefühl, als würdest du ersticken. Mühsam atmest du ein, mühsam atmest du aus. Der letzte Mensch auf diesem Planeten.

MARCO

AB ACHT BEGINNST DU dein Handy regelmäßig alle zehn Minuten zu checken. Du bist voll auf diesen verdammten Apparat fixiert. Die Batterie ist okay. Du wählst die Nummer deiner Eltern, hörst es klingeln und unterbrichst die Verbindung. Keine Probleme mit dem Empfang. Bei Tadi hast du schon zweimal durchgerufen. Eine Frau meinte, er wäre nicht da. *Wo steckt der Arsch?* Irgendwas muss schief gelaufen sein. Kein einziger Yugo taucht im *Wunderbar* auf, das Café wechselt die Kundschaft dreimal hintereinander und du sitzt da wie der letzte Penner und streckst dein Bier, als hättest du kein Geld mehr. Wenn du jetzt noch einen Schluck nimmst, wird dir die ganze Brühe hochkommen. Wie in der Nacht mit Kollok, als er dir eine in den Magen verpasst hat. Das war übel, das wirst du ihm nicht vergessen, auch wenn es geholfen hat.

Links neben dem Flipper sitzt Jasmin und wartet mit dir. Du hast es aufgegeben, sie zu ignorieren. Auch an ihren Blick hast du dich gewöhnt, er macht dir keine Angst mehr, er hat etwas Beruhigendes angenommen. Du bist auf dem besten Weg. Wenn nur diese Scheißyugos endlich kommen würden.

Kurz nach neun beschließt du, das Handtuch zu schmeißen. Vielleicht hat Tadi ja deine Nummer falsch aufgeschrieben. Es war ein Fehler, sie durchzugeben. Das ist gar nicht dein Stil, aber hier geht es nicht mehr um Stil oder was auch immer. Hier geht es auch nicht darum, dass die Yugos nicht erfahren, dass die Schießerei auf die Disko deine Idee war. Hier geht es einzig und allein um einen deiner Jungs und dieses verdammte tote Mädchen dort neben dem Flipper.

– Ich hau ab, sagst du, und Jasmin nickt, als wüsste sie das schon.

Du winkst dem Kellner und zahlst. Dein nächstes Ziel ist, Cengiz verschwinden zu lassen. Er muss so was von verschwinden, dass es keine Erklärung dafür gibt. Und die Yugos dürfen nicht mal ahnen, dass du was damit zu tun hast. Gleichzeitig musst du dringend mit Kollok reden, ja, du musst dringend mit Kollok reden.

Kollok ist gerade dabei, einen neuen persönlichen Rekord mit den Gewichten hinzulegen, als du in das Fitnessstudio reinplatzt. Er ist der Einzige, den du kennst, der das die ganze Nacht durchziehen kann. Stemmen und immer wieder von neuem alle Maschinen abklappern. Außer ihm sind zwei Frauen auf den Rädern und ein Typ, der seine angespannten Bauchmuskeln im Spiegel betrachtet. Von Jasmin ist nichts zu sehen.

– Wir müssen reden, sagst du.

Kollok setzt die Gewichte ab und greift sich ein Handtuch. Du spürst die Blicke der Frauen und ignorierst sie. Kollok gibt ihnen ein beruhigendes Lächeln, und als ihr das Studio verlassen habt und in den Umkleidekabinen steht, sagt er gereizt:

– Was tust du hier?

– Wir müssen reden.

Kollok öffnet einen Spind und hält dir sein Handy entgegen.

– Weißt du, was das ist?
– Da geht nur die Mobil---
– Und was denkst du eigentlich, warum da nur die Mobilbox angeht?
Du atmest ruhig durch die Nase ein.
– Es ist wichtig, Kollok. Ich renn schon den ganzen Tag durch die Gegend und versuch dich zu erreichen.
– Was ist das Problem? fragt Kollok.
– Die Yugos sind nicht aufgetaucht. Wir waren um sieben im *Wunderbar* verabredet und---
– Warte mal, warte mal einen Moment, unterbricht er dich, Weswegen wolltest du dich mit den Yugos treffen?
– Wenn die Cengiz vor uns finden, sagst du, Weiß ich nicht, was passieren wird. Die nehmen ihn auseinander, da bin ich mir sicher. Und das darf nicht passieren. Wir sind mit verantwortlich, falls das passiert, verstehst du?
– Gib mir fünf Minuten, sagt Kollok und verschwindet unter der Dusche.
Du siehst dich um und wunderst dich, wie du in diesen Schlamassel reingeraten konntest. Du bist achtzehn Jahre alt, die Welt liegt dir zu Füßen und du treibst dich in einer nach Socken und Schweiß stinkenden Umkleidekabine herum und wartest auf einen muskelbepackten Typen, damit er dir zuhört. Deine Welt hängt verdammt schief. Vielleicht wäre es gar nicht so dumm, mit Elke wegzuziehen. Vielleicht nach Mitte oder Friedrichshain. Etwas Neues anfangen. Nach den Sternen greifen und so. Aber erst das hier, alles andere kommt später.
Du setzt dich und wartest auf Kollok. Sendepause mit Denken. Vergiss Friedrichshain. Das hier hat Priorität, auch wenn du nicht weißt, wie Priorität geschrieben wird, hat es das. Ihr hängt da mit drin.
Und wo stecken die verdammten Yugos?

Ihr verlasst das Fitnessstudio und sitzt zehn Minuten später im *Chaos*.

– Ich glaube, dein Problem ist nicht Cengiz' Sicherheit, sagt Kollok, Ich glaube, du hast einen Schwitzer, dass ihn die Yugos ausquetschen und er ihnen erzählt, wer die Schießerei auf die Disko geplant hat.

– Cengiz quatscht nicht.

– Woher willst du das wissen?

– Weil sie ihn schon in der Mangel hatten und er hat nicht gequatscht. Oder denkst du, ich wäre sonst hier?

Kollok sieht dich herausfordernd an.

– Und wieso, fragt er, Hat er sich dann mit der Yugobraut getroffen?

Das bringt dich zum Schweigen, du musst dich zusammenreißen, ehe du die nächsten Worte sagst:

– Darum geht es mir wirklich nicht, Kollok. Ich will keinen Krieg mit den Yugos. Ich will nicht, dass sich meine Clique an ihnen aufreibt. Ich will, dass Cengiz in Sicherheit ist, mehr nicht. Vielleicht haben ja die Bullen Cengiz schon---

– Was ist mit den Bullen? unterbricht dich Kollok.

– Vielleicht haben ihn ja die Bullen schon geschnappt.

– Bloß keine Bullen, sagt Kollok und ruft den Kellner.

Du bestellst einen Kaffee. Du denkst an Jasmin. Du wünschst dir, dass sie reinkommt und sich zu euch an den Tisch stellt. Alles wäre danach so einfach.

– Seit wann trinkst du kein Bier? fragt Kollok.

Du winkst ab, du hast für heute die Schnauze voll vom Bier.

– Wir müssen Cengiz finden, bevor es die Yugos tun, sagst du noch einmal eindringlich, Bist du dabei?

– Solange die Bullen draußen bleiben, antwortet Kollok, Helfe ich dir, den Penner zu finden. Sehe ich eine Spur

von den Bullen, kann ich für nichts mehr garantieren. Ist das okay für dich?
Plötzlich starrt dich Kollok an, als wollte er eine Röntgenaufnahme von deinen Gedanken machen. Da ist eine kalte Glut in seinen Augen, dass du den Blick abwendest. Memme.
– Das ist okay für mich, murmelst du.
– Und wo fangen wir an?
– Bei Locke, sagst du, Ich hab ihm gesagt, er soll Cengiz im Auge behalten. Die beiden sind Freunde, der weiß garantiert, wo sich Cengiz versteckt.
– Und wo finden wir Locke?
– Das, antwortest du und holst dein Handy raus, Werden uns Alex oder Rico sagen.

Alex feiert den Geburtstag seines Vaters auf einer Kegelbahn, und bei Rico ist andauernd besetzt. Ulrich erreichst du über sein Handy, aber der hat keinen Schimmer, wo Locke wohnt, er will aber mal rumfragen.
Es ist wie ein Fluch. Du jagst Lockes Adresse hinterher, während irgendwo die Yugos unterwegs sind und keinen Grund mehr sehen, sich mit dir zu unterhalten. Ja, irgendwo lösen die Yugos das Problem auf ihre Weise, während du in dieser verdammten Kneipe sitzt und niemanden erreichst, der dir helfen kann.
– Also wenn du mich fragst, sagt Kollok, Ist das alles überflüssig. Die Yugos haben ihn garantiert schon aufgegabelt. Wenn's nach mir ginge, wäre es auch besser so. Erspart eine Menge Ärger.
– Red keinen Scheiß, das ist einer meiner Jungs.
– Ich mein ja nur, sagt Kollok und grinst plötzlich.
Ihr seht euch an, du denkst an deinen Hund, manchmal hat Kollok denselben Blick. Nur Fressen im Kopf.

– Und was willst du tun, wenn du ihn gefunden hast?
Diese Frage stellst du dir schon, seitdem du Cengiz im Park den Rücken zugekehrt hast. Der Junge braucht Schutz. Der Junge muss weg. Dafür wirst du sorgen.
– Mein Cousin, sagst du, Der kann ihn vielleicht unterbringen. Arne ist okay, der kümmert sich um ihn.
– Und dann? Wie lange soll er dort bleiben?
– Ich weiß nicht.
Du weißt es wirklich nicht. Cengiz aus Charlottenburg rauszukriegen ist der erste Schritt, sobald er erst mal in Dahlem ist, könnt ihr weitersehen.
– Wenn wir mit den Bullen reden würden, sagst du zögernd und ohne Kollok anzusehen, Könnten wir behaupten, wir hätten Cengiz zu dem und dem Zeitpunkt ganz woanders gesehen. Wir könnten ihm ein Alibi liefern, verstehst du? Es muss ja niemand erfahren, dass---
– Ich sagte, keine Bullen. Punkt. Kapiert?
– Manchmal, sagst du und lehnst dich über den Tisch, Manchmal vergisst du echt, wer hier das Sagen hat.
Kollok grinst. Er schnippt mit dem Zeigefinger gegen sein Bierglas, dass es einen melodischen Ton von sich gibt.
– Ich vergess das schon nicht.
– Bist du dir sicher?
– Ganz sicher.
Eure Blicke, eure angespannten Körper, du hast das Gefühl, dass einer von euch gleich zuschlagen wird. Kollok lacht los und sagt:
– Du bist schon irre.
Auch du lachst und fragst dich, ob du irre genug bist, einem wie Kollok Paroli zu bieten.

Er kam in die Clique, als Chum noch das Sagen hatte. Das ist jetzt drei Jahre her, drei Jahre, in denen du dich nach

oben gekämpft und dir deinen Respekt verdient hast. Du wirst nicht denselben Fehler machen wie dein Vorgänger. Außerdem hast du René an deiner Seite, so was passiert zwei Typen wie euch nicht. Chum dagegen hat sich überschätzt, er dachte, er könnte Mist bauen und die Clique würde dennoch hinter ihm stehen. Die Clique wollte keinen Boss, der sich überschätzt und Mist baut. Heute sitzt er in irgendeiner Wohnung am Ortsrand von Berlin und hat zwei Kinder. Abgemeldet.
Jetzt bist du die Nummer eins und siehst Tote. Lass das bloß keinen wissen.
Kollok hing zwei Jahre eng mit dir zusammen und landete wegen Einbruch im Knast. Wäre das nicht passiert, dann wäre er jetzt anstelle von René deine rechte Hand, alles war damals möglich. Nach dem Knast verschwand Kollok für eine Weile aus der Gegend und stand im Februar wieder vor deiner Tür. Es hat dich riesig gefreut; aber dass er nicht in die Clique reinwollte, hast du nicht kapiert. Das war eine Beleidigung und Kolloks Erklärung mehr als dürftig. Die Clique wäre ihm zu jung, dabei seid ihr beide im gleichen Alter. Dir ist dazu nichts eingefallen. Und dann sagte Kollok, er wüsste nicht, wohin er unterwegs war. All so einen esoterischen Scheiß hat er gelabert, dabei hast du mitbekommen, dass er mit einem aus Neukölln rumhing und mit ihm Dinger drehte. Das war ein Typ, den er im Knast kennen gelernt hatte. Du wurdest ihm nie vorgestellt, es war dir auch nicht wichtig, denn Kollok blieb deiner Clique fern und sprang ab und zu mal ein, wenn du ihn fragtest. So wie am Mittwoch. Als Fahrer für seinen Schwager Willi, Familie und so. Und jetzt das hier. Allmählich bereust du es, ihn reingezogen zu haben. Allmählich ist das falsche Wort. Streich es. Du bereust es, und es gibt kein Zurück mehr.

– Ich muss mal pinkeln, dann können wir los.
Auf dem Klo wählst du deine eigene Nummer, um zu checken, ob Elke auf dich wartet. Kollok darf das nicht mitbekommen.
Du willst kurz bei dir vorbeischauen. Trine muss raus, sonst scheißt sie dir die Wohnug voll, außerdem brauchst du frische Klamotten. Der Tag war so anstrengend heiß, dass du stinkst. Außerdem ist dir eingefallen, dass du zu Hause deinen Kalender mit den Handynummern der Jungs hast, die immer mit Locke rumziehen. Irgendwer wird ja wohl wissen, wo Locke wohnt.
Dein Anrufbeantworter springt an, du schweigst in die Stille nach dem Signalton und wartest und wartest. Elke ist nicht da. Gut.
Als du aus dem Klo kommst, siehst du Jasmin am Zigarettenautomaten stehen. Im Schatten, Kopf nach unten.
– Wieso siehst du mich nicht mehr an? fragst du sie und gehst einen Schritt näher, Wieso siehst du mich verdammt noch mal nicht mehr an? wiederholst du.
Dabei weißt du es, dabei weißt du es ganz genau.
– Ich mach das schon richtig, sagst du wütend und gehst an den Tisch zurück.

Zehn Minuten später.
– Mist auch! fluchst du und würdest am liebsten deine Wohnungstür lautlos wieder zuziehen.
– Ich dachte, sie ist nicht da, sagt Kollok.
– Dachte ich auch, erwiderst du und beißt die Zähne fest zusammen.
Aus dem Wohnzimmer flackert der Fernseher bis in den Flur hinein. Du hast es vor Augen – Elke auf dem Sofa, Decke um die Schultern und eine Schale mit Erdnüssen auf dem Oberschenkel. Sie wird dich ansehen, als wärst

du zehn Jahre weggewesen, dann wird sie sich einen Ruck geben und sich freuen, dass du wieder da bist. Schließlich wird ihr Kollok auffallen, der hinter dir im Türrahmen wartet, zwei tiefe Falten werden sich um ihre Mundwinkel herum bilden und der Abend wäre im Eimer.

– Soll ich abhauen? fragt Kollok, und schon wie er es fragt, weißt du, dass er grinst. Marco der Cliquenboss und Macker hat eine Puppe, die ihm den Hintern pudert. Vielen Dank.

– Quatsch, sagst du gereizt und lässt die Wohnungstür laut hinter euch zufallen. Da erst begreifst du, dass Trine dich nicht begrüßt hat. Sie ist sonst an der Tür, während du noch aufschließt. Du stößt einen kurzen Pfiff aus, Kollok sieht dich komisch an.

– Trine, sagst du.

– Was ist mit ihr?

– Irgendwas stimmt nicht.

Ihr seht den Flur hinunter. Die Geräusche eines Films kommen aus dem Wohnzimmer.

– Elke?

Keine Antwort.

– Vielleicht pennt sie ja, sagt Kollok und lässt die Klinge seines Schnappmessers ausfahren.

– Bleib cool, sagst du und lässt ihn im Flur stehen.

Kurzer Blick ins Bad, dann in die Küche, leer.

– Elke?

Sie sind zu viert. Zwei auf dem Sofa, einer auf dem Sessel und der vierte steht mit verschränkten Armen vor dem Fenster.

Für einen Moment bist du unsicher und spürst es in deinem Gesicht – die Nerven drehen durch, die Wangenmuskeln zucken. *Kein Wunder, dass mich die Yugos ver-*

setzt haben, denkst du, *wenn sie schon den ganzen Abend hier rumhängen.*
– Spinnt ihr völlig? fragst du schließlich laut und hast innerhalb von Sekunden deine Balance wiedergefunden, DAS HIER IST MEINE VERDAMMTE WOHNUNG!
Es überrascht dich, wie schnell so ein Schalter umgelegt werden kann. Erst Panik, dann Wut. Am liebsten würdest du mit bloßen Händen auf die Yugos losgehen.
– Ich sitze in dieser blöden Kneipe und ihr taucht nicht auf. Was ist los mit euch, seid ihr ein Kindergarten oder was?!
– Sorry, Mann, sorry, sagt Tadi beschwichtigend und steht vom Sessel auf, du kannst sehen, dass du ihn auf dem falschen Fuß erwischt hast. Gut so.
– Die Bullen haben uns auf dem Kieker, Mann, sagt er, Weil wir zu viel rumgefragt haben. Da war es nicht angebracht, dass wir in der Öffentlichkeit rumlaufen und dann auch noch dich treffen, verstehst du?
– Und wie nennt ihr das? willst du wissen.
– Das ist deine Wohnung und niemand hat uns gesehen, wir sind---
– Ihr seid dämlich, unterbrichst du ihn, Meine Nachbarn checken doch, wer hier ein- und ausgeht. Die sind am Telefon und rufen die Bullen, bevor ihr *Dobar dan* sagen könnt. Das ist doch---
Du brichst ab, du hast eben Trine entdeckt, sie liegt in der Zimmerecke, glasiger Blick und Sabber ums Maul. Mit vier Schritten bist du bei ihr. Sie versucht sich aufzurichten, als du dich über sie beugst, kippt aber wieder um.
– Wir haben sie ein wenig beruhigt, sagt Tadi, Die kann ja fressen, das ist unglaublich!
Du richtest dich auf, deine Stimme überschlägt sich:

– WAS SOLL DER SCHEISS? WOLLT IHR KRIEG, IST ES DAS?!
Tadi hebt abwehrend die Hände.
– He, was für eine Frage, red doch keinen Müll, niemand hat was von Krieg gesagt, oder? Du wolltest doch mit uns reden, deswegen sind wir hier.
Mit einem Ruck reißt du dein Handy vom Gürtel und zeigst es ihm, wie dir Kollok vor kurzem sein Handy gezeigt hat. Im selben Moment wird dir bewusst, dass du Kollok nachahmst, aber da ist es zu spät.
– Ihr hättet anrufen können, wozu gebe ich euch meine verdammte Nummer?
– Eh, Mann, meldet sich einer der anderen Yugos, Wir hatten doch die Bullen am Hals, da ruft man nicht einfach so an, verstehst du?
– Vlado, lass mal stecken, sagt Tadi.
– Nee, Vlado, sagst du, Quatsch dich ruhig aus, du klingst wie einer, der studiert hat, red ruhig weiter.
– Was?
Vlado sieht dich ratlos an, du wendest dich Tadi zu.
– Das passiert nie wieder, sagst du.
– Okay.
– Wenn das noch mal passiert ...
Du trittst einen Schritt vor, Kopf leicht vorgeneigt, dass deine Rastalocken über deinen Wangen hängen.
– Ich hab's kapiert, sagt Tadi leise, Okay?
Du gehst wieder zu Trine, streichelst ihren Kopf und hörst im Hintergrund, wie dir einer der Yugos erklärt, das wäre nichts, nur ein leichtes Schlafmittel, die Töle würde süß pennen, du sollst dir keine Sorgen machen. Als du dich wieder zu den Yugos umdrehst, ist Kollok im Wohnzimmer aufgetaucht. Er hat sein Messer in der Hand, keiner reagiert darauf.

– Was wolltest du? fragt dich Tadi.
Die Yugos sehen dich erwartungsvoll an, sie sind bereit für deinen Text.
– Ich ...
Du brichst ab, du kannst nicht, du bist so ein verdammter, treuer Feigling, dass du nicht kannst. Stattdessen sagst du:
– ... ich wollte wissen, was ihr vorhabt, ich wollte vorschlagen, dass wir uns zusammentun, dass wir für eine Weile nicht wie zwei verschiedene Cliquen arbeiten, sondern es gemeinsam durchziehen.
Das verschlägt den Yugos die Sprache, sie haben schon lange nicht solch einen Scheiß gehört.
– Hast du was genommen? fragt Tadi.
– Blödsinn, ich---
– Wo steckt der Chinese? unterbricht er dich.
– Ich weiß es nicht.
– Wir suchen ihn, spricht Tadi weiter, Unsere Jungs sind unterwegs und suchen ihn überall. Seine Adresse war nicht das große Problem. Die haben wir. Die gute, alte Philippistraße. Wir sind ja alle Nachbarn, so ist das. Doch euer Schlitzauge kommt merkwürdigerweise nicht nach Hause. Dumm ist er nicht, was? Dabei hatten wird ihn beinahe, doch er hat sich verpisst.
Gut so, denkst du und fragst:
– Wo war das?
– Kantstraße, beim Amtsgericht.
Viel zu nahe, denkst du.
– Ihr kennt den Typen? fragt Tadi.
– Welchen Typen?
– Der mit der komischen Frisur, der mit dem Chinesen rumhängt, wer ist das?
– Er hat damit nichts zu tun, sagst du.

– Blödsinn, meldet sich einer der Yugos, Die zwei hängen zusammen, der Typ hat ihm geholfen, so war das.
– Okay, ich kümmer mich darum, sagst du.
– Vergiss es, sagt Tadi, Wie heißt er?
– Locke, sagt Kollok in deinem Rücken.
– Und der Chinese?
– Cengiz, sagt Kollok und du möchtest dich umdrehen und ihm eine verpassen.
– Cengiz und Locke, sagt Tadi.
– Ich kümmer mich darum, wiederholst du müde.
– War das alles? fragt Tadi.
Du siehst dich nach Kollok um, Kollok legt den Kopf schräg, du sagst:
– Ich dachte, wir könnten das unter uns regeln. Wer ihn als Erster findet, meldet sich bei den anderen. Gebt ihm eine Chance, das ist alles, was ich sagen wollte.
Tadi sieht seine Jungs an, die breiten ihre Arme aus, kein Problem, sagt ihre Geste, gar kein Problem.
Tadi wendet sich wieder an dich.
– Sobald wir den Chinesen haben, sehen wir uns wieder und dann können wir darüber reden, was als Nächstes geschehen soll, okay?
– Okay, sagst du und glaubst ihm kein Wort. Sollten die Yugos vor dir an Cengiz rankommen, wirst du von ihm weder was hören noch sehen.

– Das ist dein Mann, sagt Tadi an der Tür, Du allein trägst die Verantwortung.
Wenn du wüsstest, was ich alles trage, denkst du und sagst, dass du dir dessen voll bewusst bist.
Tadi zögert einen Moment, seine Jungs sind schon die Treppe runter, ihr zwei seid allein, Kollok ist im Wohnzimmer.

– Du arbeitest nicht gut mit uns zusammen, sagt Tadi leise, Eins von unseren Mädchen ist tot, und du tust, als ob wir Mist gebaut hätten. Was ist eigentlich dein Problem?
– Ich hab kein Problem, lügst du.
– Bist du dir sicher?
– Ganz sicher. Ich mach mir nur Sorgen um einen meiner Jungs.
– Dafür ist es echt zu spät, sagt Tadi, Wenn du deine Jungs nicht im Griff hast, dann bist du im falschen Geschäft.
Mach bloß, dass du wegkommst, denkst du, *mach bloß, dass du dich verpisst, sonst erzähl ich dir von eurem toten Mädchen, das mich auf Schritt und Tritt begleitet und halb irre macht. Nicht ihr seid für sie verantwortlich, ich habe sie am Hals, ich allein. Also erzähl mir nichts vom falschen Geschäft.*
Tadi rührt sich nicht von der Stelle, er sucht was in deinen Augen, du hältst seinem Blick stand, ohne zu blinzeln.
– Vielleicht können wir wieder normal reden, wenn die Sache vorbei ist, sagt er zum Abschluss und wendet sich endlich ab.
Du schließt die Wohnungstür.
Vielleicht.
Kollok erwartet dich im Wohnzimmer. Er hat die Schuhe ausgezogen und die Beine aufs Sofa hochgelegt.
– Wie wär's mit einem Bier? fragt er.
– Du bist ein Arsch, sagst du.
– Die Namen hätten sie auch so herausgefunden. Und was bringt es ihnen? Selbst wir wissen nicht, wie Locke richtig heißt.
– Trotzdem bist du ein Arsch, sagst du und haust dich in den Sessel, Und das Bier kannst du dir selber holen.
– Jaja, hab's schon kapiert, sagt Kollok und steht auf.

Bei Rico springt immer nur die Mailbox an, also telefonierst du die ganze Liste runter und erreichst schließlich Simon. Simon hat auch keinen Schimmer, wo Locke wohnt, er weiß aber, auf welcher Party sich Irena rumtreibt, und wo Irena sich herumtreibt, da ist auch Rico nicht weit entfernt.
– Rico war schon öfter bei Locke, sagt Simon, Der weiß Bescheid.

– He, Marco, begrüßt dich Rico, Wow, wie hast du mich gefunden?
– Wieso gehst du Penner nicht an dein Handy ran? fragst du ihn.
– Was?
– Dein Handy, was ist---
– Oh, das, das habe ich zu Hause in irgendeiner Jacke vergessen. Sorry.
Aus dem Hintergrund schwillt kurz Musik an, wird wieder leiser und verstummt.
– Hör mal, du bist doch mit Locke dicke, oder?
– Klar, Mann, sagt Rico, Wir sind dick wie doof.
Du hörst Lachen, das Klimpern von Glas, dann erzählst du Rico von deinem Problem und notierst dir Lockes Adresse. Nachdem du aufgelegt hast, unterstreichst du seinen Namen zweimal.
– Und? fragt Kollok.
– Er heißt Matthias Decker.
– Schwulenname, sagt Kollok und stellt sich neben dich, Wann wollen wir hin?
Du wirfst einen Blick auf die Uhr. Es ist halb drei, du hast das Gefühl, diese Sonntagnacht will überhaupt nicht mehr enden.
– Nicht jetzt, beschließt du, Das ist zu früh.

– Aber wenn ---
– Das ist zu früh, Kollok. Außerdem bin ich müde.
Kollok nimmt einen langen Schluck von seinem Bier. Du weißt, wenn es nach ihm ginge, würdet ihr sofort fahren und Locke mit einem Klingelsturm wecken.
– Und außerdem, fügst du hinzu, Wissen wir nicht, ob er überhaupt weiß, wo Cengiz sich rumtreibt.
Kollok verzieht den Mund.
– Die Yugos haben die beiden zusammen gesehen, reicht dir das nicht?
– Das reicht mir nicht für eine Nachtaktion, in der mich die Eltern von Locke anschnauzen, weil ich sie aus dem Bett geschmissen habe.
– Punkt für dich, sagt Kollok und öffnet ein zweites Bier, Geh du mal pennen, ich werd hier in die Glotze schauen und darauf achten, dass dich keiner während deines Schönheitsschlafes stört. Wann willst du geweckt werden?
– Neun ist okay. Ich hol dir eine Decke.
Du nimmst eine Decke aus dem Schrank und wirfst sie Kollok zu. Danach checkst du Trine, die noch immer reglos daliegt. Kollok sagt, dass die Töle kein Problem ist, du kannst sie ruhig im Wohnzimmer lassen, falls sie wach wird, will er mit ihr Gassi gehen.
– Danke.
– Vergiss es.
Als du im Bett liegst, hörst du das leise Murmeln des Fernsehers durch die Wand. Eine Viertelstunde lang starrst du an die Zimmerdecke. Du weißt, dass du allein bist. Jasmin ist verschwunden. Du kannst nicht sagen, dass dich das glücklich macht. Du schließt die Augen und schläfst ein.

LOCKE

DU ÖFFNEST DIE AUGEN und bist sofort wach. Das Klingeln an der Tür ist ein monotones Summen. Cengiz schläft, die Uhr zeigt ein paar Minuten nach zehn, die Sonne hämmert glühend gegen deine Jalousie, so dass du die Hitze draußen glatt fühlen kannst. Du setzt dich auf und spürst das Pochen der Wunde. Etwas Blut ist in der Nacht durch den Verband gesickert und hat dein T-Shirt verklebt. Mann, hast du einen Schiss, den Verband zu wechseln. Mit einer Hand gegen die Hüfte gepresst gehst du durch den Flur und erreichst die Wohnungstür. Du hoffst, dass deine Mutter von dem Klingeln nicht wach geworden ist. Montags hat sie frei, und es geht ihr immer blendend, wenn sie ausschläft.

– Wer ist da? fragst du.

– Ich bin's, Marco, mach schon auf.

Du trittst einen Schritt zurück. Was hast du vor?

Ich …

Denkst du etwa an abhauen?

Na ja …

Vergiss es.

– He, mach schon, Locke, ich hab nicht den ganzen Mor---

– Jaja, okay, sagst du und ziehst die Tür auf.

Marco sitzt auf den Stufen, die zum vierten Stockwerk

hochführen, und sieht aus, als hätte er zehn Nächte lang nicht geschlafen.
– Und? sagt er.
– Was und?
Er lacht humorlos.
– Die halbe Stadt ist hinter deinem Kumpel her und du fragst *Was und?* Oh Mann, bist du ein hartes Brot. Hast du dich an ihn rangehängt, wie ich es dir gesagt habe?
– Na ja, ...
– Locke, mach keinen Scheiß. Die Yugos haben Blut geleckt. Sie sind hinter deinem Kumpel her und werden alles tun, um ihn zu kriegen. Wenn du also weißt, wo er steckt, dann spuck es aus und ich kümmer mich um den Rest.
– Was heißt das? fragst du.
– Was?
– Was das heißt, dass du dich um den Rest kümmerst.
Marco sieht dich überrascht an. Da steht ein kleiner Scheißer mit dämlicher Frisur, Shorts und einem T-Shirt vor ihm und stellt blöde Fragen.
– Hör ich schlecht? fragt Marco.
– Nee, ich will nur nicht, dass Cengiz was passiert.
– Denkst du, ich hau ihn in die Pfanne oder was?
– Nee.
– Trau mir oder trau keinem, der Rest geht dich nichts an, verstanden?
Du senkst den Blick, Marco hat dich in die letzte Reihe verwiesen, wo du hingehörst. Fußvolk.
– Mach dir mal keinen Kopf, sprich Marco weiter, Cengiz wird für 'ne Weile bei meinem Cousin unterkommen. Das ist weit genug weg von hier, und bis sich die Angelegenheit geklärt hat, ist er dort sicher.
– Was soll sich da schon klären? fragst du.

– Wart's ab, sagt Marco.
Schweigen. Du siehst auf deine bloßen Füße, Marco löchert dich mit seinem Blick. Nun sieh schon auf und sag was.
– Ich ... ich hab keine Ahnung, wo er steckt, sagst du, Ich ... Wir sind gestern zusammen an die Yugos geraten und gerade mal so davongekommen. Danach ... danach habe ich ihn verloren. Ich dachte, er wäre nach Hause gerannt ...
– Ist er nicht, sagt Marco und reibt sich mit den Händen übers Gesicht.
– So ein Blödsinn, sagt eine Stimme hinter dir.
Marco nimmt die Hände herunter, um Cengiz anzusehen, der hinter dir aufgetaucht ist.
– Hi, sagt Cengiz.
– Scheißmongole, sagt Marco und springt auf.
– Mach keinen Mist, sagst du und versuchst dich zwischen Marco und Cengiz zu stellen.
– Ich könnte ...
Marco verstummt. Cengiz' Stimme klingt vorsichtig leise, als er fragt:
– Wer ist dein Cousin?
– Arne. Er wohnt in Dahlem, Arne ist okay, er vertickt dort dope an die Studenten, bei ihm bist du sicher.
Cengiz sieht von Marco zu dir.
– Traust du ihm?
Cengiz meint nicht Arne, er meint Marco. Das ist schlimmer, als mit heruntergelassener Hose erwischt zu werden. Was für eine blöde Frage ist das denn? Wie kann Cengiz dich fragen, ob du deinem Cliquenboss traust, während der vor euch steht?
– Klar, sagst du gepresst.
– Okay, sagt Cengiz.

Marco sieht auf seine Uhr.
– Wir treffen uns in einer halben Stunde. Ich check das mit Arne und mach alles klar. Ihr kennt doch den Alleestreifen, der aufs Schloss zuführt?
Du weißt, wovon Marco spricht. Vom Sophie-Charlotten-Platz aus wird die Schlossstraße nach zweihundert Metern zu einer Straße mit zwei Fahrbahnen. Dazwischen liegt ein breiter Weg, der von Bäumen begrenzt ist. Der Weg führt auf das Schloss Charlottenburg zu. Dort hängen immer ein paar Boulespieler herum und machen einen auf französisch.
– Klar kennen wir den, sagst du.
– Setzt euch dort auf eine der Bänke und macht keinen Scheiß. Die Yugos lassen sich da nie blicken, das ist toter Boden für sie, weil die Bullen pausenlos vorbeifahren. Ich werde vom Schloss kommen, kurz halten und hupen ...
Marco sieht jetzt nur Cengiz an.
– ... du steigst ein und dann ist alles gegessen, okay?
– Okay, sagt Cengiz.
– Okay, sagst auch du.
– In einer halben Stunde also.
Marco wendet sich ab und geht.

Im Bad schließt du dich ein und checkst deine Wunde. Du tupfst sie mit einem feuchten Lappen sauber und klebst Pflaster drüber. In deinem Kopf herrscht Durchzug. Auf der einen Seite willst du bei Cengiz bleiben, du hast das Gefühl, wenn du ihn jetzt gehen lässt, siehst du ihn nie wieder. Auf der anderen Seite wünschst du dir, dass alles vorbei ist, dass du deinen Rucksack packst und zur Schule gehst, die Clique siehst und verstohlene Blicke zu Claudi rüberwirfst, als ob es sonst keine anderen Probleme gäbe. Also, was wirst du tun?

Ich bleib bei ihm.
Guter Junge.

Als du in die Küche kommst, sitzt deine Mutter mit Cengiz schon am Tisch und rührt in ihrer Kaffeetasse. Du fängst Cengiz' Blick auf – ratlos, fragend. Du kannst dir denken, wie er sich fühlt. Er hätte deine Mutter nicht in der Badewanne sehen dürfen, es ist ein Wunder, dass er nicht schreiend abgehauen ist. Und jetzt ist sie so normal, normaler geht es nicht.
– Alles okay, sagst du, einfach um Cengiz zu beruhigen.
– Natürlich ist alles okay, sagt deine Mutter. Komm, setz dich zu uns. Wir sehen ja aus wie drei Nachtschwärmer, die am helllichten Tag aus dem Nest geschmissen wurden.
Sie hat Recht, alle drei habt ihr verquollene Augen, wobei die Augen deiner Mutter als einzige zu strahlen scheinen.
– Nachtschwärmer passt, sagst du und nimmst dir zwei Scheiben Toast und beschmierst sie mit Schmelzkäse. Cengiz hat eine Schale Cornflakes vor sich und etwas Milch im Mundwinkel. Er sieht aus wie zehn. Deine Mutter füllt dir Kaffee in den Becher, sie lächelt, es geht ihr prima.
– Wer war das so früh? fragt sie.
– Die Zeugen Jehovas, sagst du.
– Amen, sagt deine Mutter und ihr lacht.
– Und? Wie war eure Nacht?
– Okay, sagst du.
– Lang, sagt Cengiz.
– Frühstück für Helden, sagt deine Mutter, ohne dass es für dich einen Sinn macht, und nippt von ihrem Kaffee.

Zehn Minuten später seid ihr aus der Wohnung. Vor dem Haus checkt ihr die Straße. Ihr seid wieder da, ihr seid bereit, zieht die Schultern hoch und macht euch auf den Weg, um Marco zu treffen.

Es ist wie der Beginn einer sich immer wiederholenden Geschichte. Der Kreis schließt sich. Du erinnerst dich noch genau, wie du vor fünf Tagen auf dem Weg zum Sophie-Charlotten-Platz warst, um Cengiz zu treffen. Du erinnerst dich an deine Gedanken und die Nervosität, weil du nicht wusstest, was passieren würde. Schon wieder eine Ballerei? Würde die Uzi dieses Mal in deinen Händen landen? Oh Mann, all das. Die Erinnerung an den Mittwoch hat den Geschmack von klebriger Cola und Pizza, sie klingt nach dem Herumalbern mit Cengiz und dem schrillen Läuten der Alarmanlage, nachdem du gegen das Glas der Terrasse geklopft hast. Und wieder ist es der Kaiserdamm, den du runterläufst, mit abgewandtem Gesicht an der Polizeiwache vorbei und vorbei an der U-Bahnstation. Aus der gegenüberliegenden Imbissbude kriecht der ewig gleiche Gestank nach Pommes und Wurst über die Straße – alles ist so was von gleich, dass Cengiz für einige Sekunden wie ein Geist erscheint, der dich den ganzen Weg über begleitet hat.
– Erinnerst dich? fragst du ihn.
Cengiz spuckt aus und verdreht die Augen. Als ob er das vergessen könnte.
– Fick die Erinnerung, sagt er.
Du bereust es, den Mund aufgemacht zu haben. Schweigend lauft ihr weiter, biegt in die Schlossstraße und haltet euch auf der linken Seite.
Die üblichen Boulespieler sind auf dem Alleestreifen dabei, ihre Murmeln durch die Gegend zu werfen. Mensch,

sind die affektiert. Ihr lauft provozierend nahe an ihnen vorbei, und sie schauen euch an, als ob ihr der letzte Dreck wärt.
Zwischen Christ- und Seelingstraße setzt ihr euch auf eine der Parkbänke und wartet. Es ist komisch, nach all dem Mist habt ihr plötzlich nichts mehr zu reden. Als hätte jemand den Hahn zugedreht. Gestern Nacht gingen dir noch so viele Sachen durch den Kopf, jetzt ist da nur Leere.
– Alles okay mit deiner Wunde? fragt Cengiz.
– Ziept, antwortest du.
– Ich hab Schiss, sagt Cengiz.
– He, Mann.
– Was?
– Bist du MC oder was?
Das sollte ein Witz sein, Cengiz lacht nicht.
– Scheiß auf MC, sagt er und spuckt wieder aus.
Ihr starrt auf den Weg, ihr wartet auf Marco, ihr.

– Und?

– Er ist bei ihm.

– Was?

– Er ist bei ihm, wiederholst du, Er muss dort gepennt haben. Mensch, bin ich froh, wenn das alles vorbei ist. Wir treffen die beiden in einer halben Stunde in der Schlossstraße, du hast doch noch Zeit, oder?

Kollok winkt ab und sagt, das wäre kein Problem. Du steigst ein. Kollok startet den Wagen.

– Aber erst mal brauch ich einen Kaffee und was zu essen, sagst du, Ich hab das Gefühl, mein Magen ist ein Knoten.

Kollok macht das Radio an. Du wählst die Nummer deines Cousins, erklärst ihm kurz, was dein Problem ist, und sagst, dass du mit Cengiz in einer Stunde bei ihm sein wirst.

– Und? fragt Kollok danach.

– Er ist nicht begeistert, er hat aber auch nicht nein gesagt.

– Coole Verwandtschaftt, sagt Kollok.

– Geht so, antwortest du.

Ihr haltet am Zoo, wo du aussteigst, um sechs Donuts und zwei Kaffee zu besorgen. Kollok dreht in der Zeit eine Runde mit dem Wagen und sammelt dich danach wieder auf.

– Die Arschlöcher mit ihren blöden Parkplätzen, sagt er, nachdem du eingestiegen bist, Die nehmen zwei Mark für eine halbe Stunde, zieh dir das mal rein!
Du ziehst dir lieber einen cremegefüllten Donut rein. Der Kaffee ist höllisch heiß, aber genau das, was deinem Magen gefehlt hat.
– Wieso fährst du hier lang? fragst du, als Kollok auf den Ku'damm abbiegt.
– Wir haben doch noch kurz Zeit, oder?
– Zehn Minuten vielleicht, sagst du.
– Geht schnell.
Du reichst ihm einen Donut rüber, er beißt ab und legt ihn sich aufs Knie. Ihr hört Radio, Fenster runtergekurbelt, dein Magen hat sich entspannt, du bist plötzlich richtig zuversichtlich.
– Ich würde gerne mal die Gesichter der Yugos sehen, wie die jeden Stein umdrehen und Cengiz ist noch immer nicht zu finden. Am liebsten würde ich denen stecken, dass sie mit dem Suchen aufhören können, am liebsten würde ich das tun.
– Lieber nicht, sagt Kollok und hält in der zweiten Reihe.
Er steigt aus und betritt eine Filiale der Commerzbank. Du wartest, Blick auf die Uhr. Noch vier Minuten, Kollok soll mal einen Zahn zulegen, sonst machen sich Cengiz und Locke noch in die Hosen.
Der vierte Donut ist ungefüllt. Du kannst es nicht fassen. Keine Puddingfüllung, nichts, einfach nur ein leeres Loch, als wäre jemand dagewesen und hätte es ausgekratzt. Du lachst und lässt den Donut in die Schachtel fallen. War eh genug. Du trinkst den letzten Schluck Kaffee, checkst dein Handy und ignorierst eine Nachricht von Elke. Das hat Zeit. Heute Abend wirst du mit ihr feiern, sie zu einem schicken Essen einladen und mal ernst über

eure Zukunft reden. Das wird sie heiß machen, da wird sie mit den Augen rollen, was immer witzig aussieht.
– Was lachst du? fragt Kollok durchs Beifahrerfenster.
– Hatte eben einen witzigen Gedanken, sagst du.
Kollok geht um den Wagen herum und steigt ein.
– Und? Erzählst du ihn?
– Nee, lass mal.
Du lachst erneut, zeigst Kollok den Donut, aber Kollok weiß nicht, was an einem hohlen Donut so erstaunlich ist. Er fährt den Ku'damm weiter runter und sagt, es geht schneller, wenn ihr das kurze Stück über die Autobahn nehmt und am Kaiserdamm rausfahrt.
– Okay, sagst du, Aber drück mal auf die Tube.
Kollok drückt auf die Tube, biegt Halensee rechts ab und auf die Autobahn. Du siehst den Funkturm vorbeiziehen und bist mit deinen Gedanken ganz woanders. Irgendwie glaubst du nicht, dass Jasmin verschwunden ist. Sie erwartet etwas von dir, und solange du es ihr nicht gibst, wird sie in deiner Nähe bleiben. Das fühlst du, und das macht dir Angst.
Du blickst auf und ihr rast am Schild Richtung Leipzig vorbei.
– Alter, du hast die falsche Ausfahrt genommen!
– Sag an.
Stille.
– Was?
– Ich muss mit dir reden, sagt Kollok und stellt das Radio ab.
– Aber Cengiz und---
– Jetzt hör mir mal zu, unterbricht dich Kollok und hält den Wagen auf 140 Stundenkilometer.
– Wir haben ein kleines Problem, spricht er weiter, Um das ich mich gekümmert habe. Ich halte nichts von dei-

ner Idee, den Mongolen irgendwo zu verstecken. Ich finde, die Sache muss so schnell wie möglich geklärt werden, damit wieder Ruhe einkehrt. Aus diesem Grund habe ich die Yugos vorhin angerufen und ihnen gesagt, wo sie Cengiz aufgabeln können.

– Du hast *was?!*

– Beruhige dich.

– *Spinnst du völlig?!*

– Das ist nicht mehr unser Problem, Marco, okay? Nicht mehr meins und nicht mehr deins, das ist jetzt erledigt.

Du glaubst es nicht. Du sitzt da, die Ausfahrt Hüttenweg jagt vorbei, und du glaubst es noch immer nicht.

– Du hast einen meiner Jungs verpfiffen, sagst du beinahe leise.

– Verpfiffen ist das falsche Wort. Ich hab deinen Arsch und den Arsch von Willi und den deiner ganzen Clique gerettet. Die Yugos hätten euch doch pulverisiert, wenn es Krieg gegeben hätte.

– Fahr ran!

– Hör mal, lass uns---

– Ich sagte, fahr ran oder ich schwör dir, ich greif ins Lenkrad und das war's für uns beide.

Kollok denkt einen Moment darüber nach, dann setzt er den Blinker und hält am Randstreifen der Autobahn.

– Okay, was jetzt?

– Sag, dass es nicht wahr ist!

– Komm mir nicht mit solchem rhetorischen Scheiß, antwortet Kollok, Du solltest mir dankbar sein. Denk doch mal nach, die ganze Clique hängt an einem seidenen Faden. Cengiz hättte euch alle reinreiten können. Jetzt haben ihn die Yugos, sie haben ihr Okay gegeben, sie kapieren den Deal.

– Welchen Deal?

– Ich habe deine und Willis Haut gegen die von Cengiz getauscht.
– Du hast *was?*
– Ich hab ihnen gesagt, dass es euer Plan war, auf die Disko zu schießen. Sie vergessen das, wenn sie dafür Cengiz bekommen. Ist das ein Deal oder was?
Kollok grinst dich ernsthaft an.
– Alles klar? fragt er.
– Alles klar, sagst du.
– Können wir weiterfahren?
– Ja ... okay.
Du siehst auf die Autobahn.
– Schnall dich lieber an, sagst du.
Automatisch greift Kollok nach dem Gurt und zieht ihn sich über die Brust. Als es klackt, greift er nach dem Zündschlüssel und du schlägst zu. Deine Faust erwischt ihn am Hals, der zweite Treffer schrammt über seine Schläfe, dass er die Augen verdreht, dann packst du ihn an den Haaren und hämmerst sein Gesicht ein paarmal gegen das Lenkrad. Der Gurt sitzt fest, Kollok kommt nicht einmal dazu, sich dir zuzuwenden. Als du mit ihm fertig bist, hängt er in den Seilen. Ausgeknockt.
Du öffnest deine Tür, beugst dich rüber und löst Kolloks Gurt. Du greifst ihm unter die Achseln und ziehst seinen schlaffen Körper über den Beifahrersitz aus dem Wagen raus. Erst willst du ihn auf dem Randstreifen liegen lassen, dann überlegst du es dir aber anders und rollst ihn in die Böschung.
Eine Minute später sitzt du wieder im Wagen und nimmst Kurs auf die nächste Ausfahrt.

JETZT GEHÖRST DU DAZU und bist einer von ihnen. Einer von den Gangstern, die durch die Gegend gejagt werden und nie ein Zuhause finden. Yo. Die Leute werden über dich sprechen und irgendwann werden sie denken, dass du nie echt warst. Eine Legende. Ja, man wird an dich denken und sich fragen, hat er jemals etwas bereut? Gute Frage, bereust du irgendwas? Vielleicht, dass du deine Klappe zu weit aufgerissen oder deinem Alten keine Kugel verpasst hast?

Vielleicht.

Was noch nicht ist, kann ja noch werden, richtig?

Richtig.

Du grinst und siehst von deinen Turnschuhen auf. Locke sitzt vorgebeugt und starrt zu den Boulespielern hinüber, als hätte er ein Problem mit ihnen.

– Blöde Franzosen, sagst du.

– Das sind keine Franzosen, sagt Locke, Die wünschen sich das nur.

– Ist doch dasselbe.

– Blöder Türke, sagt Locke, ohne dich anzusehen, doch das braucht er auch nicht, du kannst das Grinsen hinter seinen Worten hören.

– Bin ’n Mongole, sagst du.

– Ach nee.

– Ach ja.
Locke spuckt aus, du spuckst weiter.
– Hast du noch immer Schiss? fragt er dich.
– Wer hat hier Schiss? willst du wissen.
– Wer als Erster fragt.
– Scheißspruch, Mann.
– Nee, Scheißdeutscher.
– Neenee, Scheißmongole.
Ihr redet eine Menge Müll und verzieht dabei keine Miene. Ihr seid wie zwei Kondensstreifen am Himmel, von denen niemand im Nachhinein weiß, zu welchem Flieger welcher Streifen gehört hat.
– Wirst du dich melden? fragt Locke.
– Erst mal nicht.
Locke nickt, das versteht er.
– Bau mir keinen Mist, Mongole, sonst muss ich dich da wieder raushauen.
Du lachst, Locke hebt die Schultern und fügt hinzu:
– War ja nur ein Vorschlag.
– Danke für den Tipp, sagst du, Aber ich komm schon allein klar.
Ihr schweigt, ihr habt keine Uhr dabei, jeden Moment wird das Hupen erklingen und dann heißt es Abschied nehmen. Kitsch durch und durch.
– Wenn du schon los willst ...
– Nee, ist okay, sagt Locke, Ich wart, bis er kommt.
– Cool von Marco.
– Supercool. Der mag dich.
– So ein Scheiß.
– Nee, der mag dich wirklich. Der hat kapiert, was du für einer bist.
Du siehst Locke schief an und weißt nicht, ist das jetzt eine Anarsche oder meint er es ernst?

– Ist das jetzt eine Anarsche oder---
– Ich arsch dich nicht an, unterbricht dich Locke.
– Was bin ich denn für einer?
Pause. Locke sucht die Worte. Als er sie hat und den Mund öffnet, siehst du über seine Schulter hinweg eine Bewegung auf der anderen Straßenseite. Deine Augen weiten sich. So muss man sich fühlen, wenn einem eine Tarantel in den Schlüpfer krabbelt.
– Was ist? fragt Locke und will sich umdrehen
– Dreh dich nicht um.
Du packst ihn am Arm.
– He, okay, sagt Locke. Aber was ist da?
– Wir müssen weg, sagst du und stehst auf.
– Wenn du mir mal erklären würdest, was---
– Die Yugos, sagst du, aber da ist es für alles andere schon viel zu spät.

Es kostet dich eine Menge Überwindung, nicht wie ein verschreckter Hase loszurennen. Wo du auch hinsiehst, überall stehen sie. Im Hintergrund, vor Hauseingängen, am Straßenrand. Scheinbar wahllos, aber da sind sie. Unauffällig, sicher, viele. Klar könntest du rennen, du könntest dich auch unter der Parkbank verkriechen, das Ergebnis wäre dasselbe.
– Der Penner, sagt Locke und du weißt, dass er von Marco spricht.
Zwei Yugos kommen vom Schloss den Alleestreifen hoch und bleiben vielleicht zwanzig Meter von euch entfernt stehen. Zwei weitere Yugos kommen aus der anderen Richtung und denken nicht daran, stehen zu bleiben. Sie passieren die Boulespieler, und du erkennst den einen. Der Typ mit dem Messer. Und neben ihm ist einer, den würdest du sogar erkennen, wenn du blind wärst.

– Scheiße, sagt Locke, Das ist Tadi.
Wer sonst würde es wagen, dich zu schnappen. Du bist kein kleiner Fisch mehr, sie müssen schon ein großes Netz auswerfen, um dich zu catchen. Mann, sei ehrlich, du bist stolz. Hinter all der Angst und Panik verbirgt sich Stolz. Wegen dir hat sich Marco in die Nesseln gesetzt und einen seiner eigenen Jungs verpfiffen. Loyalität ade. Das wird in die Geschichte eingehen. So soll es sein.
– Am besten haust du jetzt ab, sagst du und meinst es auch so.
– Nee, sagt Locke.
– Die machen dich auch fertig.
– Ich bleib hier, scheiß drauf, ich bleib hier.

Für einen Außenstehenden sieht es ganz normal aus. Ein paar Spaziergänger begegnen sich auf dem schmalen Alleestreifen, der zum Schloss führt. Die Sonne fällt grün durch die Bäume, ein Taxi rattert über das Kopfsteinpflaster und das Klackern der Boulekugeln untermalt diese Idylle. Ein Außenstehender würde keinen zweiten Blick auf die zwanzig Jungen verschwenden, die in loser Formation um das Zentrum der Aktivität herumstehen. Links und rechts von der Schlossstraße und bereit, die Fahrbahn in wenigen Sekunden zu überqueren, sollte der eine Junge mit den schrägen Augen daran denken, einen Abgang zu machen. Der Junge denkt nicht daran, er ist nicht einer, der wegrennt, aber auch nicht gerade einer, der denkt.

Tadi und der Typ mit dem Messer kommen näher. Locke rührt sich nicht von deiner Seite. Tadi und der Typ bleiben vier Meter von euch entfernt stehen.

– Okay, sagt Tadi.
Der Typ mit dem Messer entspannt sich, du siehst die Spitze der Klinge aus seiner offenen rechten Hand ragen wie einen sechsten Finger. Der Schaft klemmt im Ärmelbund der Trainingsjacke.
– Lass es uns kurz und schmerzlos machen, sagt Tadi.
– Blödsinn, sagst du und reagierst mit einer fließenden Bewegung. Von den Schultern hinab, die Bewegung ist so oft geübt, dass du sie mit geschlossenen Augen nachvollziehen kannst. Du hast nicht gedacht, dass du es jemals tun würdest, jetzt aber ist es so weit und die Knarre rutscht aus dem Hosenbund in deine Hand und von da aus nach vorne, bis sie direkt und ruhig auf Tadis Brust zielt. Bingo.
– Sag das noch mal, bittest du ihn.
Tadi rührt sich nicht von der Stelle. Du hättest es gerne gesehen, dass er die Arme erschrocken hochreißt oder einen Schritt zurückweicht. Nicht Tadi.
– Kurz und schmerzlos, was? sagst du und musst aufpassen, dass sich deine Stimme nicht überschlägt.
Die Bäume über euren Köpfen rascheln. Es ist ein komischer Moment, all das gefilterte Sonnenlicht erinnert dich an vergessene Träume, die du nach dem Erwachen zu greifen versucht hast, aber nie erreichen konntest. Solch ein Moment ist das. Du befürchtest wach zu werden – in deinem kleinen Leben, mit deinen kleinen Problemen in der Wohnung deiner Eltern –, du befürchtest, dass du auf immer nach diesem Moment hier suchen und dich fragen wirst, was ist danach passiert? Was nur?
Aber das hier ist kein Traum, die Knarre in deiner Hand ist schwer und echt. Auch Tadi weiß, dass es kein Traum ist, warum reagiert er dann so falsch?
– Wem willst du Angst machen? fragt er dich.

– Niemandem, sagst du.
– Was soll das dann?
Gib mal darauf eine gute Antwort. Du sagst:
– Ihr haut ab und ich steck die Knarre weg. Genau das ist es, was ich tun werde, sobald ihr weg seid.
Tadi lächelt und hält den Typen mit dem Messer am Arm fest.
– Lass mal, sagt er und der Typ weicht einen Schritt zurück. Auch Locke ist einen Schritt zurückgewichen. Du bist mit Tadi allein in der Arena.
– Ich bin kein Mädchen, sagt Tadi, Mich kannst du nicht einfach so wegpusten und dann verbluten lassen, ist das klar? Sie war noch am Leben, als du gegangen bist. Und so ein Magenschuss schmerzt höllisch. Ziel also auf meinen Kopf, du Penner, sonst erwisch ich dich, bevor du nach deiner Mama rufen kannst.
Du hebst die Knarre, so dass sie auf Tadis Gesicht zeigt.
– Besser so, sagt Tadi, Jetzt hast du zumindest eine kleine Chance.
– Bleib stehen! rufst du.
Tadi ist einen Schritt näher gekommen. Drei Meter noch. Drei Meter und dann---
– Soll ich dir sagen, was gleich passieren wird, *peder*? fragt Tadi und spricht weiter, ohne eine Antwort abzuwarten, Gleich werde ich dir diese Knarre abnehmen. Ich werde sie dir aus den Fingern nehmen und einstecken und dafür sorgen, dass die Bullen sie als Tatwaffe erhalten, okay? Den Täter kriegen sie zwar nicht, weil sich meine Jungs um dich kümmern werden, aber ich tippe, dafür werden die Bullen Verständnis aufbringen, oder?
Du weichst einen Schritt zurück, Tadi folgt einen Schritt und sagt:
– Türke, du bist ein toter Mann.

– Ich bin kein Türke, sagst du.
– Aber ein toter Mann, sagt Tadi.
– Nein, sagst du, Der tote Mann bist du.
Und drückst ab.

DU WEICHST ZURÜCK. Wie an Fäden gezogen, ein Schritt nach dem anderen entfernst du dich von Cengiz und beobachtest. Auch wenn du wolltest, könntest du kein Wort sagen. Keine Warnung, kein toller Tipp mehr, nichts. Du hörst Tadis Worte, siehst ihn vortreten und dann laut und erschreckend klar Cengiz' Stimme:
– Bleib stehen!
Und wieder Tadis Worte, der Typ ist wie eine Spinne, die sich ihres Opfers sicher ist. Das Netz ist gespannt, Cengiz hängt drin und die Spinne kommt näher. Aber das Opfer weicht zurück.
– Türke, du bist ein toter Mann, sagt Tadi.
– Ich bin kein Türke, erwidert Cengiz.
– Aber ein toter Mann, sagt Tadi.
– Nein, der tote Mann bist du, sagt Cengiz und drückt ab.
Der Schuss ist ein lauter Knall, der von einem zischenden Flüstern begleitet wird. Die Zeit steht still. Für einen langen Moment schwebt eine grauweiße Wolke vor Tadis Gesicht. Dann weht eine Brise vorbei und löst die Wolke in nichts auf.
– Ach, sagt Tadi und lacht los.
Sein Lachen wandert von einem Yugo zum anderen, bis sie alle lachen. Und Cengiz steht da und starrt auf die Knarre. Und du stehst da und starrst auf Cengiz, der die

Knarre fallen lässt und davonrennt. An dir vorbei und weg.
Niemand hält ihn auf, das Lachen der Yugos folgt Cengiz wie ein fliegender Dämon, dann gibst du dir einen Ruck und rennst auch los.

Irgendwo hast du es mal gelesen. Auf Autopilot sein. Jeden Schritt so machen, als ob man weiß, wo er hingehört. Auch die Gedanken. Ganz besonders die Gedanken gehen ihren eigenen Weg. Du rennst ohne Pause. Du ignorierst Ampeln, du ignorierst Autos und Fahrradfahrer, weil du ganz genau weißt, dass dir nichts passieren wird, nichts passieren kann.
Erst in der U-Bahn sitzt du still. Eine Station, dann steigst du um, sitzt wieder still, ein Prickeln in den Händen. Niemand wagt es, dich anzusehen. Nach zwei weiteren Stationen steigst du aus und rennst wieder los.
Die Wohnung ist verlassen. Du durchsuchst sie nach Spuren und Hinweisen. Du weißt, wo du suchen musst. Im Flur. Die Turnschuhe fehlen. In einem der Schränke entdeckst du die Tennisschläger, die Knieschützer sind verschwunden. Du rennst wieder los.

Er ist nicht auf dem Platz, er ist auch nicht in einer der Hallen. Du triffst einen seiner Mitspieler, er kommt mit einem Handtuch um den Hals aus der Dusche und erkennt dich.
– Er ist gerade ...
Den Rest hörst du nicht. Du hetzt in die Duschen, nichts, du nimmst Kurs auf die breite Glastür. Mit einem Ruck ziehst du sie auf und lässt sie hinter dir offen stehen. Ein paar Männer protestieren und verstummen dann.
Deine Augen brauchen einige Sekunden, um durch den

Saunadampf hindurch deinen Vater ausfindig zu machen. Er sitzt auf der zweitobersten Bank, er mag es nicht zu trocken und auch nicht zu feucht. Er ist, wie er ist.

– Aber, Matthias ...

Er greift sich sein Handtuch und legt es sich über den Schoß, als ob es ihm peinlich wäre, dass du ihn nackt siehst. Und das ist der Startschuss, das ist für dich das Rettungsseil, an dem du alles aus dir herausziehst, all die Wut und das Unverständnis. Du willst ihm sagen, dass er dich verarscht hat, dass er nie eine richtige Knarre gehabt hat und beinahe alles nur wegen einer blöden Gaspistole in die Hosen gegangen wäre. Dass dein bester Kumpel wegen ihm zu einem Lügner geworden war, dass die Yugos kurzen Prozess mit ihm gemacht hätten – gleichzeitig bist du dankbar, dass es so geendet hat, dass sich dein cooler Kumpel als cooler Loser herausgestellt hat, dass er nichts mit dem Tod des Mädchens zu tun hat, du kannst gar nicht sagen, wie erleichternd das ist. So viele Gedanken, so viele Worte und der Kopf auf Autopilot schaltet sich ein, bewegt deinen Mund und heraus kommt:

– Wie konntest du sie so sitzen lassen? Wieso rufst du sie nicht einmal an? Wie kannst du nur so feige sein, sie so sitzen zu lassen? Jeden Tag wartet sie. Seit Jahren jeden Tag. Und wartet und wartet und wartet ...

Deine Stimme ist schrill, du bist am ganzen Körper in Schweiß gebadet, deine Klamotten kleben an dir, der würzige Dampf treibt dir Tränen in die Augen, dennoch macht dein Mund weiter:

– Sie redet von dir. Jeden Tag. Ab acht darf keiner anrufen, damit die Leitung für dich freibleibt. Und du tust es nicht. Du tust es einfach nicht. Du lässt sie einfach nicht gehen.

Und das war es mit deiner Stimme. Alles, was du deinem Vater schon seit Jahren sagen wolltest, steckt in diesen wenigen Sätzen. Deine Lungen brennen, deine Worte werden leiser und leiser, bis sie zum Schluss verstummen. Dein Vater ist aufgestanden, er kommt eine Stufe herunter und will irgendwas sagen, seine Hände bewegen sich, als würden sie dirigieren, als würden sie dich jemals wieder beruhigen können.

Du weichst zurück.

– Nie wieder, sagst du und kehrst ihm den Rücken zu, trittst aus der Sauna, hämmerst die Tür hinter dir zu und spürst die Schwäche am ganzen Körper.

Vorbei?

Es ist aus.

Ja.

DER VERTRAUTE GERUCH in einer unvertrauten Stille. Scharf spiegelt sich die Sonne in den Fenstern der gegenüberliegenden Häuser und ihr Licht fällt zurück auf die Wände und Möbel um dich herum. Der Herd ist noch warm, und als du einen der Deckel anhebst, dampft es aus dem Topf heraus. Reis.

In deinem Zimmer ziehst du dich aus und legst dich nackt unter die Decke. Du spürst die Vertrautheit deines Bettes, spürst die Tränen, die einfach nicht aufhören wollen, und siehst, wie sie im Kissenbezug verschwinden.

Lange liegst du so und siehst den Tag am Fenster vorbeiziehen und fragst dich, ob es passiert ist. Sind jetzt alle verschwunden oder ausgestorben oder auf einen anderen Planeten entführt worden? Gehört dir jetzt die Welt, all die Musik, all die Filme, all die Ruhe, ist all das jetzt dein?

Es wird dunkel. Vor dem Bett bildet deine Kleidung einen Haufen. Turnschuhe, Socken, Shorts, T-Shirt, Trainingshose, Kapuzenjacke. Alles liegt so, dass du nur aufstehen und reinsteigen brauchst. Tust du nicht. Liegst still. Allein auf dieser Welt.

Und von weit, weit weg nähern sich dann die ersten Geräusche. Stimmen vom Hof, Schritte und dann ein

Lachen. Türen öffnen sich, Türen schließen sich. Ein Radio schaltet sich im Nebenzimmer an, billiger Pop und ein Moderator, der sich lustig findet.
Niemand weiß, dass du hier liegst. Alle sind zurückgekehrt, aber niemand weiß, dass du hier liegst. Es ist, als wärst du im Paradies. Du schließt die Augen. Es ist genau so, wie du dir das Paradies vorgestellt hast. Sicher.

DIE SCHLOSSSTRASSE WIRKT VERLASSEN, nicht einmal die Boulespieler sind zu sehen. Auf einer der Bänke schläft ein Typ mit einer Zeitung über dem Gesicht und eine Hand voll Tauben stehen reglos auf dem Alleestreifen, als würden sie auf etwas warten.

Du musst rechts ranfahren. Du könntest schreien. *Zu spät.* Du bist zu spät und starrst vor dich hin und weißt nicht, was du als Nächstes tun sollst. Es ist alles so was von kompliziert, dass es dich an ein riesiges Knäuel erinnert. Knoten über Knoten und du sollst den Anfang finden und die Knoten lösen. Du schließt die Augen. Es dauert nicht lange. Das leise Schnappen der Wagentür, ein Wispern, dann weißt du, dass sie neben dir sitzt.

Du lehnst die Stirn gegen das Lenkrad, du kannst sie nicht ansehen.

– Was soll ich nur tun? sagst du kaum hörbar.

Erzähl alles.

– Und dann? Wird das reichen?

Das wird reichen.

Du öffnest die Augen. Sie hat sich nicht verändert, sieht genauso aus wie die Male zuvor. Vor dem Café, im Park, auf der Straße und natürlich, als du gestern aufgewacht bist und sie in deinem Wohnzimmer saß.

– Es ... es tut mir Leid.

Ich weiß.
– Ich wollte nie ...
Ich weiß.
Du schließt wieder deine Augen.
Erzähl alles, hörst du ihre Stimme an deinem Ohr.
Deine Finger finden den Zündschlüssel und du startest den Wagen. Der Sitzplatz neben dir ist wieder frei, du legst den Gang ein und fährst los.

Sie hocken im Park herum und erinnern dich an deine eigene Clique. Die Art, wie sie die Bänke einnehmen, die Art, wie sie in der Gegend rumstehen und sich unterhalten. Irgendwie ist es immer so, dass wenn die eine Clique sich im Park rumtreibt, die andere woanders ist. Du kannst dich nicht erinnern, jemals mit den Yugos zur gleichen Zeit im Park rumgehangen zu haben. Nur beim Fußball, aber Fußball ist eine andere Geschichte.
Schon auf dem Weg zu ihnen, als dich die ersten Blicke treffen, verspürst du den Drang, dich in die Büsche zu schlagen. Du verspürst alles gleichzeitig – den Drang zu pinkeln, den Drang zu trinken, du hast Hunger und würdest dich am liebsten übergeben, schwitzt und frierst.
Die Yugos starren dich nieder. Keiner sagt was. Du schätzt, dass es an die zwanzig Jungs sind. Wo auch immer sie Cengiz haben, du musst dich jetzt darum kümmern. Aber erst ...
– Hi.
Du bleibst stehen, der Kreis schließt sich um dich, bis du von Spaziergängern nicht mehr zu sehen bist. Erst als er geschlossen ist, wagst du es, Tadi in die Augen zu sehen.
– Und? sagt Tadi.
Einen Meter hinter ihm steht der Bruder des toten Mädchens. Du weißt jetzt seinen Namen, genauso wie du jetzt

ihren Namen weißt. *Jasmin. Daniel.* Und als du diese beiden Namen denkst, siehst du Jasmin aus dem Schatten eines Baumes treten. Sie geht an den Jungs vorbei und stellt sich neben ihren Bruder. Sie wartet, Tadi wartet, die ganze beschissene Welt wartet.

– Und? wiederholt Tadi.

Epilog
VERGANGENE FREITAGNACHT

– Okay, da ist er, sagt Kollok.
Es ist kurz vor Mitternacht. Du hast eben gepinkelt und dich zurück in den überhitzten Wagen gesetzt, als Cengiz das Mietshaus verlässt. Rucksack auf den Schultern, Kopfhörer über den Ohren.
– Was machen wir jetzt? fragst du Kollok.
– Ich folg ihm, mal sehen, wo er hinwill.
Cengiz geht die Saldernstraße hoch und läuft über den Kaiserdamm. Kollok wendet an der nächsten Kreuzung und brettert den Kaiserdamm runter. Sollte Cengiz euch jetzt abhängen, wäre das die Arschkarte des Jahres. Ihr habt den ganzen Tag gewartet. Die Sonne hat euch gegrillt, ihr habt über Stunden hinweg geschwiegen und geschwitzt und weiter gewartet. Es hat sich gelohnt. Dein Instinkt war richtig.
– Was machen wir, wenn er im Park verschwindet?
– Dann schnappen wir ihn uns vorher, antwortet Kollok, Und hör ja auf so blöde Fragen zu stellen.
Cengiz verschwindet nicht im Park. Er läuft am U-Bahnhof Sophie-Charlotten-Platz vorbei und die Bismarckstraße weiter runter. Ecke Kaiser-Friedrich wechselt er an der Ampel erneut die Straßenseite. Kollok bleibt dran. Als Cengiz in die Schustehrus reingeht, reagiert Kollok nicht.

– Er ist links rein, sagst du.
– Was?
– Ich sagte, er ist links rein.
– Mist auch.
Kollok wendet hastig und fährt in die Schustehrusstraße. Ist der blind oder was? Wie konnte er das verpennen? Du wüsstest gerne, was ihm durch den Kopf geht. Wenn es nach dir ginge, hättest du dir Cengiz längst geschnappt. Es kommt dir etwas dämlich vor, dass ihr ihm einfach nur folgt.
– Langsam reicht es, sagst du, Wir sollten ihn uns schnappen.
– Noch ein wenig, antwortet Kollok und fährt über die Schlossstraße in die Christ hinein. Plötzlich steht Cengiz still auf dem Bürgersteig.
– Was mach ich jetzt? sagt Kollok überrascht.
– Fahr weiter.
– Aber---
– Fahr langsam weiter, ich check das mal von vorne ab.
In Zeitlupe rollt ihr an Cengiz vorbei, und natürlich setzt der sich genau in dem Moment wieder in Bewegung. Jetzt siehst du sein Ziel. War es die ganze Zeit sein Ziel? Ist er etwa zickzack durch die Gegend gelaufen, um hier anzukommen?
– Ach nee, rutscht es dir raus.
– Was denn?
– Guck mal, wer da sitzt.
Kollok beugt sich rüber.
– Seine Freundin? fragt er.
– Nee, sagst du und wünschst dir, es wäre seine Freundin. Irgendein Mädchen. Ist es aber nicht. Du kennst ihr Gesicht, du kennst nicht ihren Namen, aber du weißt, wer sie ist. Die Schwester eines Yugos. Locke hat sie dir be-

schrieben, du weißt ganz genau, wer da vor dem Hauseingang sitzt.
– Wer ist das? fragt Kollok.
– Hauen wir ab, sagst du.
– Wer ist das, verdammt noch mal? fragt Kollok
– Mein Todesurteil, sagst du leise.
Kollok fährt bis zur Ecke und stellt den Motor ab. Er sieht dich fragend an, und du hämmerst plötzlich auf das Armaturenbrett ein. Das hättest du nie gedacht, das hättest du einfach nie gedacht, dass Cengiz dir in den Rücken fällt.
– Der Penner! sagst du. Der gottverdammte Penner! Ich hab's doch geahnt, ich hab's doch im Gefühl gehabt. Der verkauft uns. Der verkauft uns an die verfluchten Yugos.
Du siehst Kollok an.
– Was mache ich nur? fragst du ihn. Alter, was mache ich nur?
Kollok starrt auf die Straße, er hat im Moment keine Antwort parat.

Der Rückspiegel ist verstellt, deine Augen sind ausgetrocknet, weil du nicht blinzelst, weil du jede Geste mitbekommen willst. Könntest du doch bloß Lippen lesen.
Das Treffen dauert höchstens fünf Minuten. In dieser Zeit sieht das Mädchen auf ihre Füße, sieht Cengiz auf seine Füße, spricht mal er, spricht mal sie und dabei schauen sie sich so gut wie nicht an. Schließlich macht Cengiz auf dem Absatz kehrt und verschwindet in der Richtung, aus der er gekommen ist.
– Er ist weg, sagst du.
– Und sie?
– Steht noch immer da.
– Und?

– Nichts und.
Ihr wartet, etwas muss jetzt passieren, etwas musst du jetzt tun.
– Ich red mit ihr, sagst du.
– Was? Spinnst du völlig, was willst du da reden?
Du weißt es nicht, du weißt nur, du musst was tun.
– Ich muss herausfinden, was ihr der Arsch erzählt hat.
– Marco, Marco, sagt Kollok und klingt für einen Moment wie ein Lehrer, der einen Schüler zurechtweist.
– Red nicht so mit mir, sagst du.
– Du kannst da nicht hingehen und einen auf netten Kerl machen, sagt Kollok, Da kannst du dir gleich ein Schild um den Hals hängen, auf dem steht: *Ich war dabei, ich saß mit im Wagen, es war meine Idee, die Disko zu beharken!*
– Was soll ich dann tun?
– Mach ihr Angst.
Schweigen. Ihr seht euch an. Ihr seht euch lange an.
– Okay, sagst du und willst aussteigen.
– Warte.
Kollok greift unter seinen Sitz und reicht dir eine Automatic.
– Scheiße, was soll das? fragst du.
– Ich dachte, du willst ihr Angst machen. Was hattest du vor, wolltest du deine Hose runterlassen?
Er hält dir die Waffe am Lauf entgegen. Deine Hand schließt sich um den Griff. Ein letzter Blick in den Rückspiegel. Das Mädchen schaut an der Hausfassade hoch, ruft irgendwas, dann hebt es die Schultern, als ob ihm kalt wäre, und betritt das Haus.
Du steigst aus dem Wagen.

Die fünfzig Meter bis zum Haus kommen dir vor wie eine Bergbesteigung. Du hast das Gefühl, dich durch

Wasser zu bewegen, und bist dir sicher, sobald du den Hausflur betreten hast, wird sie weg sein. Niemand ist so langsam, sogar eine Opa mit Krücken wäre jetzt schon im vierten Stock.

Sie ist noch im Hausflur. Sie sitzt auf der untersten Treppenstufe, Ellenbogen auf den Knien, Kinn in die Hände gestützt, nachdenklich. Und da kommst du. Knarre in der Hand und wilder Blick.

– Was willst du denn hier?

Klingt ihre Stimme nicht schon so, als ob sie dich seit Jahren kennen würde? Als wüsste sie genau, wer du bist?

Niemals.

Hör doch hin.

Nein.

– Was hat er gesagt? fragst du zurück.

– Was---

– Was er dir gesagt hat, wiederholst du und kommst näher, Und erzähl mir keinen Scheiß, hörst du?

Sie steht auf, versucht eine Stufe nach oben hin zurückzuweichen, du bist ihr plötzlich ganz nahe.

– Ich will nur wissen ...

– Er hat nichts gesagt ...

– ... was er gesagt hat ...

– ... er hat Blödsinn geredet ...

– ... mehr will ich nicht wissen ...

– ... und jetzt LASS MICH LOS!

Du schreckst zurück, deine Finger an ihrem Arm, dann stößt sie dich, einmal, zweimal vor die Brust. Die Waffe baumelt sinnlos in deiner Hand, und das Mädchen folgt dir durch den Flur. Wenn sie so weitermacht, wird sie dich aus dem Haus drängen.

– Sorry, sagst du und hebst abwehrend beide Hände.

– Sorry was?

– Schlechter Tag, sagst du.
– Und die Knarre, du Penner?
– Was---
– Was soll die Knarre?
Alles hat sich umgekehrt, sie ist es, die jetzt angreift, bieg das mal wieder gerade.
– Nichts, sagst du, Ein Missverständnis.
Sie lacht.
– Dich kenn ich doch.
– Nee, sagst du und wendest dich ab.
Ihr Lachen folgt dir.
– Du bist doch ...
Mehr hörst du nicht. Mehr musst du nicht hören.

Kollok raucht, Fenster heruntergekurbelt, der süße Duft von Gras in der Luft. Du lässt dich in den Sitz fallen und checkst dein Gesicht im Spiegel. Blass und mit geröteten Augen, als hättest du geheult.
– Was war los?
Immer dieselben Fragen, die einen durch das ganze Leben verfolgen. *Wie geht es? Was tust du?* und ganz elementar: *Was war los?* Ja, was war los? Hast du den Schwanz eingezogen? So beeindruckend war dein Auftritt ja nun nicht. Wäre Kollok dabei gewesen, hätte er sich vor Lachen in die Ecke gepackt. Was geht in deinem Kopf vor?
– Ich habe keine Ahnung, was mit mir los ist, sagst du.
– Das war nicht meine Frage, sagt Kollok.
– Scheiß auf deine Frage.
Kollok nickt, nimmt einen Zug von seinem Joint, bläst ihn gegen die Windschutzscheibe, so dass der Rauch abprallt und in deinem Gesicht landet.
– Hast also Mist gebaut, sagt er.
– Ich hab nichts getan.

– Nichts?
– Gar nichts. Ich hab sie ... ich hab einfach nichts getan.
– Weiß sie was?
– Ich glaube nicht.
– Du *glaubst* nicht?
– Ich weiß es nicht, okay?
– Nee, das ist nicht okay. Mein Schwager hängt da mit drin, deshalb ist das nicht okay, okay? Du musst das klären, hast du verstanden?
Du siehst ihn an, schüttelst den Kopf.
– Wenn du das nicht kannst, sagt Kollok und streckt seine Hand aus, Dann bin ich wohl an der Reihe.
– Kollok---
– Nee, nichts mehr, gib mir die Knarre.
Du reichst sie ihm, er verstaut sie in seinem Hosenbund, lässt das Hemd darüberhängen. Und du bist erleichtert. Du bist ehrlich und ernsthaft erleichtert, dass er den Part für dich übernimmt. Der Angstmacher. Du würdest es nie zugeben, das wäre das Letzte, aber diese Erleichterung bringt dich beinahe zum Lachen, so befreiend ist sie. Außerdem ist das Mädchen garantiert schon in der Wohnung ihrer Eltern verschwunden und hat dich als einen bösen Spuk abgetan. Mehr warst du ja auch nicht.
– Hier, halt mir den warm.
Kollok drückt dir den Joint zwischen die Lippen, und du nimmst automatisch einen Zug.
– Mal sehen, was sie zu sagen hat.
Mit diesen Worten verlässt Kollok den Wagen. Du lehnst dich im Sitz zurück und ziehst erneut am Joint. Es tut gut, es tut so was von gut. Jetzt könntest auch du mit dem Mädchen reden, das wäre kein Problem. So wie du vorhin reagiert hast, reagieren nur Amateure. Es geht dir alles zu nahe, die Idee war bescheuert, du hättest den Yugos

fern bleiben sollen, aber nee, du musstest ja den Macker schieben. Schüsse auf eine Disko. Oh Mann. Das hast du jetzt davon.
Du behältst den Rauch so lange wie möglich in der Lunge und lässt ihn dann langsam durch die Nase entweichen. Dein Griff um die Clique muss härter werden. Du lässt dir zu viel gefallen, das wird dir eben klar. Es wird auch Zeit, dass René zurückkommt. Zu zweit ist es leichter. Und von Kollok musst du weg, der ist zwar dein Kumpel, aber er ist böses Blut. Schon wie er beim Bruch auf die Sirene reagiert hat. Einfach abgehauen. Wärst du allein dort gewesen, du hättest deine Jungs aufgesammelt. So aber. So hast du---
Der Schuss lässt dich hochfahren. Du glaubst ihn zu spüren, wie er sich durch deinen Körper bewegt und alles in blutige Einzelteile zerlegt. Dein Magen schreit, dein Rücken schmerzt und in deinem Mund ist der bittere Geschmack von Galle.
Im Rückspiegel siehst du Kollok das Haus verlassen. Er tritt auf die Straße, erreicht die Fahrerseite und steigt ein.
– Puh, sagt er und startet den Wagen.
Du siehst ihn an.
– Du Penner! sagt er, Warmhalten, habe ich gesagt, nicht wegrauchen.
Er schnappt sich den Rest des Joints aus deinen zitternden Fingern und nimmt einen letzten Zug, bevor er die Kippe aus dem Fenster schmeißt und anfährt. Der Fahrtwind weht sein Haar nach hinten, die Augen sind zwei dunkle Punkte, die reglos nach vorne starren.
Und du siehst ihn an.
– Sag jetzt bloß nichts Falsches, warnt dich Kollok nach einigen Minuten des Schweigens, Ich will kein Wort von

dir hören, ich will nicht wissen, was du denkst, ich will nicht wissen, was du fühlst, ich will die ganze Scheiße einfach nicht hören, kapierst du das?
Du kapierst das, siehst ihn nur an und hältst deinen Mund.

ENDE

mein dank geht an

gregor & micha
die cengiz & locke
vom ersten tag an
kannten

ulrike
die sich unermüdlich
mit stadtplänen und zeittabellen
durch berlin gekämpft hat
ohne jemals
in diesen strassen
gewesen zu sein

frank
dessen enthusiasmus mich
unerwartet erwischt hat

die crew von carlsen
durch die nicht nur
das schreiben
sondern auch
die zusammenarbeit
eine freude sind

judith
die es schon immer wusste

und natürlich
corinna
muse durch und durch

Zoran Drvenkar wurde 1967 in Krizevci, Kroatien, geboren und zog als Dreijähriger mit seinen Eltern nach Berlin. Seit 1989 arbeitet er als freier Schriftsteller und bekam für die Arbeit an seinen Romanen, Gedichten, Theaterstücken und Kurzgeschichten mehrere Literaturstipendien. 1999 erhielt er den Oldenburger Kinder- und Jugendbuchpreis für seinen Roman *Niemand so stark wie wir* und den Science-Fiction-Preis von den Berliner Festspielen für seine Erzählung *Die Alte Stadt*. 2001 wurde er für den Deutschen Jugendliteraturpreis nominiert. Bei CARLSEN erschienen bisher die Romane *touch the flame*, *Im Regen stehen* und das Kinderbuch *Der einzige Vogel, der die Kälte nicht fürchtet* mit Bildern von Martin Baltscheit.
Zoran Drvenkar lebt heute in Potsdam.

Fragen beantwortet der Autor unter
TOUCHTHEFLAME@addcom.de